KB211801

우울과 불안에 대한 새로운 접근

# 긍정정서치료

## 치료자 가이드북

Michelle G. Craske · Halina J. Dour · Michael Treanor · Alicia E. Meuret 공저
김경희 · 이희경 공역

POSITIVE
AFFECT TREATMENT
FOR DEPRESSION AND ANXIETY

학지사

**POSITIVE AFFECT TREATMENT FOR DEPRESSION AND ANXIETY**
(THERAPIST GUIDE)

# 역자 서문

많은 이가 심리적인 고통을 해결하고 행복감을 느끼고자 하는 욕구 때문에 심리치료를 받기 원할 것이다. 그러나 아이러니하게도 상담 장면에서는 마치 긍정적인 정서 경험을 원치 않는 것처럼 보이는 이들을 종종 마주하게 된다. 자신이 애써 노력하여 의미 있는 성취를 했음에도 운이 좋았을 뿐이라며 평가절하하기도 하고, 긍정적인 정서가 느껴지면 불편감이나 어색함, 긴장감을 느끼는 내담자도 있다. 어떤 내담자들은 상담을 받으면서 기분이 한결 나아짐을 느끼지만 그들의 일상으로 되돌아가면 다시 자신의 부정적인 정서에 몰두하기도 한다. 상담자는 이러한 경향성의 심리적 메커니즘에 대한 이해를 기반으로 효과적인 치료 전략을 적용할 수 있어야만 한다.

전통적인 심리치료에서는 주로 내담자의 고통스러운 정서, 역기능적인 생각과 행동, 즉 부정적인 측면에 초점을 맞추어 왔다. 물론 이러한 치료의 초점은 여전히 중요하지만, 때로는 부정성에 상담자와 내담자 모두 갇히게 되는 경우가 생기기도 한다. 간혹 내담자들은 (그리고 때로는 상담자도) 부정적인 정서와 생각이 완전히 사라져야만 문제가 해결될 수 있다고 믿는다. 하지만 증상의 부재가 곧 정신건강을 의미하는 것은 아니기에, 개인의 행복을 증진하는 별도의 노력이 필요하다.

다행스럽게도 그동안 심리과학의 발전으로 긍정정서에 대한 이해가 확장되었고, 치료에 이를 적용하려는 노력이 꾸준히 이어지고 있다. 기분장애를 비롯한 특정 심리장애군의 긍정정서 조절 문제에 대한 광범위한 연구 결과들은 긍정정서 관련 문제를 지닌 내담자를 이해하고 돕는 데 유용한 기초 자료를 제시하였다. 우울 및 불안장애군을 대상으로 한 신경과학 연구들은 특정 내담자들이 보이는 둔화된 정서 반응과 보상민감성 문제에 대한 이해를 발전시켰다. 이와 더불어, 긍정정서 확장 구축 이론(broaden and build theory)이 제안되면서 긍정정서가 인간의 삶에 어떤 유익을 가져다주는지를 밝히는 연구가 활성화되었다. 또한 감사, 친절, 자애 등에 대한 관심이 증가하면서 일련의 연구들을 통해 이러한 개념을 도입한 심리개입이 정신건강 향상에 효과가 있음이 밝혀졌다.

이 책에서 소개하는 '긍정정서치료(Positive Affect Treatment: PAT)'는 이러한 연구 성과들을 체계적으로 집약하여 무쾌감증(anhedonia)으로 인해 긍정정서 경험에 어려움이 있는 내담자를 효과적으로 도울 수 있는 전략들을 제시한다. 무쾌감증은 삶에서 흥미를 느끼지 못할 뿐 아니라 즐거움을 느끼고자 하는 욕구를 잃어버린 상태로, 단순히 일시적으로 무료함을 느끼는 상태와는 다르다. 무쾌감증은 우울증, 불안장애의 핵심 증상 중 하나일 뿐 아니라 자살사고를 예측하는 요인으로 밝혀진 바 있다. 이 책이 안내하는 과학적 근거와 상세하고 명료한 지침, 풍부한 사례들이 무쾌감증 치료에 실제적인 도움이 될 것이라 생각한다. 무쾌감증을 표적으로 한다면 어떤 내담자든 이 치료의 대상이 될 수 있지만, 우울한 내담자에게 이 치료를 시행할 때 특히 주의가 필요하다. 우울한 내담자는 부정적인 자기개념에 일치하는 정서와 경험에 보다 많은 주의를 기울이는 경향이 있으며 죄책감에 빠지기 쉽다. 이로 인해 긍정적인 활동을 독려하는 치료 과정이 내담자에게 이질감이나 거부감을 유발할수 있고, 과제를 수행하지 못했을 때 내담자가 자기비난에 빠질 수도 있다. 이 외에도 무쾌감증의 특징으로 인해 발생되는 다양한 잠재적 어려움을 상담에서 마주하게 될 수 있다. 이책에는 치료 과정에서 내담자들이 보일 수 있는 여러 부정적인 반응을 다루는 전략을 안내하고 있기에 상담자에게 매우 유용할 것이다. 긍정정서 조절 문제에 대한 연구가 증가되고있음에도 실제 상담에 적용할 수 있는 구체적인 지침이 부재했던 상황에서, 이 책이 상담자의 친절한 길잡이가 되어 줄 것이라 기대한다.

정확한 사례개념화와 내담자의 요구가 잘 반영된 치료 목표 설정의 중요성은 아무리 강조해도 지나치지 않는다. 긍정정서치료를 어떤 내담자에게 적용하기 전에 반드시 사례개념화를 실시하고, 내담자의 필요와 기대에 이 치료가 부합하는지를 내담자와 함께 평가하고 조율하는 것이 필요하다. 또한 긍정정서치료는 상담 장면 외에서 내담자의 일상적인 실천을 강조하는 접근이기에 내담자를 독려하고, 보다 효과적으로 치료를 진행할 수 있도록『긍정정서치료: 우울과 불안에 대한 새로운 접근-워크북』(김경희, 이희경 공역, 학지사, 2024)을 함께 사용할 것을 권한다. 모든 상담 및 심리치료가 그러하듯이, 상담의 성과는 변화에 대한 내담자의 희망에 상당 부분 영향을 받는다. 따라서 상담자는 치료의 '진도'에 역점을두기보다는 치료에 대한 내담자의 반응과 정서를 세심하게 살피며 협력을 다지고, 온정적인 상담관계를 형성하는 데 노력을 기울여야 한다. 이 치료가 내담자의 긍정정서 경험에 초점을 두고 있다는 점에서, 긍정적인 상담관계는 내담자의 변화와 희망을 촉진하는 소중한원천이 될 것이다.

이 책이 출간될 수 있도록 애써 주신 학지사 김진환 사장님과 김지수 선생님, 관계자 여러분께 깊이 감사드린다.

2024년 9월

역자 일동

저자 서문

# 효과적인 치료에 대하여

지난 몇 년간 보건의료 분야에 놀라운 발전이 이루어졌다. 그러나 연구 근거들에 따르면, 지난 수년간 정신건강 및 행동의학 분야에서 널리 받아들여진 많은 개입과 전략은 효과가 부족할 뿐만 아니라 오히려 해가 될 수도 있다는 의문이 제기되었다(Barlow, 2010). 최상의 근거 기준을 사용하여 효과가 유의한 것으로 입증된 전략들이 개발되었고, 이러한 치료 전략들을 대중에게 널리 보급하기 위한 광범위한 권고안이 도출되었다(McHugh & Barlow, 2010). 이러한 혁신의 배경에는 몇 가지 최신 발전이 있다. 첫째, 우리는 심리적 · 신체적 병리에 대해 훨씬 더 깊이 이해하게 되었으며, 이를 통해 새롭고 더 정교하게 초점화된 개입을 개발할 수 있게 되었다. 둘째, 연구 방법론이 크게 개선되어 내외적 타당성에 대한 위협을 줄임으로써 연구 결과를 임상 상황에 더 직접적으로 적용할 수 있게 되었다. 셋째, 전 세계 정부와 보건의료 시스템, 정책 입안자들은 치료의 질이 개선되어야 하고, 근거에 기반해야 하며, 이것이 이루어지도록 보장하는 것이 공익에 부합하다고 판단했다(Barlow, 2004; Institute of Medicine, 2001, 2015; McHugh & Barlow, 2010).

물론 모든 상담자에게는 새로 개발된 근거기반의 심리적 개입에 대한 접근성이 가장 큰 걸림돌이다. 책임감 있고 성실한 실무자들이 최신 행동 건강 치료법과 개별 내담자에 대한 적용 방법을 익히기에 워크숍과 책만으로는 한계가 있다. 『효과적인 치료(Treatments That Work™)』 시리즈는 이 흥미로운 새로운 개입 방법을 실무 현장의 상담자들에게 전달하고자 노력하고 있다.

이 시리즈의 매뉴얼과 워크북에는 특정 문제와 진단을 평가하고 치료하기 위한 단계별 세부 절차가 포함되어 있다. 또한 이 시리즈는 책과 매뉴얼을 넘어서, 실무자들이 이러한 절차를 실무에 적용하는 데 도움이 되는 수퍼비전 과정과 유사한 보조 자료를 제공한다.

새로운 보건의료 시스템에서는 근거기반치료가 정신건강 전문가에게 가장 책임감 있는 행동 방침을 제공한다는 공감대가 형성되고 있다. 모든 행동 건강관리 실무자는 내담자에게 최상의 치료를 제공하고자 하는 열망이 깊다. 이 시리즈에서 우리의 목표는 보급과 정보의 격차를 해소하고 그러한 열망이 실현되게 하는 것이다.

우울이나 불안이 있는 사람들 중 상당수가 무쾌감증, 또는 일상 활동에 대한 흥미나 즐거움의 상실을 경험한다. 무쾌감증은 예후가 좋지 않고 자살을 유발하는 위험 요소이지만, 지금까지 무쾌감증에 대한 치료 방법들은 비교적 효과가 미미했다. 행동 및 신경과학의 발전을 바탕으로 무쾌감증에 기여하는 것으로 여겨지는 보상 민감성 영역을 구체적으로 초점화한 긍정정서치료(PAT)가 개발되었다. 여기에는 보상에 대한 기대와 동기, 보상 획득에 대한 반응, 행동과 보상 결과 사이의 연관성에 대한 학습이 포함된다.

이 가이드북은 일반적으로 인지행동치료(Cognitive-Behavioral Therapy: CBT)에 익숙하고 우울, 불안, 무쾌감증의 임상 증상에 대해 잘 알고 있는 상담자를 위한 것이다. 연구 결과에 따르면, PAT는 긍정적인 기분 상태를 개선할 뿐만 아니라 우울과 불안을 감소시키는 것으로 나타났다. 이 치료자 가이드북은 개인이 일상 활동에 대한 흥미와 즐거움을 되찾고, 삶의 질을 개선하는 데 효과적이고 효율적인 도움을 제공하기를 바라는 모든 치료자에게 필수적인 자료가 될 것이다.

편집장 David H. Barlow
Treatments That Work[TM]
Boston, Massachusetts

### 참고문헌

Barlow, D. H. (2004). Psychological treatments. *American Psychologist, 59*, 869-878.

Barlow, D. H. (2010). Negative effects from psychological treatments: A perspective. *American Psychologist, 65*(2), 13-20.

Institute of Medicine. (2001). *Crossing the quality chasm: A new health system for the 21st century.* National Academy Press.

Institute of Medicine. (2015). *Psychosocial interventions for mental and substance use disorders: A framework for establishing evidence-based standards.* National Academies Press.

McHugh, R. K., & Barlow, D. H. (2010). Dissemination and implementation of evidence-based psychological interventions: A review of current efforts. *American Psychologist, 65*(2), 73-84.

# 차례

모듈 2  **치료 기술 세트**

**모듈 3 치료 성과 및 재발 예방**

**제8장**
**치료 이후 여정 지속하기** / 167

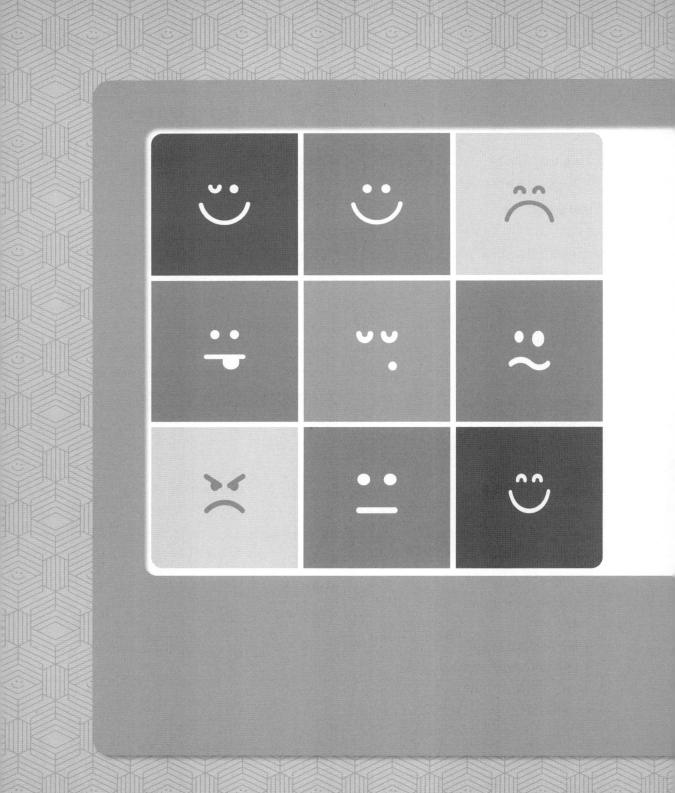

모듈 1

# 심리교육

Psychoeducation

# 긍정정서치료:
## 우울과 불안에 대한 새로운 접근

치료자 가이드북

# 제1장

# 치료자를 위한 입문 정보

**워크북 제1장에 해당함**

## 🙂 이 프로그램의 배경 정보 및 목적

　무쾌감증은 일상적인 활동에 대한 흥미나 즐거움의 상실과 관련된 증상군이다. 무쾌감증을 보이는 내담자는 전형적으로 "즐거운 일이 하나도 없어요." "예전에는 즐거웠던 일들이 귀찮은 일처럼 느껴져요." "노력해 봤자 나는 절대 기분이 좋아지지 않을 거예요."라고 말한다. 그러나 무쾌감증은 우울증뿐만 아니라 불안의 일부 유형, 정신증, 약물 사용과 같은 문제로 고통받는 많은 이에게 나타나는 초진단적 증상이다. 지금까지 무쾌감증은 심리치료와 약물치료에 상대적으로 반응이 없었다. 무쾌감증은 우울증의 장기적인 경과가 좋지 않다는 것을 나타내는 중요한 지표일 뿐만 아니라, 기존의 심리학적, 약물학적 치료에 대한 반응이 좋지 않음을 나타낸다. 또한 무쾌감증은 다른 증상들을 넘어 자살 시도를 포함한 자살의 강력한 예측 요인이다. 따라서 무쾌감증은 정신병리 및 위험의 중요한 지표라 할 수 있다.

　기존의 심리치료와 약물치료가 무쾌감증에 제한적인 효과를 보인 이유 중 하나는 근본적인 메커니즘에 초점을 맞추지 않았기 때문이다. 우리 연구소의 연구를 포함하여, 행동과학과 신경과학의 발전으로 무쾌감증을 유발할 수 있는 특정 메커니즘이 밝혀졌다. 이 메커니즘은 보상 반응성의 결함, 즉 보상에 대한 기대 또는 보상을 위해 노력하려는 동기의 결함, 보상을 향유하거나 즐기는 것의 결함, 보상 학습의 결함으로 수렴된다. 지금까지 치료법은 대부분 보상 시스템의 결함을 해결하기보다는 방어 시스템(defensive system)과 관련된 부정적인 부분을 감소하는 데 초점을 맞춰 왔다(Craske et al., 2016). 우리는 보상 시스템의 결함에 특별히 초점을 맞춘 새로운 치료 접근법이 필요하다는 것을 깨달았고, 이를 긍정정서치료(Positive Affect Treatment: PAT; Craske et al., 2019)라고 부른다. 이 치료자 가이드북에서는 내담자를 위한 워크북도 함께 제공하며, PAT의 기본 원칙과 절차에 대해 설명한다.

## 😊 무쾌감증이란 무엇인가

　일상 활동에 대한 즐거움 결여와 욕구 부족은 무쾌감증의 핵심적인 특징이다(American Psychiatric Association, 2016). 낮은 수준의 긍정정서는 무쾌감증에서 중요하다. 우울증 환자 중 상당수가 사회적, 신체적 쾌락의 즐거움을 측정하는 척도의 절단점에 따라 임상적으로 유의미한 무쾌감증을 가지고 있는 것으로 추정된다(Pelizza & Ferrari, 2009). 그러나 무쾌감증은 우울증에만 국한되지 않는다. 초기 모델은 긍정정서가 불안에 비해 우울과 거의 독점적으로 연관된다고 보았으나, 이와 모순된 근거들이 많이 있다(Brown et al., 1998; Clark & Watson, 1991). 실제로 긍정정서와 불안의 횡단적, 종단적 관계는 유의미한 효과 크기를 보이며, 이는 긍정정서와 우울의 관계에 대한 효과 크기와 구별되지 않는다(Khazanov & Ruscio, 2016; Kotov et al., 2010). 또한 청년 표본을 포함하여(Morris et al., 2015) 사회불안장애(Kashdan et al., 2011), 외상 후 스트레스 장애(Hopper et al., 2008; Litz et al., 2000)에서도 쾌락 손상(hedonic impairments)이 관찰되었다.

　무쾌감증은 정신병리의 주요 지표이다. 예를 들어, 무쾌감증은 기저 증상을 통제하더라도 우울과 불안 모두를 전향적으로 예측한다(Kendall et al., 2015; Khazanov & Ruscio, 2016). 일단 장애가 발생하면, 무쾌감증은 주요우울증의 장기적인 경과를 강력하게 예측하는 요인이다(Morris et al., 2009). 또한 무쾌감증은 우울 기분이 개선된 후에도 심리사회적 기능 저하를 예측하고(Vinckier et al., 2017), 우울증 재발을 예측한다(Wichers et al., 2010). 그리고 무쾌감증은 자살 생각 및 자살 시도의 중요한 예측 요인이다(Ducasse et al., 2018; Spijker et al., 2010; Winer et al., 2014). 기분장애가 있는 2,500명 이상의 내담자 중 무쾌감증이 있는 내담자는 향후 3년 동안 자살 충동을 느낄 위험이 1.4배 더 높았다(Ducasse et al., 2021). 자살 생각이나 시도에 대한 예측 효과는 우울증의 다른 인지 및 정서적 증상(Ballard et al., 2017; Fawcett et al., 1990)과 자살 시도 이력, 어린 시절 트라우마, 결혼 여부, 성별, 연령과 같은 기타 위험 요소를 통제했을 때에도 지속된다(Ducasse et al., 2021). 마지막으로, 무쾌감증은 우울증과 자살 간의 관계를 유의하게 설명한다(Zielinski et al., 2017).

## 😊 기존 치료는 무쾌감증에 충분하지 않다

　　우울증을 겪는 내담자는 부정적인 증상을 줄이는 것보다 긍정적인 기분을 회복하는 것을 주요 치료 목표로 여기는 경우가 많다(Demyttenaere et al., 2015). 그러나 현존하는 치료법은 긍정적인 기분을 다루기에는 불충분하다. 특히 카파 오피오이드 길항제 및 케타민과 같은 새로운 약리학적 접근법이 유망한 효과를 보이고 있지만(Ballard et al., 2017; Pizzagalli et al., 2020; Thomas et al., 2018), 표준 약물치료는 효과가 복합적이며, 심지어 보상 자극에 대한 긍정적인 정서나 반응을 악화시킬 수도 있다(Landén et al., 2005; McCabe et al., 2010; Nierenberg et al., 1999; Price et al., 2009). 근거기반심리치료(주로 인지행동치료 및 마음챙김 기반 인지치료)는 긍정정서에 대한 효과가 제한적이다(Boumparis et al., 2016). 예를 들어, DeRubeis 등(2005)의 재분석에서, 인지치료와 항우울제 약물은 부정정서의 상승을 정상화했지만, PANAS(긍정정서 및 부정정서 척도; Watson et al., 1988)를 사용하여 측정한 긍정정서에는 거의 영향을 미치지 않았다. 행동활성화치료(behavioral activation therapy)는 긍정정서를 증가시키기 위해 보상 활동으로부터의 반응-수반적 긍정적 강화를 목표로 하는데(Martell et al., 2010), 이마저도 소수의 연구에서는 긍정정서나 무쾌감증에 대해 제한적인 효과를 보인다(Dichter et al., 2009; Moore et al., 2013). 이는 보상적이고 긍정적인 정서 경험을 극대화하는 방식으로 행동활성화를 수행하는 방법에 대해서는 관심이 적었기 때문에 놀라운 일이 아니다(Dunn, 2012; Forbes, 2020). 우리는 보상 반응성의 결함을 포함하여 무쾌감증의 기저에 있는 것으로 생각되는 과정을 표적으로 삼음으로써 치료 효과가 강화될 것이라고 제안했다. 긍정정서치료(Craske et al., 2016, 2019)는 특별히 무쾌감 증상에 대한 보상 반응성의 결함을 표적으로 설계되었다.

## 😊 긍정정서치료의 효능

　　우리는 임상적으로 유의한 불안 또는 우울을 경험하는 내담자를 대상으로 한 무작위 대조 시험에서, 긍정정서치료(PAT)와 부정정서치료(Negative Affect Treatment: NAT)인 인지행동 기반 개입을 비교했다. NAT에는 고통스럽고 회피했던 상황에 대한 노출, 위협에 대한 과대평가와 파국화 및 자기비난 귀인을 줄이기 위한 인지 재구성, 호흡 훈련을 통한 각성 조절이 포함되었다. PAT에는 순간을 향유함으로써 증가되는 보상 경험에 대한 행동활성화, 긍정적 자극에 대한 관심을 높이기 위한 인지 도구, 그리고 이타적 기쁨(appreciative joy), 감사(gratitude), 관대함(generosity), 자애(loving-kindness)와 같이 기분을 고양시키는 활동을 통한 긍정정서 함양이 포함되었다. 치료는 15회기에 걸쳐 시행되었다. 내담자들은 두 치료 조건 중 하나에 무작위 배정되었으며 기저선, 치료 전체, 치료 후, 6개월 후 시점에 평가가 이루어졌다.

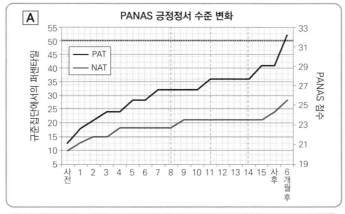

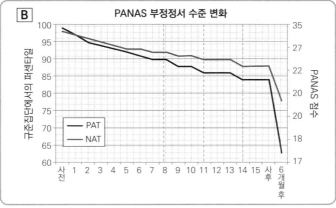

▌**그림 1-1**▐ 긍정정서치료(PAT)와 부정정서치료(NAT)에서 PANAS로 측정한 긍정정서(A)와 부정정서(B)의 변화

출처: American Psychological Association (2019).

PAT가 NAT보다 긍정정서가 더 크게 개선된 결과를 보였다(Craske et al., 2019). [그림 1-1] A는 PAT와 NAT에서 PANAS의 긍정정서 척도를 사용하여 측정한 긍정정서 변화를 나타낸다. 내담자들은 치료 시작 시 매우 낮은 긍정정서(규준 집단의 15퍼센타일 미만)를 보였지만, PAT 집단의 수치는 치료 종료 및 치료 후에 규준 집단의 수준에 도달했다. 이는 우울이나 불안이 있는 내담자에게 긍정정서를 정상화하는 심리치료의 첫 사례이다. [그림 1-1] B는 PAT가 NAT보다 부정정서를 줄이는 데 더 효과적임을 보여 준다.

또한 PAT에 참여한 사람들은 6개월 추적 관찰에서 우울, 불안, 스트레스 및 자살률이 현저히 감소했다고 보고했다. [그림 1-2]에서 볼 수 있듯이 우울, 불안 및 스트레스의 기저선이 매우 높았는데, 치료과정 및 추수 시점(치료 후 6개월)에 걸쳐 정상(비임상적) 범위로 감소했다. 우리는 두 번째 무작위 대조 시험(출판 예정)에서 이러한 초기 효과를 재현했다.

## 😊 긍정정서치료에 적합한 대상은 누구인가

앞서 언급했듯이 PAT는 특별히 일상 활동에서 흥미나 즐거움의 상실, 즉 무쾌감증의 특징인 보상 반응성에서의 결함 또는 조절곤란을 다루기 위해 개발되었다. PAT 시험은 심각도 면에서 임상적 기준을 초과하는 수준의 우울, 불안 및 무쾌감증을 보이는 사람을 대상으로 수행되었으며, 시험 대상의 대다수는 불안장애나 주요우울장애 또는 둘 다로 진단되었다. 그럼에도 불구하고 우리는 이 프로그램이 완전한 임상적 진단 기준을 충족하지 못하는 내담자뿐만 아니라, 심각도 기준에서 경계선 점수를 받지만 장애 상태로 악화될 위험이 있는 사람들의 우울 및 불안 증상을 치료하는 데 유용할 것으로 기대한다.

무쾌감증은 우울 및 불안 외에 약물 사용, 트라우마, 섭식장애 및 조현병이 있는 사람들의 특징이다. 현재까지 PAT는 우울 및 불안이 있는 개인을 대상으로만 평가되었으며 다른 장애가 있는 사람들을 대상으로는 검증되지 않았다. 그럼에도 불구하고 다른 장애가 있는 개인의 필요에 맞게 조정한다면 도움이 될 것이다.

초기 내담자 평가에서 [활동 2-1] **치료 적합성 평가**와 [활동 2-2] **치료 시기 평가**를 완료하는 것이 도움이 될 수 있다. 이 활동지는 내담자 워크북 제2장과 이 가이드북의 부록에 있으며,

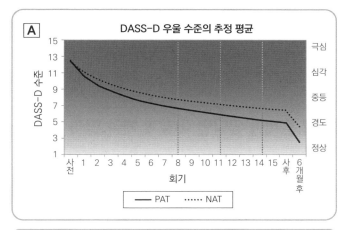

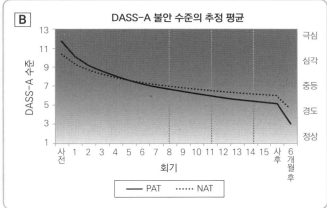

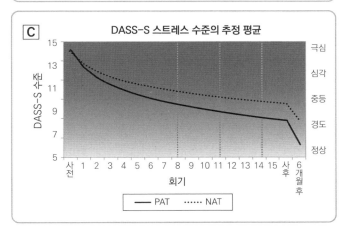

**┃그림 1-2┃** PAT와 NAT에서 우울, 불안, 스트레스 척도로 측정한 우울(A), 불안(B), 스트레스(C)의 변화

출처: American Psychological Association (2019).

책에서 복사하거나 Treatments That Work™ 웹사이트(www.oxfordclinicalpsych.com/PAT)
에서 다운로드할 수 있다.

## ☺ 다른 정서적 문제가 있다면 어떻게 해야 할까

다양한 불안장애와 기분장애가 진단적인 면과 증상적인 면에서 중첩되는 부분이 많다는
점을 강력하게 시사하는 근거가 있다. 이것이 불안장애와 기분장애에서 현재 시점 공병률
과 평생 공병률이 관찰되는 이유이다(예: Kessler et al., 2005). 하나의 불안장애가 있는 개인
에게 다른 불안장애 또는 기분장애가 있는 경우는 매우 일반적이며, 마찬가지로 주요기분
장애가 있는 개인 역시 불안장애가 있는 경우가 매우 일반적이다. 그러나 여러 질환이 있다
고 해서 PAT의 사용이 배제되는 것은 아니다. 사실 PAT는 특정 불안장애와 기분장애 진단
차원을 초월하여 공통적으로 나타나는 무쾌감증의 기저 차원을 표적으로 특별히 개발되었
다. 주목할 만한 점은 연구 참가자 대다수가 불안장애와 기분장애 모두를 앓고 있었다는 점
이다.

## ☺ 약물치료의 역할

내담자들은 이미 향정신성 약물을 복용하면서 무쾌감증을 포함한 정서적 문제들 때문에
심리치료를 찾는 경우가 많다. 우리 클리닉의 일부 내담자들은 알프라졸람(자낙스) 또는 클
로나제팜(클로노핀)과 같은 고효능 벤조디아제핀이나, 파록세틴(팍실) 또는 플루옥세틴(프
로작)과 같은 선택적 세로토닌 재흡수 억제제(SSRI), 벤라팍신(Effexor)과 같은 세로토닌-노
르에피네프린 재흡수 억제제(SNRI) 또는 클로미프라민과 같은 삼환계 항우울제를 저용량
으로 처방받았다. 약물과 PAT를 병행하는 것이 효과적인지는 아직 밝혀지지 않았으며 추
가 조사를 기다리고 있다. 따라서 PAT를 시작하기 전에 약물 복용을 중단하지 않고 안정적

으로 약물 복용을 지속하는 것이 좋다. 임상적으로 필요한 경우를 제외하고, 우리는 일반적으로 내담자가 치료 중에 약물 복용량을 늘리거나 새로운 약물을 시작하는 것을 권장하지 않는다. 이는 약물 변경이 치료 전략과 약물 효과 평가를 방해할 수 있기 때문이다. 이것은 치료자에게 혼란스럽고 내담자에게 좌절감을 줄 수 있으며 궁극적으로 더 나쁜 치료 결과로 이어질 수 있다.

특정 향정신성 약물은 무쾌감 부작용(anhedonic side effects)이 있다(Landén et al., 2005; McCabe et al., 2010; Price et al., 2009). 따라서 현재 향정신성 약물을 복용하고 있는 내담자는 무쾌감 증상이 약물과 관련이 있을 가능성에 대해 약물을 처방한 사람과 상의할 것을 권한다.

## ☺ 누가 프로그램을 실시해야 하는가

정신건강 전문가가 이 프로그램의 실행을 감독할 수 있도록 치료 개념과 기법들을 내담자 워크북에 자세히 제시하였다. 그럼에도 불구하고, 우리는 치료자들이 인지행동적 개입의 기본 원리를 잘 알고 시행하기를 권장한다. 또한 치료자는 내담자 워크북 치료 절차의 기본 원칙을 잘 이해하고 있어야 한다. 이를 통해 치료자가 각 내담자의 요구에 맞게 자료를 조정하고, 치료의 어려움과 장벽이 발생할 경우 극복할 수 있다. 이와 더불어 치료자에게는 우리가 제공하는 권장 도서와 이 책에 제시된 몇 가지 기본 정보를 통해 무쾌감증의 본질에 익숙해지기를 권고한다.

## ☺ 내담자 워크북 사용의 이점

내담자가 회기 중에 치료자가 제시하는 자료를 잘 이해하는 것처럼 보일 수 있지만, 중요한 요점을 잘못 기억하거나 잊어버리는 것은 드문 일이 아니다. 내담자 워크북의 가장 큰 이점 중 하나는 내담자가 회기 사이에 치료 개념, 설명 및 지침을 읽고 복습할 수 있다는 점이다. 또한 워크북은 내담자가 무쾌감 증상을 경험할 때 스스로를 안내하는 데 사용할 수 있는 즉각적인 참고 자료이다. 이는 필요에 따라 학습 과정에 적용할 수 있기 때문에 중요하며, 이를 통해 치료 개념을 더 잘 이해하게 되고 이러한 절차를 효과적으로 적용할 수 있게 된다.

내담자 워크북을 사용하면 내담자가 자신의 속도에 맞게 작업할 수 있다. 어떤 사람들은 회기를 더 빈번하게 예약하여 프로그램을 더 빨리 진행하기를 원하는 반면, 또 다른 이들은 일이나 여행과 같이 상충되는 요구 사항으로 인해 더 천천히 작업하는 것을 선택할 수 있다. 내담자가 예약된 회기 사이에 복습하거나 다시 읽을 수 있도록 워크북을 준비해 두면 매우 유용할 수 있다. 또한 워크북은 내담자가 치료가 끝난 후에 다시 참조할 수 있는 자원으로 활용할 수 있다. 내담자는 치료 내용을 다시 확인해야 하는 시기를 경험할 수 있다. 워크북은 내담자가 배운 것과 계속 실천할 것이 무엇인지를 상기시키는 데 필수적인 자원이다. 만일 워크북으로 충분치 않은 경우에는 치료자에게 독려 회기(booster session)를 요청할 수 있다.

제**2**장

# 행동과학과 신경과학에서 무쾌감증 치료의 초점 식별

워크북 제1장과 제2장에 해당함

## 😊 무쾌감증 치료를 위한 표적: 보상 과정

적어도 두 가지 핵심 시스템이 생각과 행동 또는 행위를 조절한다는 것이 오랫동안 알려져 왔다. 목표와 보상을 향한 행위에 동기를 부여하는 접근(approach) 또는 욕구(appetitive) 시스템은 열정과 자부심 같은 긍정정서와 관련이 있다. 혐오스러운 결과나 처벌을 회피하도록 동기를 부여하는 철수(withdrawal)나 방어(defensive) 시스템은 두려움과 슬픔 같은 부정정서와 관련이 있다(Lang & Bradley, 2013; Lang & Davis, 2006; Shankman & Klein, 2003). 우리의 의사 결정과 생존은 위험으로부터 자신을 보호하기 위한 방어 시스템과 생존을 위해 영양분 및 돌봄을 얻기 위한 욕구 시스템 사이의 균형을 맞추는 데 달려 있다. 낯설고 잠재적으로 위험한 상황에 들어가야 하는가, 아니면 잠재적인 사회적 또는 금전적 보상을 잃는 대가를 치르면서 그것을 피해야 하는가? 우리에게는 안전을 유지하기 위한 방어 시스템과 목표를 달성하고 만족과 행복을 느끼기 위한 욕구 시스템 모두가 필요하다.

오랫동안 불안과 우울은 방어 체계의 과잉 또는 위협에 대한 반응성 증가와 관련이 있는 것으로 이해되어 왔다. 이는 시상하부-뇌하수체-부신(HPA)축과 생리적 스트레스 반응 증가, 위협에 주의를 기울이고 모호한 상황을 위협으로 해석하는 편향 증가, 잠재적으로 위협적인 상황을 피하려는 경향성 증가와 같은 특징으로 나타난다. 보다 최근에는 욕구 보상 시스템에서의 결함 또는 낮은 보상 민감도의 역할이 알려지고 있다. 이러한 결함은 보상에 대한 기대 또는 보상 획득에 대한 생리적 각성 및 자기 보고된 흥미의 저하, 긍정적 자극에 대한 지속적인 주의력 저하, 보상을 얻으려는 노력 감소와 같은 특징으로 나타난다.

연구자들마다 보상 시스템의 서로 다른 부분들을 강조하지만, 세 가지 주요 구성요소에 어느 정도 수렴된다([그림 2-1]; Der-Avakian & Markou, 2012; Thomsen et al., 2015).

- ☑ **보상에 대한 기대 또는 동기(원함)**는 미래의 보상 경험에 대한 관심, 그리고 보상을 받기 위해 들이는 노력이다.
- ☑ **보상 획득에 대한 반응성(좋아함)**은 보상의 기쁨 또는 쾌락 영향(hedonic impact), 즉 보상이 일어날 때 그것을 알아차리고 즐기는 것을 말한다.

☑ **보상 학습(학습)**은 과거의 경험을 바탕으로 미래의 보상에 대한 파블로프식 또는 도구적 연합 및 예측을 포함한다(즉, 어떤 행동이 보상으로 이어지고 어떤 자극이 보상을 주는지를 학습하는 것).

내담자 워크북 제1장 [그림 1-1]에 이 세 가지 구성요소가 제시되어 있다.

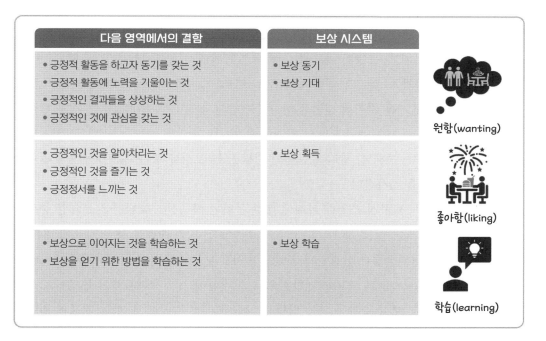

| 다음 영역에서의 결함 | 보상 시스템 | |
|---|---|---|
| • 긍정적 활동을 하고자 동기를 갖는 것<br>• 긍정적 활동에 노력을 기울이는 것<br>• 긍정적인 결과들을 상상하는 것<br>• 긍정적인 것에 관심을 갖는 것 | • 보상 동기<br>• 보상 기대 | 원함(wanting) |
| • 긍정적인 것을 알아차리는 것<br>• 긍정적인 것을 즐기는 것<br>• 긍정정서를 느끼는 것 | • 보상 획득 | 좋아함(liking) |
| • 보상으로 이어지는 것을 학습하는 것<br>• 보상을 얻기 위한 방법을 학습하는 것 | • 보상 학습 | 학습(learning) |

┃**그림 2-1**┃ 보상 시스템 및 무쾌감증 관련 결함의 각 부분

(클립아트 출처: Microsoft PowerPoint)

뇌의 보상 회로는 기저핵, 특히 복측선조체와 배측선조체, 전전두엽 피질, 특히 안와전두 피질 영역을 포함한다(Berridge & Kringelbach, 2015; Mahler et al., 2007; Peters & Büchel, 2010). 기능적 신경 영상 연구는 초기 반응, 보상에 대한 기대, 보상에 대한 학습이 일어날 때 이 회로에서의 일관된 활성화를 보여 준다. 이 세 가지 요소 모두에서 낮은 긍정적 기분과 보상 저민감도(reward hyposensitivity) 사이에 강한 연관성이 있다는 강력한 증거

가 있다(McFarland & Klein, 2009; Pizzagalli et al., 2008; Thomsen et al., 2015).

특히, 쾌락이나 흥미의 상실과 같은 무쾌감 증상은 보상 기대에 대한 복측선조체 반응성의 결함과 관련이 있다(Greenberg et al., 2015; Stoy et al., 2012; Ubl et al., 2015). 그리고 행동 수준에서 보상을 얻기 위해 소비되는 노력은 무쾌감증과 부적 상관관계가 있다(Treadway et al., 2012; Yang et al., 2014). 이를 종합해 볼 때, 무쾌감증은 보상에 대한 기대 및 동기에서의 신경 및 행동 결함, 또는 보상을 원하는 것의 결함과 관련이 있음을 시사한다.

보상 획득 측면에서, 긍정적 자극에 대한 복측선조체 저활동성은 특히 우울 증상에 비해 무쾌감 증상과 더 광범위한 관련이 있다(Chung & Barch, 2015; Pizzagalli et al., 2009; Wacker et al., 2009). 마찬가지로, 긍정적 자극에 대한 낮은 긍정정서는 무쾌감증을 통제한 우울 증상보다 무쾌감 증상과 더 강한 관련이 있다(Clepce et al., 2010). 또한 무쾌감증은 즐거운 그림 자극을 보거나 즐거운 정서적 대본을 상상하는 동안 심장 가속이 감소하는 것과 관련이 있다(Fiorito & Simons, 1994; Fitzgibbons & Simons, 1992). 종합해 보면, 이러한 근거는 보상을 얻었을 때 신경적, 주관적, 생리적 반응의 결함 또는 보상을 좋아하는 것에서의 결함이 무쾌감증과 관련됨을 시사한다.

보상 학습의 경우, 도구적 조건화 과제에 대한 둔화된 복측선조체 반응은 무쾌감 증상과 상관관계가 있다(Gradin et al., 2011; Whitton et al., 2015). 또한 빈번한 보상 자극에 대한 반응 편향의 손상은 무쾌감증과 상관관계가 있으며 이후의 무쾌감 증상을 예측한다(Pizzagalli et al., 2005, 2008; Vrieze et al., 2013). 전반적으로, 이러한 근거는 무쾌감증이 무엇이 보상인지에 대한 학습 또는 보상 결과를 얻는 방법을 학습하는 신경 지표 및 행동 지표의 결함과 관련이 있음을 시사한다.

긍정정서치료(PAT) 내담자 워크북에는 이를 다음과 같이 설명한다.

> 예를 들어, 무쾌감증이 있는 사람은 긍정적인 사건을 기대하고, 긍정적인 사건이 있을 때 기분이 좋고, 자신을 더 긍정적으로 느끼는 방법을 아는 것이 어려울 수 있습니다. 이는 마치 긍정적인 정서를 조절하는 기분 시스템이 잘 작동하지 않는 것과 같습니다.

이러한 이유로 PAT는 보상에 대한 기대와 동기, 보상 획득에 대한 초기 반응, 그리고 보상 학습을 구체적으로 초점화하도록 설계되었다. 즉, PAT 프로그램의 모든 측면은 보상 반응성을 개선하도록 설계되었다. 내담자들은 종종 경험의 부정적인 부분에 초점을 맞추고, 최악의 상황에 대해 생각하고, 자신의 삶에서 가장 부정적인 부분을 분석하여 이유를 이해하거나 고치려고 노력한다. 이와 대조적으로, PAT는 긍정적이고 보람 있는 경험을 기대하고, 주의를 집중하고, 즐기고, 향유하고, 배울 수 있는 역량을 구축하는 데 초점을 맞추는 접근 방식을 취한다. 전제는 보상에 대한 능력을 구축함으로써 보상 경험이 (무시되기보다는) 더 강하게 느껴지고, (내적인 또는 외적인) 부정적인 경험도 덜 강해진다는 것이다. 또한 우리는 내담자에게 긍정성을 갖기 위한 능력을 구축하면 삶의 부정적인 경험을 더 잘 관리할 수 있다고 설명한다.

## ☺ 보상을 원하고, 좋아하고, 학습하기 위한 기술들 ⚬

심리교육 모듈은 PAT 각 기술의 과학적 근거와 이론을 제공하는 것으로 시작한다. 우리는 행동과학 및 정서 신경과학에 기반하여 무쾌감증으로 인해 조절곤란이 나타나는 보상 반응성의 주요 구성요소들을 구체적으로 다루기 위해 PAT를 개발했다(Craske et al., 2016). [그림 2-2]에 PAT의 구성요소와 각 구성요소의 주요 보상 시스템 표적을 제시하였고, 이 그림은 내담자 워크북의 해당 장에 수록되어 있다.

| 모듈 | 장 | 주제 또는 기술 | 보상 시스템 | | |
|---|---|---|---|---|---|
| 모듈 1<br>심리교육 | 제1~4장 | 무쾌감증에 대한 심리교육 | | | |
| | | 치료 개관 | | | |
| | | 기분 사이클, 정서에 이름 붙이기 | 좋아함 | ○ | |
| 모듈 2<br>치료 기술<br>세트 | 제5장<br>기분이<br>나아지기<br>위한 활동 | 일상 활동 및 기분 모니터링 | 학습 | | ○ |
| | | 긍정적 활동 설계하기 | 원함 | ○ | |
| | | 긍정적 활동 실천하기 | 좋아함/학습 | | ○ | ○ |
| | | 순간을 향유하기 | 좋아함/학습 | | ○ | ○ |
| | 제6장<br>긍정적인 것에<br>주의 기울이기 | 긍정적인 면 찾기 | 좋아함/학습 | | ○ | ○ |
| | | 주인의식 갖기 | 좋아함/학습 | | ○ | ○ |
| | | 긍정적인 상상하기 | 원함/학습 | ○ | ○ | ○ |
| | 제7장<br>긍정성<br>구축하기 | 자애 실천하기 | 좋아함/학습 | | ○ | ○ |
| | | 감사 실천하기 | 좋아함/학습 | | ○ | ○ |
| | | 관대함 실천하기 | 좋아함/학습 | | ○ | ○ |
| | | 이타적 기쁨 실천하기 | 좋아함/학습 | | ○ | ○ |
| 모듈 3<br>치료 성과 및<br>재발 예방 | 제8장<br>치료 이후<br>여정 지속하기 | 복습/진전 평가 | | | |
| | | 재발 예방 | | | |

**┃그림 2-2┃ 모듈 및 각 장의 기술 개관**
(클립아트 출처: Microsoft PowerPoint)

## ☺ 정서에 이름 붙이기

심리교육과 기분 사이클(mood cycle)의 인지, 행동, 생리적 구성요소에 대한 설명을 한 뒤, 모듈 1에서는 긍정정서에 대해 이름 붙이기(emotion labeling) 기술을 가르친다. 우울한 사람들은 자신의 정서를 식별하거나 명명하는 데 어려움(정서표현불능증)을 겪을 수 있다 (Honkalampi et al., 2001). 무쾌감증이 있는 사람은 전반적으로 긍정정서 상태를 덜 경험하기 때문에 일반적으로 긍정정서를 묘사하는 레퍼토리가 제한되어 있다. 이 레퍼토리를 구축하려면 다양한 강도와 여러 유형의 긍정정서(예: 기쁨, 설렘, 만족)를 구별해야 하며, 이러한 변별 작업은 각 긍정정서와 관련된 내부 상태(예: 정서 또는 생각)에 대한 주의와 부호화를 촉진한다. 우울과 무쾌감증을 겪는 사람들은 부정적인 자극에 주의를 기울이는 것을 선호한다(Koster et al., 2005). 이러한 내담자가 쾌락적 정서와 관련된 내적 상태에 주의를 기울이는 연습을 하도록 하면, 긍정적 자극에 대한 지속적 주의 집중 결핍을 상쇄할 수 있다(Shane & Peterson, 2007). 따라서 긍정정서에 이름을 붙이는 과정은 긍정적인 경험에 대한 관심을 높이고, 이는 보상 획득을 증가시킬 수 있다.

## ☺ 기분이 나아지기 위한 활동

기분 사이클과 정서에 이름 붙이기에 대한 심리교육에 이어, 모듈 2에서는 PAT의 세 가지 치료 기술을 제시한다. 제5장에서는 내담자에게 쾌락 영향을 향상시키기 위해 기억 특이성 훈련(memory specificity training)을 통한 **순간을 향유하기(Savoring the Moment)** 기술로 긍정적인 활동을 계획하고 실천하는 방법을 알려 준다. 첫 번째 부분은 보상 경험에 대한 참여를 증가시키기 위해 고안된 행동활성화 치료의 원래 모델(Lewinsohn & Libet, 1972)을 상당 부분 참조하였다. 행동활성화는 본질적으로 즐거운 일상 활동들을 설계하고 실천하는 것을 포함하는데, 이러한 활동들은 성취감 또는 숙달감을 제공하거나 가치 있는 행위와 일치하는 것들이다. **긍정적 활동 설계하기(Designing Positive Activities)** 기술은 보상 또는 욕구에 대한 기대와 동기(또는 **원함**)를 초점으로 하며, **긍정적 활동 실천하기(Practicing Positive Activities)** 기술은 보상 획득에 대한 반응(또는 **좋아함**)을 초점으로 한다. 활동 중에 경험한 긍정정서에 구체적인 이름 붙이기는 보상을 획득하거나 즐기는 것(또는 **좋아함**)을 촉진한다. 긍정적 기분 유발 효과(positive mood-inducing effects)를 강화하기 위해 각 활동 전과 후에는 기분 변화를 면밀히 모니터링한다. 이것은 보상 학습(즉, 특정 활동에 참여함으로써 긍정적인 기분 또는 전반적인 기분을 증가시키는 도구적 학습)을 초점으로 한다.

중요한 것은 보상 획득 또는 보상을 향유하는 것을 목표로 하는 연속적인 기억 특이성 훈련이다(우리는 이를 '**순간을 향유하기**'라고 부른다). **순간을 향유하기**는 행동활성화 치료에 포함된
것이 아니다. 이러한 기억 강화는 우울의 여러 특징 때문에 필수적인데, 다음과 같은 특징
들이 보상을 음미하고 학습하는 것을 방해한다.

- ☑ **빈약한 긍정적인 심상**. 우울증을 겪는 사람들은 우울증이 없는 사람들보다 부정적인 심
  상을 가지고 있고, 과거지향적(Werner-Seidler & Moulds, 2011) 또는 미래지향적
  (Stöber, 2000) 긍정적 심상과 전망(Yang et al., 2018)을 생생하게 생성하는 데 결함을
  보인다.
- ☑ (1인칭 시점 대비) **3인칭 시점에 대한 편향**. 이는 긍정적 정서성(positive emotionality)의 저
  하로 이어진다(Holmes et al., 2008a; Mcisaac & Eich, 2002).
- ☑ **과잉일반화된 자서전적 기억**(Holmes et al., 2016) 또는 **단일 사건 또는 하루 내에 발생한 특정
  기억의 회상 실패**(Williams et al., 2007). 이는 우울증의 발병 및 부정적인 경과를 예측하
  는 변수이다(Barry et al., 2019; Brewin, 2006).
- ☑ **긍정적 자기 표현의 결함**(Brewin, 2006).

이러한 이유들 때문에 우울을 겪는 사람들은 긍정적인 기억을 과소평가하는데, 이는 긍
정적인 기억을 회상할 기회를 얻기 위해 돈을 쓰려는 의지가 감소하는 것으로 나타났다
(Speer et al., 2014). 긍정적 기억에 대한 평가절하로 인해 표준 행동활성화 치료는 무쾌감증
측면에서 효과적이지 않을 수 있다. 왜냐하면 표준 행동활성화 치료 접근법에는 즐거운 활
동에 참여하기 위한 지침을 포함하지만 그러한 활동에 대한 기억은 다루지 않기 때문이다.
이러한 문제점을 주로 다루기 위해 (**순간을 향유하기**를 통한) 기억 특이성 훈련에서는 특정
감각, 생각, 정서 및 상황적 세부 사항을 포함하여, 1인칭 관점과 현재 시제를 사용하여 시
각화하도록 한다. 우리의 접근 방식은 지나치게 부정적인 전반적 기억, 우울, 절망감, 문제
해결, 예기적 즐거움 및 활동에 참여하려는 행동 의도를 단기적으로 유의하게 개선하는 정
서장애에 대한 기억 특이성 개입과 유사하다(Barry et al., 2019; Hallford et al., 2020a, 2020b;
McMakin et al., 2011; Pictet et al., 2016). 그러나 PAT에서 **순간을 향유하기**의 주요 목표는 보
상의 쾌락 영향을 강화하고 보상 사건을 즐기고 좋아하는 기술을 향상시키는 것이다.

**순간을 향유하기**로 기억 특이성 훈련을 하는 동안, 참가자들은 눈을 감고 순간순간의 세부

사항(주변 환경, 정서, 신체 감각, 생각)을 현재 시제로 시각화하고 되새겨 보면서 자신의 경험에서 가장 긍정적인 것에 초점을 맞추도록 안내받는다. 경험을 되새기는 것은 신체적 감각, 생각, 행동 및 긍정적인 기분에 주의를 기울이도록 반복적으로 안내받음으로써 경험의 긍정적인 측면을 심화하고 음미하도록 설계되었다. **순간을 향유하기**를 통해 또 다른 과정들이 진행되고 있을 가능성이 높다. 예를 들어, 안내된 기억 되새기기(the guided memory recounting)는 행동적인 경험의 부정적인 부분에서 주의를 거두고 긍정적인 부분에 주의를 전환하는 것을 포함한다. 이것은 일종의 주의 통제(상황의 한 측면으로부터 다른 측면으로 주의를 전환하는 것) 역할을 한다. 이러한 주의 통제는 정서 조절의 한 형태로서 효과적인 것으로 나타났다(Gross, 1998).

또한 기억 특이성 훈련은 긍정적 자극에 지속적으로 주의를 기울이는 것으로, 비임상 표본이기는 하지만 그 자체가 긍정적 자극에 대한 선호로 이어지는 것으로 나타났다(Wadlinger & Isaacowitz, 2008). 긍정적인 재료에 대한 선호가 높아지면 부정적인 정보에 대한 관심이 감소하는 것으로 나타났다(Wadlinger & Isaacowitz, 2011). 더불어 긍정적인 주의 선호를 훈련하면 긍정적인 정보에 대한 주의력과 지향성을 향상시킬 수 있으며, 이는 결국 긍정적인 의미를 지향하는 정교한 주의 메커니즘으로 전환시킬 수 있다. 이를 통해 일상 경험에서 긍정적인 정보를 더 쉽게 부호화할 수 있게 된다. 결과적으로, 경험의 긍정적 특징에 대한 주의 훈련은 긍정정서를 강화하는 주의 처리 과정을 통해 긍정정서를 증가시킬 수 있고, 환경의 보상에 접근하는 경향을 증가시킬 수 있는 것으로 추정된다(Wadlinger & Isaacowitz, 2011).

## 😊 긍정적인 것에 주의 기울이기

제6장은 긍정적인 자극에 주의를 기울이기 위한 일련의 인지 훈련 기술로 구성되어 있다. 부정적 인지에 도전하는 인지치료와 달리, PAT 인지 기법은 경험의 긍정적인 측면을 식별하고 향유하며(**좋아함**), 긍정적인 결과에 대한 책임을 지고(**좋아함** 및 **학습**), 미래의 긍정적인 사건을 상상하고 즐기는 것(**원함**)을 목표로 한다. 따라서 PAT 인지 기술 세트는 부정적인 생각이나 부정적인 가정 및 신념에 기여했을 가능성이 있는 사고의 오류를 다루지 않

는다. 그 대신에 과거, 현재, 미래 경험의 긍정적인 측면에 주의를 기울이는 데 초점을 맞춘다. 이 인지 기술들은 주로 대안적 평가를 개발하기 위한 직접적인 시도가 없는 주의 훈련을 포함한다. 주의에 초점을 맞추는 것은 기분에 영향을 미칠 것으로 예상되는데, 앞서 언급했던 동일한 이유(즉, 긍정정서 증가, 긍정적 자극에 대한 선호도 증가, 부정적 자극에 대한 관심 감소, 궁극적으로 더 긍정적인 의미로의 전환) 때문이다. 따라서 부정적 평가를 바꾸려는 직접적인 시도는 거의 없지만, 근본적인 의미와 평가는 보다 긍정적인 방향으로 바뀔 수 있다. 한 가지 예외는 **주인의식 갖기**(Taking Ownership) 기술이다. 이것은 긍정적인 결과에 내담자 자신이 기여했던 것을 생각하게 하는 기술로, 자기평가에 보다 직접적인 영향을 미칠 수 있다.

첫 번째 인지 훈련 기술인 **긍정적인 면 찾기**(Finding the Silver Linings)는 내담자가 일상적인 상황, 심지어 부정적인 상황에서도 긍정적인 점을 인식하고 가치 있게 여기도록 훈련하는 것이다. 일상에서 여러 긍정적 요소를 식별하는 것을 반복적으로 연습하면 긍정적 정보에 대한 선호도, 주의 집중, 부호화가 향상될 수 있다(Wadlinger & Isaacowitz, 2011).

두 번째 기술인 **주인의식 갖기**(Taking Ownership)는 일상에서 긍정적인 결과에 자신이 행동적으로 기여한 바를 식별하고(**학습**), 자부심, 숙달, 흥분과 같은 긍정적인 정서를 향유하는(**원함**) 반복적인 실습을 포함한다. 거울 앞에서 성취를 소리 내어 읽어서 보상을 얻는 경험을 심화시킬 수 있다. **주인의식 갖기**는 긍정적 결과를 외부 요인에 돌리는 우울 귀인 편향에 대응하는 것이며, 이는 긍정적 귀인 편향을 지향하는 훈련에 대한 실험 근거와 일관된 원리이다(Peters et al., 2011).

세 번째 기술인 **긍정적인 상상하기**(Imagining the Positive)는 긍정적 사건을 반복적으로 상상하는 실습을 통해 긍정적 기분이 향상되고 해석 편향이 개선된다는 근거에 기반한다(Holmes et al., 2006, 2008b; Pictet et al., 2011). **긍정적인 상상하기**는 Holmes와 동료들의 실험 프로토콜에서 유래한 것인데, 이 연구에서 참가자들은 모호한 시나리오에 대한 긍정적인 결과를 반복적으로 상상하였다. 이와 더불어 우울한 기분으로 인해 미래에 대한 긍정적인 심상 생성의 어려움을 보여 주는 또 다른 연구도 참조하였다(MacLeod et al., 1993). PAT에서는 내담자가 보상을 원하도록 촉진하기 위해 다가오는 사건에 대해 흥분, 기쁨, 호기심 등의 긍정정서를 포함하여 가능한 한 많은 긍정적인 측면을 반복적으로 상상하도록 안내한다.

## ☺ 긍정성 구축하기 ----------------------------------------------○

제7장에서는 보상에 대한 선호를 높이기 위해 긍정적인 경험을 함양하고 향유하기 위해 고안된 일련의 경험적 기술을 제시한다. 이러한 기술에는 **자애(Loving-Kindness)**를 실천하여 정신적으로 베푸는 행위(즉, 행복, 건강, 평화 및 고통으로부터 자유로워지는 생각을 정신적으로 보내는 것)와, **관대함(Generosity)**을 통해 신체적으로 베푸는 행위(즉, 대가를 바라지 않고 하루에 한 번 이상 관대한 활동을 하는 것)가 포함된다. 또한 **이타적 기쁨(Appreciative Joy)**을 통해 정신적으로 다른 사람들에게 지속적인 행운을 기원하는 행위(즉, 지속적인 건강, 기쁨 및 행운을 기원)를 실천하고, **감사(Gratitude)** 실천을 통해 감사하는 감각을 생성하는 정신적 행위를 일상적으로 실습하는 것을 포함한다. 기분 유발 효과를 평가하기 위해 각 활동 전후에 기분을 평가한다. 이는 또한 보상에 대한 학습(즉, 이 활동을 실행함으로써 기분이 개선됨)을 표적으로 한다.

이 장의 내용 중 상당 부분은 UCLA 마음챙김 자각 연구 센터(UCLA Mindful Awareness Research Center)에서 개발한 자애, 관대함, 이타적 기쁨, 감사 실습에서 발췌한 것이다. 우리는 이 기법들을 수정하여 긍정적인 측면에만 초점을 맞춘 활동으로 구성하였다.

**자애** 기술은 따뜻함과 부드러움을 지향하는 정서적 경험을 훈련하는 활동이다(Garland et al., 2010). 그것은 개인이 다른 생명체, 자기 자신, 그리고 세상에 대한 친절하고 애정 어린 관심에 인식을 집중하도록 장려하는 기술이다(Hofmann et al., 2011). 이는 특히 공감 및 긍정정서의 증가를 통해 적대감, 분노, 자기비판, 수치심과 같은 강한 부정적 정서를 완화하는 데 도움이 되는 것으로 보인다. **자애**를 실천하는 것은 비록 간단한 것일지라도(Hutcherson et al., 2008) 자신과 타인에 대한 긍정성을 증가시키고 긍정정서와 개인적 자원(예: 타인과의 사적 관계, 신체적 건강, 자기수용, 만족)을 향상시키는 것으로 나타났다(Fredrickson et al., 2008). 조현병(Mayhew & Gilbert, 2008), 외상 후 스트레스 장애(Kearney et al., 2013), 기분부전장애(Hofmann et al., 2015)를 겪는 사람을 대상으로 한 개념 증명 임상 시험의 예비 근거에 따르면, 자애를 통해 긍정정서가 증가하고 자신과 타인에 대한 감각이 향상되는 것으로 나타났다.

**관대함** 활동은 긍정적 기분의 개선과 관련이 있다(Nelson et al., 2016; Rowland & Curry,

2019). 친사회적 행동과 긍정적인 기분은 상호 순환된다. 친사회적 행동은 긍정적인 기분을 증가시키고, 이는 다시 친사회적 행동을 증가시키는 것으로 나타났다(Snippe et al., 2018). 또한 타인에 대한 친사회적 행동이 긍정적인 기분에 미치는 영향은 적어도 청소년 표본에서 우울증이 있는 이들에게 가장 크게 나타난다는 근거가 있다(Schacter & Margolin, 2019).

감사를 함양하는 것(감사 목록을 작성하거나, 감사에 대한 명상을 하거나, 감사를 행동으로 표현함으로써)은 비임상 표본에서 긍정적인 기분에서의 변화, 자원의 증가, 전반적인 안녕감으로 이어진다(Froh et al., 2009; Geraghty et al., 2010a, 2010b; Wood et al., 2010). 감사 실천은 이타 행위의 가치를 높인다고 추측되는데(Maltby et al., 2008; Wood et al., 2010), 이는 사회적 지지를 더 많이 추구하고 사회적 유대를 강화하도록 이끈다(Wood et al., 2008a). 이러한 '확장 및 구축(broaden and build)' 접근 방식(Fredrickson, 2001)은 탄력성을 높이는 것으로 보인다(Emmons & McCullough, 2003).

이타적 기쁨은 성공, 행운 또는 행복을 가진 타인에 대해 행복을 느끼는 것과 관련된 것이다. 자애와 유사하게, 이타적 기쁨은 긍정적인 기분, 긍정적인 사고, 대인관계, 공감 정확성, 심리적 고통의 개선과 관련이 있으나 연구에는 한계가 있다(Shonin et al., 2015; Zeng et al., 2015). 한 소규모 연구에서는 건강한 표본에서 이타적 기쁨만으로도 긍정적인 기분이 증가하는 것으로 나타났다(Zeng et al., 2019).

# 제3장

# 일반적인 치료 형식과
# 치료 원칙 안내

워크북 제3장에 해당함

## ☺ 치료 모듈 및 치료 일정 개관 ────────────○

　제2장에서 언급했듯이, 긍정정서치료(PAT)는 이론, 과학 및 임상 경험을 고려하여 개발되었다. PAT는 전통적인 근거기반치료의 이론적 근거, 구성요소 및 구조를 따르며, 내담자의 필요와 우선순위에 맞게 조정할 것을 권장한다(42~43쪽 참조). 무쾌감증(낮은 긍정정서)을 겪는 사람은 인지행동치료가 성공하기 위한 전제 조건인 동기가 부족하기 때문에 유연성이 필수적이다. 무쾌감증의 본질은 적어도 처음에는 긍정적인 변화를 즐기나 음미하는 능력, 추진력, 동기부여가 부족하다는 점이다. 이러한 결핍은 신중하게 고려되어야 하며, 최대한 내담자의 이익을 보장하기 위해 그에 따라 치료를 조정해야 한다.

　치료의 초반은 활동과 행동 변화에 초점을 맞춘다. 연구에 따르면, 초기 행동 변화는 치료 초기 효과와 관련이 있다. PAT에서 행동 변화는 보상 민감도와 환경에서의 보상에 대한 접근성을 높여 더 많은 행동 변화를 강화하도록 설계되었다. 이러한 개선은 동기부여와 추진력에 필수적이다. 그런 다음, 행동 개선은 이후 보상 능력을 더욱 구축하기 위해 고안된 인지적 변화와 긍정적인 실천으로 보완된다. 행동 변화는 치료 후반부의 초점이 아니지만 그럼에도 불구하고 새로운 인지 및 긍정적인 실천 기술을 목표로 삼는 동안에도 행동 변화는 계속되어야 한다.

　일반적인 근거기반심리치료와 마찬가지로, 이 치료는 기본적으로 매일 실천하도록 해야 한다.

## ☺ 모듈 요약 ────────────○

### 모듈 1  심리교육

☑ **기간:** 1회기 또는 2회기
☑ **치료자 가이드북:** 제1~4장

☑ **내담자 워크북**: 제1~4장

이 모듈은 무쾌감증의 본질, 치료에서 기대할 수 있는 효과와 치료의 구조, 기분 사이클에 대한 심리교육을 제공하도록 설계되었다. 내담자는 무쾌감증의 본질, 무쾌감증의 결과, 관련 정신 질환 및 PAT의 효능에 대해 교육받게 된다. 또한 치료 형식의 기본 원칙과 기대를 제시하여 내담자의 준비 상태와 치료의 필요성을 판단할 수 있는 기회를 제공한다. 이 시점에 치료자는 치료 조정을 고려해야 한다(제3장). 그다음에 내담자는 생각, 행동, 신체적 감각 또는 정서(기분 사이클)의 상호 관계와 PAT에서 이것에 어떻게 초점을 두는지 안내받게 된다. 또한 내담자들은 하향 나선(downward spiral)과 반대되는 상향 나선(upward spiral)이 무엇인지, 상향 나선이 우리가 생각하고, 행동하고, 느끼는 방식에 어떤 영향을 미치는지를 배운다. 내담자는 자신만의 긍정적인 기분 사이클을 찾아보는 연습을 한다.

다음으로, 내담자는 정서에 이름 붙이기를 통해 다양한 유형의 긍정적 정서를 소개받는다. 내담자는 다양한 긍정정서 식별과 분류에 세심한 주의가 필요하며 이러한 활동이 긍정적인 정서를 증가시킨다는 것을 배운다. 또한 긍정정서 라벨 차트를 검토하고 변별할 수 있는 기회를 얻는다.

## 모듈 2 치료 기술 세트: 기분이 나아지기 위한 활동

☑ **기간**: 6회기
☑ **치료자 가이드북**: 제5장
☑ **내담자 워크북**: 제5장

이 장의 주요 개념은 긍정적 활동에 대한 참여를 증가시키는 것, 행동과 기분의 관계를 탐색하는 것, 긍정적인 순간을 향유하는 것이다. 내담자는 긍정적인 활동을 하는 것이 중요하다는 점, 긍정적인 활동의 빈도를 늘리는 방법, 그러한 활동에서 긍정정서를 보다 강하게 경험하는 방법을 안내받는다. 이 목표를 달성하기 위해 내담자는 긍정적인 활동 및 숙달 활동 목록을 검토하는 것으로 시작한다. 그런 다음 내담자는 자신만의 긍정적 활동 목록을 만든다. 내담자는 일상에서 어떤 활동들이 긍정정서를 더 많이 경험하게 하는지 확인하기 위해 기분을 기록한다. 다음으로, 내담자는 긍정적 활동 일정을 짜고, 활동에서 가장 보람된 측면을 더 잘 기억하기 위해 **순간을 향유하기** 실습을 한다.

## 모듈 2 │ 치료 기술 세트: 긍정적인 것에 주의 기울이기

- ☑ **기간**: 3회기
- ☑ **치료자 가이드북**: 제6장
- ☑ **내담자 워크북**: 제6장

이 장의 핵심 개념은 상황의 긍정적인 측면을 알아차리고, 긍정적인 결과를 예상하고, 긍정적인 결과에 자신이 기여한 것을 인식하는 능력을 높이는 것이다. 이는 **긍정적인 면 찾기, 주인의식 갖기, 긍정적인 상상하기**라는 일련의 사고 기술을 통해 달성된다. **긍정적인 면 찾기**에서 내담자는 부정적으로 보이는 일상적인 어떤 상황 속에서도 긍정적인 측면을 식별하고 그 가치를 인식해 보도록 요청받는다. **주인의식 갖기** 기술은 삶의 긍정적인 사건에 내담자 자신이 긍정적으로 기여한 것에 주의를 전환하는 것을 목표로 한다. **긍정적인 상상하기**는 다가올 사건에 관한 긍정적인 결과를 반복적으로 상상하는 것이다.

## 모듈 2 │ 치료 기술 세트: 긍정성 구축하기

- ☑ **기간**: 4회기
- ☑ **치료자 가이드북**: 제7장
- ☑ **내담자 워크북**: 제7장

이 장에서는 긍정적인 경험을 함양하고 향유하기 위해 고안된 일련의 경험적 기술을 다룬다. 정신적인 베풂(**자애**), 행동적인 베풂(**관대함**), **감사**, 잘되기를 소원하기(**이타적 기쁨**)를 일상적으로 실천함으로써 내담자는 자신과 타인에 대한 긍정정서를 키울 수 있는 기회를 갖게 된다. 이러한 활동들로 내담자는 자기혐오, 분노, 수치심 또는 실망과 같은 부정적인 정서에서 공감, 자기수용, 만족과 같은 긍정적인 정서로 초점을 옮길 수 있다.

**모듈 3**  **치료 성과 및 재발 예방**

☑ **기간**: 1회기
☑ **치료자 가이드북**: 제8장
☑ **내담자 워크북**: 제8장

마지막 모듈은 치료적인 이득을 유지하고 재발을 최소화하기 위하여, 치료적인 진전을 검토하고, 실천 계획을 수립하며, 미래에 발생 가능한 도전적인 시기와 장벽들을 다루는 방식에 대한 지침을 검토한다.

## ☺ 치료 일정

[그림 3-1]은 치료 일정 및 구조의 권장사항을 요약한 것이다. 이 장의 뒷부분(42~43쪽)에서 논의한 바와 같이, 치료자는 내담자의 보상 민감도 결함과 자원(예: 시간)에 따라 회기 순서와 기간을 변경할 수 있다.

| 주 | 장 | 제목 |
|---|---|---|
| 1주 | 제1~4장 | 평가<br>　■ 활동 2-1: 치료 적합성 평가<br>　■ 활동 2-2: 치료 시기 평가<br>무쾌감증에 대한 심리교육과 치료 개요<br>기분 사이클<br>　■ 활동 4-1: 기분 사이클 알아차리기<br>정서에 이름 붙이기<br>　■ 활동 4-2: 긍정정서 다이얼<br>기분이 나아지기 위한 활동<br>　■ 활동 5-1: 일상 활동 및 기분 기록 |

| 2주 | 제5장 | 기분이 나아지기 위한 활동<br>● 활동 5-1: 일상 활동과 기분 기록<br>● 활동 5-2: 긍정적 활동 목록<br>● 활동 5-3: 숙달을 위한 긍정적 활동 목록<br>● 활동 5-4: 나의 긍정적 활동 목록 |
|---|---|---|
| 3주 | 제5장 | 기분이 나아지기 위한 활동<br>● 활동 5-5: 긍정적 활동 계획하기 |
| 4~7주 | 제5장 | 기분이 나아지기 위한 활동<br>● 활동 5-5: 긍정적 활동 계획하기<br>● 활동 5-6: 순간을 향유하기 |
| 8주 | 제6장 | 긍정적인 것에 주의 기울이기<br>● 활동 6-1: 긍정적인 면 찾기 |
| 9주 | 제6장 | 긍정적인 것에 주의 기울이기<br>● 활동 6-2: 주인의식 갖기 |
| 10주 | 제6장 | 긍정적인 것에 주의 기울이기<br>● 활동 6-3: 긍정적인 상상하기 |
| 11주 | 제7장 | 긍정성 구축하기<br>● 활동 7-1: 자애 |
| 12주 | 제7장 | 긍정성 구축하기<br>● 활동 7-2: 감사 |
| 13주 | 제7장 | 긍정성 구축하기<br>● 활동 7-3: 관대함 |
| 14주 | 제7장 | 긍정성 구축하기<br>● 활동 7-4: 이타적 기쁨 |
| 15주 | 제8장 | 치료 이후 여정 지속하기<br>● 활동 8-1: 나의 진전 평가<br>● 활동 8-2: 나의 장기 목표<br>● 활동 8-3: 치료 성과 유지하기<br>● 활동 8-4: 장벽 극복하기 |

▌그림 3-1▐ 권장 치료 일정

## 😊 치료의 기초 및 활동 양식 ⌐⌐⌐⌐⌐⌐⌐⌐⌐⌐⌐⌐⌐⌐⌐⌐⌐⌐⌐⌐⌐⌐○

PAT는 개인별 면대면 방식으로 실시한다. 대부분의 다른 근거기반심리치료와 마찬가지로, 내담자는 매주 50~60분 동안 치료자와 만날 수 있다. 권장되는 표준 치료 기간은 15주이며, 프로그램 수정을 고려할 수 있다(이 장 뒷부분의 '프로그램 조정' 참조). 순서, 배치, 구조는 Treatments That Work™ 시리즈에 포함된 다른 치료들과 마찬가지로 인지행동치료를 따른다.

## 활동 양식

우리는 치료자가 내담자에게 치료에 대해 쉽게 설명하고 내담자가 사용하기에 용이하도록 프로그램 전반에 매일 사용할 수 있는 활동지를 제작했다. 각 활동지는 내담자가 집에서 실천하기 전에 상담 회기에서 치료자와 함께 먼저 완성한다. 내담자가 집에서 매일 실천할 수 있도록 활동지 사본을 충분히 제공했는지 확인해야 한다. 내담자와 치료자는 워크북 활동지를 복사하여 사용할 수 있다.

내담자가 집에서 실습을 시작하기 전에 지침을 검토하여 각 기술을 의도한 대로 실천하도록 독려한다. 과제로 내담자가 각 활동 전후에 자신의 기분을 0에서 10점 사이로 평가하도록 하는데, 여기서 0은 '아주 낮은 긍정적인 기분'을 나타내고 10은 '아주 높은 긍정적인 기분'을 나타낸다. 이 평가는 기분 개선을 추적하는 기본적인 사항이다. 이를 통해 치료자는 활동이 효과가 있는지 여부를 확인할 수 있다. 만일 어떤 활동이나 사건이 기분 개선으로 이어지지 않는다면 수정이 필요할 수 있다(각 기술에 대한 '문제 해결' 참조). 또한 기분 평가는 무쾌감증의 특성으로 인해 긍정정서를 알아차리거나 느끼기 어려운 내담자에게 귀중한 피드백과 격려, 성취감을 제공한다.

각 활동은 지시한 대로 완료해야 한다. 치료자가 활동지 양식에 반응을 작성하는 것을 보여 줌으로써 내담자의 순응도를 높이는 모델링을 제공할 수 있다. 내담자들은 때때로 활동을 마친 후 회고적으로 양식을 작성한다. 그러나 회고적 기억은 불안 및 우울의 특징인 부정적 주의 및 기억 편향에 영향을 받을 가능성이 높다. 더욱이, 회고적 기억은 순간적인 기분 변화에 대한 정보가 손실된다는 것을 의미한다. 마지막으로, 글을 쓰는 행위는 그 자체로 '마음의 흐름을 느리게 하는' 효과가 있으며, 이 외에도 여러 가지 이점이 있다. 불안이나 우울을 겪고 있는 사람들은 종종 '마음이 휘몰아친다'거나 쉽게 '정신이 산만해진다'고 보고한다. 글쓰기는 주의를 집중시킬 수 있고, 무시될 수도 있는 긍정적이고 보람된 경험을 부호화하여 기억 통합을 촉진할 수 있다.

## 과제

모든 근거기반 개입에서는 규칙적인 과제 실행이 필수적이다. 각각의 기술들은 우리가 권장하는 기간(예: 일주일) 동안 매일(일반적으로 하루에 한 번 활동) 실천하도록 되어 있다. 기술이 내담자에게 아무리 간단하고 쉬워 보일지라도 실행해 보는 것을 권장한다. 반복적으로 실행하여 숙달되면 해당 기술이 습관으로 바뀌게 할 수 있다.

물론 만일 내담자가 이미 특정 기술을 숙달했다면 이 장의 뒷부분에 설명된 프로그램 조정을 고려하라. 마찬가지로, 더 많은 시간이 필요하다면 다음 장으로 넘어가기 전에 실습 시간을 늘리도록 한다. 마지막으로, 임상적인 판단이 있다면 한 기술 세트(예: 기분이 나아지기 위한 활동)의 특정 부분이 그다음 기술 세트(예: 긍정적인 것에 주의 기울이기)에도 이월되어야 한다는 점을 기억하라.

어떤 기술들은 매일 하루를 시작하거나 마칠 때 규칙적으로 실천하는 것이 가장 좋다 (예: **긍정적인 면 찾기, 긍정적인 상상하기, 감사, 자애, 이타적인 기쁨**). 이와 반대로, 낮에 시행하는 것으로 계획할 때 가장 잘 실천할 수 있는 기술들도 있다(예: **긍정적인 활동 실천하기, 주인의식 갖기, 관대함**). 내담자가 하루가 끝날 때 실습을 몰아서 하지 않도록 상기시키는 것이 필요한데, 그 이유는 하루가 얼마 남지 않은 시간에는 추진력과 동기가 낮아지므로 이것이 내담자에게 강한 장애물이 될 수 있기 때문이다.

## 평가와 모니터링

정신건강 전문가는 Anxiety Disorders Interview Schedule for DSM-5(Brown & Barlow, 2021)를 사용하여 정서장애 내담자를 선별할 수 있는데, 이 도구는 그러한 목적으로 설계되

었다. 이 반구조화된 진단적 임상 면접은 불안장애와 그에 동반되는 기분 상태, 신체형 장
애, 약물 및 알코올 사용에 대한 DSM-5 진단에 초점을 둔다. 보다 완전한 진단을 위해, 다
양한 기분장애와 정신증에 대한 더 심층적인 평가를 포함한 SCID-5(First et al., 2016) 사용
을 고려할 수 있다. 이러한 임상 면접에서 얻은 정보를 통해 변별 진단을 결정하고 각 진단
의 심각성 수준을 명확하게 이해할 수 있다. 무쾌감증의 원인이 되거나 무쾌감증을 악화시
킬 수 있는 의학적 상태를 배제하기 위해서는 의학적 평가가 적절할 수 있다.

　여러 표준화된 자기 보고 척도들이 사례개념화 및 치료 계획, 치료 변화 평가에 매우 유
용할 수 있다. 직접적인 정서 측정 도구인 긍정정서 및 부정정서 척도(Positive and Negative
Affect Schedule: PANAS; Watson et al., 1988)는 상태(state) 및 특성(trait) 기분 측정치를 제공
하며, 강력한 심리측정적 속성을 지니고 있다. 우울과 불안 증상을 평가하기 위해 우리는
종종 우울, 불안 및 스트레스 척도(Depression, Anxiety and Stress Scale: DASS; Lovibond &
Lovibond, 1995)를 참조한다. 이 척도는 우수한 심리측정적 속성을 지니고 있다. 내담자의
진전을 평가하고 치료 성공을 판단하기 위해 각 치료 회기를 시작할 때 두 척도를 모두 완
료하도록 하는 것이 좋다(이 가이드북의 제8장 참조).

　특히 무쾌감 증상의 경우, 시간적 즐거움 경험 척도(Temporal Experience of Pleasure
Scale; Gard et al., 2006; 하위 척도인 예기 즐거움과 소비 즐거움 척도)는 보상 반응에 대해 심
리측정적으로 타당한 측정치를 제공한다. 이와 유사하게, Snaith-Hamilton 즐거움 척도
(Snaith-Hamilton Pleasure Scale; Snaith et al., 1995)는 심리측정적으로 타당하게 쾌락 역
량(hedonic capacity)을 측정한다. 차원적 무쾌감증 평정 척도(The Dimensional Anhedonia
Rating Scale; Rizvi et al., 2015)는 보상 반응성과 관련된 관심, 동기, 노력 측면을 측정하며,
이 역시 좋은 심리측정적 속성을 지니고 있다.

　치료자들은 또한 기능적 손상과 삶의 질을 조사하는 것이 가치 있다는 것을 알게 될 것이
다. 직업 및 사회 적응 척도(Work and Social Adjustment Scale; Mundt et al., 2002)를 포함하
여 신뢰롭고 타당한 여러 척도가 존재하며, 이는 아마도 임상 현장에서 가장 널리 사용되고
있을 것이다.

## ☺ 프로그램 조정

PAT는 이 장의 앞부분에서 설명한 형식(즉, 15회의 개별 주간 회기)으로 검증되었으나 조정할 수 있다. 예를 들어, 이제 기술이 향상됨에 따라 PAT를 원격 플랫폼을 통해 가상으로 제공할 수 있고, 이를 통해 접근성이 높아질 수 있다.

### 빈도

내담자와 치료자의 일정상 일주일에 두 번 예약이 가능하다면, 일주일에 2회 8시간 치료를 제공할 수 있다. 내담자가 고위험군이거나 시간이 제한된 경우라면 이 일정을 선택할 수 있다. 기능 수준이 높은 내담자가 주간에 치료 진행이 어렵다면, 회기 사이에 정기적으로 기술을 실습한다는 조건하에 2~3주마다 회기를 제공하는 것도 내담자에게 도움이 될 것이다.

### 기간

치료 기간은 내담자의 필요에 맞게 조정할 수 있으며, 축약하거나 확장할 수 있다. 예를 들어, 내담자가 이미 긍정적인 활동에 효과적으로 참여하고 있는 경우, 제5장(기분이 나아지기 위한 활동)에서 다루는 기술에 전념하는 회기를 줄일 수 있다. 그 대신 더 많은 연습이 필요해 보이는 특정 기술을 다룰 수 있게 추가 회기를 진행할 수 있다. 그러나 일반적으로는 15회기 이내에 프로그램을 완료하는 것을 목표로 한다.

### 치료 조정

내담자의 심각도에 따라 치료를 조정하는 것(예: 심각도가 높을수록 회기를 더 빈번하게 하거나, 특정 기술에 더 많은 시간을 할애할 수 있음) 외에도, 내담자별 보상 시스템 결함에 맞게 치료를 조정할 수 있다. 내담자가 보상 시스템의 한 영역에서는 강점을 보이지만 다른 영역에서는 한계를 보이는 경우, 한계에 초점을 두는 기술에 더 많은 시간을 할애하도록 치료를 조정할 수 있다. 우리가 보상 시스템의 세 가지 주요 구성요소, 즉 보상에 대한 기대와 동기 (원함), 보상 획득 또는 향유(좋아함), 보상 학습에 초점을 맞춘다는 것을 기억하라. 만약 내담자가 보상 기대에서 결함을 보인다면, **긍정적인 활동 설계하기**와 **긍정적인 상상하기** 기술에 더 많은 시간을 할애할 수 있다. 내담자가 보상 학습에 어려움을 겪는다면 치료 초기에 **주인의식 갖기, 감사, 관대함**에 집중하는 것이 도움이 될 수 있다. 보상 획득에 어려움을 겪는 내담자에게는 보다 전략적으로 **긍정적인 활동 실천하기, 순간을 향유하기, 자애, 이타적 기쁨**에 초점을 맞추어야 한다.

　내담자가 보상 과정의 여러 측면(기대 및 동기, 보상 획득, 학습)과 관련하여 가장 결핍되거나 어려움을 겪는 부분이 어디인지 식별하기 위해 내담자 워크북에 질문 목록을 제시하였다. 이 질문은 **[활동 2-1] 치료 적합성 평가**에서 확인할 수 있고, 이는 내담자 워크북과 이 가이드북의 부록에도 있다.

## 집단치료 형식 vs. 개인치료 형식

　PAT는 개인치료 형식에서 집단치료 형식으로 조정할 수 있으며 실제로 우리는 집단 형식으로 PAT를 수행했다. 이상적인 집단은 약 8~12명이다. 집단치료 형식인 경우 치료자는 개인치료 형식에서 권장된 치료 일정을 동일하게 따를 수 있다.

## 가족 구성원과 친구의 참여

　가족 및 친구의 참여 정도는 내담자의 선호도와 맥락에 따라 달라져야 한다. 사랑하는 사람을 어떻게 포함시키고 싶은지, 그리고 치료를 시행하는 데 장벽이 되는 문제가 발생할 수 있는지에 대해 내담자와 충분히 논의하라. 가족이 참여하더라도 치료의 주인공은 여전히 내담자라고 강조하는 것이 중요하다. 또한 많은 경우에 정보 공개 동의서가 필요할 것이다.

　최소한 우리는 내담자가 자신을 지지하고 사랑하는 사람들과 치료 참여에 대해 공유할 것을 권장한다. 건강하지 않은 특정한 관계에서 치료 참여를 공개하는 것이 안전하지 않거나 좋은 판단이 아닐 수도 있다. 그러나 사랑하는 사람이 지지적이라면 내담자의 참여 가능성이 높아지고 치료 결과가 향상될 수 있다. 내담자가 각 회기가 끝난 후에 자신이 배우고 있는 기술을 사랑하는 사람들과 공유하는 것이 가장 이상적인 방향이다.

## ☺ 내담자 참여

다른 모든 근거기반치료와 마찬가지로 내담자 참여는 필수적이다. 내담자는 기술을 배우고, 실습하고, 복습할 때 회기에 적극적으로 참여해야 하고, 이는 집에서 과제를 마칠 때도 마찬가지이다. 기술을 매일 실천할 필요는 없지만 매일 실천하면 치료 결과가 향상된다. 실습 빈도에 대한 권장 사항은 각 기술 및 관련 활동과 함께 제공된다. 표준적인 동기부여 향상 기술(예: 치료 목표 검토, 장벽 평가 및 해결, 결과 검토, 참여 강화)은 내담자의 참여를 촉진할 수 있다. 내담자가 여러 주 동안 치료에 충실하게 참여하지 않는다면(예: 과제를 최소한으로만 진행함) 내담자가 치료에 전념할 수 있을 때까지 치료를 보류하는 것을 권장한다.

# 제4장

# 심리교육

워크북 제4장에 해당함

## 😊 필요한 재료

☑ 기분 사이클을 그릴 수 있는 화이트보드 또는 종이
☑ [활동 4-1] 기분 사이클 알아차리기
☑ [활동 4-2] 긍정정서 다이얼

* 모든 활동지는 워크북에 포함되어 있고, 치료자 가이드북 부록에도 수록되어 있음.

## 😊 목표

☑ 기분 사이클을 소개하고 내담자가 [활동 4-1]을 사용하여 자신의 기분 사이클 하나를 기록하도록 한다.
☑ 상향 나선과 하향 나선에 대해 설명한다.
☑ [활동 4-2] 긍정정서 다이얼과 정서에 이름 붙이기의 중요성을 소개한다.
☑ 내담자가 활동지에 포함할 수 있는 긍정정서를 추가로 식별하도록 돕는다.
☑ 기분 사이클을 기록하고 긍정정서를 식별하는 과제를 부여한다.

## 😊 내담자 워크북 제4장의 정보 요약

☑ 기분 사이클은 정서를 유발하는 것이 무엇인지, 어떤 정서가 유발되는지 보여 준다.
☑ 우리가 어떻게 생각하는지(사고), 무엇을 하는지(행동), 우리의 몸이 어떻게 느끼는지 (신체적 감각)는 우리가 정서를 느끼는 방식(정서/기분)을 직접적으로 변화시킬 수 있다. 우리의 정서나 기분은 우리가 생각하는 방식, 행동하는 방식, 신체가 느끼는 방식을 바꿀 수 있다. 또한 생각, 행동, 신체적 감각은 모두 서로 영향을 주고받는다.

- 생각, 행동, 신체적 감각이 함께 기분/정서 사이클을 형성한다.
- 긍정적인 기분 사이클과 부정적인 기분 사이클이 있으며, 하향 나선과 상향 나선이 있다.
- 상향 나선은 하향 나선과 마찬가지로 자기 영속적인(self-perpetuating) 기분 사이클이다.
- 이 치료의 목표는 내담자가 상향 나선을 시작하도록 돕는 것이다.
- 세상에는 행복 외에도 다양한 긍정정서가 있다.
- 다양한 긍정정서에 이름을 붙이면 긍정성에 대한 주의와 경험이 증가한다.
- 이 치료의 목표는 긍정정서의 다양성, 빈도, 강도를 향상시키는 것이다.

## ☺ 주요 개념

이 장의 핵심 개념은 기분 사이클, 상향 나선, 정서에 이름 붙이기, 개인이 경험할 수 있는 다양한 긍정정서를 소개하는 것이다. 이 개념들은 한 회기에서 다룰 수 있다. 내담자는 기분 사이클이 무엇인지, 이를 어떻게 식별해야 하는지를 배우게 되며, 일주일 동안 긍정정서에 이름 붙이는 방법을 배우게 된다. 내담자의 목표는 다음과 같다.

- 기분 사이클이 무엇인지 안다.
- 일주일 동안 긍정적 기분 사이클 또는 부정적인 기분 사이클을 파악한다.
- 상향 나선이 무엇이며, 이 치료에서 배우게 될 기술과 어떤 관련이 있는지 안다.
- 긍정정서의 어휘를 확장한다.
- 다음 한 주간 동안 긍정정서에 이름을 붙인다.

# 기분 사이클

##  기분 사이클이란 무엇인가

기분 사이클은 기분/정서, 생각, 행동, 신체 감각 사이의 관계를 나타낸다([그림 4-1]). 각 구성요소는 서로 영향을 미치며 생각, 행동 및 신체적 감각은 기분/정서의 세 부분으로 개념화된다. 생각은 정서에 영향을 미친다. 신체적 감각은 정서에 영향을 미친다. 행동은 정서에 영향을 미친다. 그리고 이러한 관계는 양방향이다. 또한 정서의 3요소인 생각, 행동, 신체적 감각 역시 서로 영향을 주고받으며 모든 방향에서 관계를 맺는 순환 구조를 형성한다는 점에 주목하라.

기분 사이클은 긍정적일 수도 있고 부정적일 수도 있다. 긍정적인 기분 사이클은 긍정적인 기분이 중심에 있는 반면, 부정적인 기분 사이클은 부정적인 정서가 중심에 있는 것이다. 대부분의 사람은 기분이나 신체적 증상을 바꾸고 싶어서 치료를 받는다. 기분 사이클은 우리가 생각과 행동을 통해 간접적으로 정서를 바꿀 수 있음을 보여 준다. 이것이 긍정

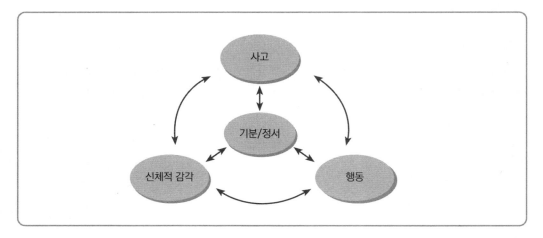

▌그림 4-1▌ 기분 사이클

정서치료(PAT)가 사용하는 인지행동 접근 방식이다. 이 치료에서 내담자는 자신의 정서를 간접적으로 변화시키기 위해 사고 기술과 행동 기술을 배운다. 내담자가 이 치료의 핵심 개념을 이해하려면 기분 사이클을 필수적으로 검토해야 한다. 종종 내담자는 이러한 내적 경험을 구별하는 데 어려움을 겪으며, 생각과 정서 또는 정서와 신체적 증상을 혼동한다.

많은 내담자는 이러한 구성요소들의 관계를 인식하지 못한다. 따라서 주어진 상황에 대한 평가에 따라 정서가 어떻게 변할 수 있는지에 대한 예시를 제공하면서 모델을 검토해야 한다. 일반적인 예시로, 친구가 인사 없이 지나쳐 가거나 한밤중에 소리가 나서 깨는 상황을 들 수 있다. 앞의 예시는 내담자 워크북에 제시되어 있다.

예시를 살펴볼 때 화이트보드나 종이에 내담자의 답변을 적어 두면 내담자가 정서/기분, 생각, 신체적 증상, 행동 간의 연관성을 시각화하는 데 더 도움이 된다.

다음은 기분 사이클을 소개하는 방법의 예시이다.

**치료자:** 오늘은 한 가지 실습으로 시작하겠습니다. 친구가 ○○ 씨(내담자)에게 '안녕' 하고 인사하지 않고 그냥 지나친다고 가정해 볼게요. 어떤 생각이 ○○ 씨의 머릿속에 스쳐 지나가나요?

**내담자:** '친구가 나를 보지 못했구나.' 아니면 '친구가 내가 했던 어떤 행동 때문에 나에게 화가 났구나.'라고 생각할 것 같아요.

**치료자:** 네, 알겠어요. 친구가 ○○ 씨가 잘못한 것에 대해서 화가 났다고 생각해 봅시다. 친구가 ○○ 씨가 잘못한 것에 대해 화가 났다고 믿는다면 어떤 기분이 들까요?

**내담자:** 전 기분이 나쁠 것 같아요.

**치료자:** 맞아요. 혹시 ○○ 씨가 죄책감을 느낄 수도 있을까요?

**내담자:** 예.

**치료자:** 자, 그럼 '내 친구가 내가 한 일 때문에 나에게 화가 났어.'라는 생각에서 죄책감이라는 정서로 화살표를 그려 봅시다. ([그림 4-2] 참고)

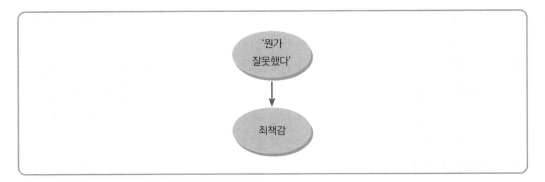

**┃그림 4-2┃** 부정적인 생각이 부정정서로 이어지는 예

**치료자:** 만약 ○○ 씨가 죄책감을 느낀다면, 몸에서 무엇을 느낄 것 같나요? 긴장감이 느껴지는 곳이 있을까요?

**내담자:** 네, 아마 몸이 무겁고 눈을 마주치기 힘들 것 같아요. ([그림 4-3] 참고)

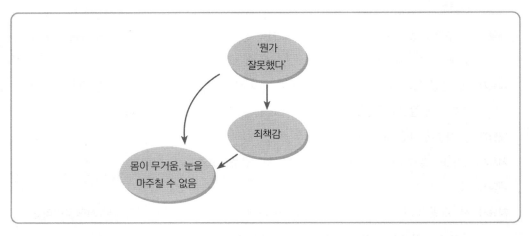

**┃그림 4-3┃** 부정적인 생각과 부정정서가 신체적 증상으로 이어지는 예

**치료자:** 한 가지 더 추가해 볼게요. 그럼 죄책감을 느끼거나 자신이 뭔가 잘못했다고 생각되면 ○○ 씨는 무엇을 하게 될까요?

**내담자:** 저는 친구한테 전화해서 사과할 거예요.

**치료자:** 그래요. 여기 적어 봅시다. 자, 이 그림을 보면서 어떤 점을 알게 되셨나요? ([그림 4-4] 참고)

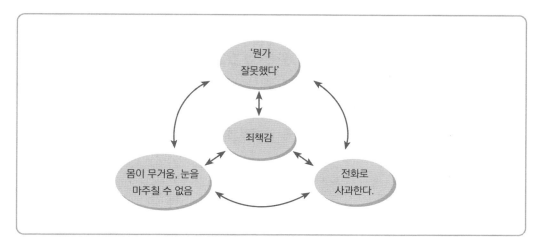

**║그림 4-4║** 완성된 기분 사이클의 예

**내담자:** 이 모든 게 원처럼 연결되어 있네요.

**치료자:** 맞아요. 우리는 이것을 기분 사이클이라고 불러요. 여기에서 기분이 중심에 있지요. 우리는 기분이 생각, 행동, 신체적 감각 이렇게 세 부분으로 구성되어 있고, 이 세 부분이 기분에 영향을 미칠 뿐만 아니라 서로에게 영향을 미친다고 생각해요.

**내담자:** 일리가 있는 말씀이네요.

**치료자:** 다른 예를 들어 볼게요. 이번에는 ○○ 씨가 이렇게 생각하는 거예요. '그 친구는 항상 공상에 빠져 있잖아. 아마 다른 생각을 하는 중일 거야.' 그렇다면 어떤 정서와 신체적인 감각을 느낄 것 같아요?

**내담자:** 전 아마 조금 웃으면서 미소를 지을 것 같아요. 그런데 어떤 정서인지는 잘 모르겠어요.

**치료자:** 혹시 재미를 느끼게 될까요?

**내담자:** 그게 맞는 것 같아요.

**치료자:** 그럼 ○○ 씨는 무엇을 하게 될까요?

**내담자:** 아마 그 친구한테 전화 걸어서 인사도 하지 않을 정도로 생각에 잠겼냐고 놀릴 거예요.

**치료자:** 맞아요. 기분 사이클이 긍정적인 정서에도 어떻게 들어맞는지 알아봅시다.

기분 사이클을 소개한 후, 내담자가 자신의 버전으로 (가급적이면 지난주에 알아차린 것으로) 완성하도록 해 본다. 그것은 긍정적이거나 부정적인 것일 수도 있고, 내담자가 기분 사이클의 요소 각각을 완성할 수도 있다. 무쾌감증을 감안할 때 내담자는 긍정적인 기분 사이클 완성이 가장 어려울 것이다. 내담자는 기분 사이클을 **[활동 4-1] 기분 사이클 알아차리기**에 기록할 수 있으며, 이 활동지 양식은 내담자 워크북과 이 가이드북 부록에 수록되어 있다.

요약하자면, 내담자에게 다음의 개념들을 안내해야 한다.

- ☑ **생각 → 정서:** 상황을 해석하거나 생각하는 방식이 정서에 직접적으로 영향을 미친다.
- ☑ **행동 → 정서:** 우리가 하는 행동은 정서에 직접적인 영향을 미친다. 이 개념을 강조하는 한 가지 방법은 내담자가 가장 싫어하는 활동과 좋아하는 활동을 할 때 어떤 정서를 느끼는지 물어보는 것이다.
- ☑ **신체적 감각 → 정서:** 신체적 감각이나 증상도 우리의 정서에 영향을 미친다. 내담자에게 신체적 통증이 있을 때와 없을 때 어떻게 느끼는지에 대한 예를 들어 준다.
- ☑ **기분/정서:** 우리가 생각하고, 행동하고, 신체적으로 느끼는 것들이 우리의 기분에 영향을 미치며 이런 것들은 기분의 일부로 간주할 수 있다.
- ☑ 생각, 행동, 신체적 감각은 모두 우리의 정서에 영향을 미친다. 그 반대의 경우도 마찬가지이다. 우리의 기분과 정서는 우리가 생각하고, 행동하고, 몸으로 느끼는 것에 영향을 미친다.
- ☑ 기분의 세 가지 요소들은 서로 연결되어 상호 간에 영향을 미친다.
- ☑ 이 치료에서 우리는 내담자가 자신의 기분을 간접적으로 변화시키기 위해 사고 기술과 행동 기술을 배우게 한다.

# 하향 나선과 상향 나선

하향 나선(downward spirals)은 부정적인 생각과 행동에 의해 유지되는 부정적인 정서의 자기 영속적인 사이클이다(Garland et al., 2010). 예를 들어, 부정적인 생각은 또 다른 부정적인 생각으로 이어지고, 부정정서로 이어지며, 이후 더 많은 부정적인 생각으로 이어진다. 이러한 부정적인 생각은 문제 행동으로 이어지고, 부정정서를 지속시키며 부정적인 생각을 부채질한다. 하향 나선이 방금 설명한 기분 사이클의 연장선이라는 점에 주목하라.

대부분의 치료자는 내담자가 보여 주는 수많은 하향 나선 사례를 가지고 있다. 그러나 상향 나선에 대해서는 알고 있는 바가 더 적다. 상향 나선(upward spirals)은 하향 나선과 동일한 패턴을 따르지만 부정정서 대신 긍정정서를 유지한다(Garland et al., 2010). 상향 나선은 현재와 미래의 긍정적 경험 사이의 연관성을 입증한 연구에 의해 처음 확인되었다(Fredrickson & Joiner, 2002). 그 이후 연구에서는 긍정정서를 경험하는 것이 인지적 재평가를 촉진한다는 것을 보여 주었다(Tugade & Fredrickson, 2004). 긍정정서 경험은 부정적인 것에 대한 주의 편향을 완화하고(Smith et al., 2006), 주의를 넓히며 자원을 구축한다(Fredrickson, 2001).

PAT의 주요 목표는 내담자가 긍정정서를 예측하는 것으로 입증된 기술을 실천함으로써 상향 나선에 진입하도록 돕는 것이다. 요컨대, 내담자와 함께 다음 사항을 다루어야 한다.

- ☑ 자기 유지 시스템(self-maintaining system)인 상향 나선과 하향 나선
- ☑ 상향 나선이 긍정적인 정서, 평가, 주의, 자원에 미치는 영향
- ☑ 지난주에 내담자가 경험한 상향 나선과 하향 나선
- ☑ 상향 나선과 하향 나선이 기분 사이클의 확장인 이유
- ☑ 이 나선들이 본 치료의 기술과 어떻게 관련되는지(즉, 기술의 의도는 내담자가 상향 나선으로 들어가도록 돕는 것임)

# 정서에 이름 붙이기

  우울증을 겪고 있는 사람은 정서를 표현하는 데 어려움을 겪을 수 있다(정서표현불능증)(Honkalampi et al., 2001). 무쾌감증이 있는 사람들은 전반적으로 긍정정서 상태를 덜 경험하기 때문에 일반적으로 긍정정서를 묘사하는 레퍼토리가 제한적이다. 레퍼토리를 구축하려면 긍정정서의 다양한 강도와 유형(예: 기쁨, 스릴, 만족)을 구별해야 하며, 이러한 변별이 각 긍정정서와 관련된 내면 상태(예: 신체적 감각, 생각)에 대한 주의와 부호화를 촉진한다. 우울과 무쾌감증의 특징은 긍정적 자극에 지속적으로 주의를 기울이지 못하고(Shane & Peterson, 2007) 부정적인 자극에 주의를 기울이는 것인데(Koster et al., 2005), 긍정적인 정서와 관련된 내적 상태에 주의를 기울이는 훈련이 이러한 특성을 상쇄한다. 따라서 긍정적인 정서에 이름을 붙이는 과정은 보상 획득을 증가시키는 긍정적인 경험에 대한 주의를 향상시킨다.

  이러한 이유로, 긍정정서에 이름을 붙이는 것이 하나의 기술로 소개된다. 내담자는 일반적으로 긍정적인 정서보다 부정적인 정서에 대한 어휘를 더 다양하게 가지고 있다. 실제로 내담자는 종종 사랑이나 행복 외에 긍정정서를 식별하는 데 어려움을 겪는다. 이 회기의 일부는 내담자의 긍정정서 어휘를 확장하는 것이며, 내담자는 이러한 정서 단어를 사용하여 치료 전반에서 자신의 정서 경험을 표시하게 된다. 이 기술의 또 다른 목적은 내담자가 자신의 정서에 보다 정확하게 이름을 붙여서 정서의 현저성을 높일 수 있도록 돕는 것이다.

  이 활동을 소개하기 위해 [활동 4-2] 긍정정서 다이얼을 사용하며, 이 활동지는 내담자 워크북과 이 책의 부록에 수록되어 있다. 긍정정서 다이얼을 통해 내담자는 긍정정서 종류가 다양하며, 강도 또한 다양하다는 점을 볼 수 있다. 예를 들어, 만족감은 행복보다는 강도가 낮고, 행복은 의기양양한 상태보다는 강도가 낮다.

  내담자가 다양한 긍정정서를 읽고 자신의 반응에 관해 논의해 봄으로써 현재 긍정정서 경험에 대한 유용한 대화를 시작할 수 있다. 내담자가 이미 경험하고 있는 긍정적인 정서가 있다면 차트에 표기할 수 있다. 차트에서 빠져 있는 긍정정서가 발견된다면 그것을 더 추가할 수 있다. 마지막으로, 내담자는 자신에게 가장 와닿는 정서에 별표를 표시하거나 동그라미를 치거나 밑줄을 그을 수 있다.

**과제** --------------------------------------------------------○

　내담자는 워크북에 있는 활동지를 복사하여 사용할 수 있다. 과제를 실시하기 위해 내담자에게 다음을 요청하라.

　☑ 다음 주 동안 어떤 사건에 대해서 [활동 4-1] **기분 사이클 알아차리기** 하나를 완성하기
　☑ 긍정정서를 식별하고 분류하는 실습하기
　☑ [활동 4-2] **긍정정서 다이얼**에 누락되었다고 생각하는 긍정정서가 있다면 추가하기

 **사례** --------------------------------------------------------○

### 사례 #1

　다음 장면에서 치료자는 기분 사이클과 하향 나선, 상향 나선에 대해 소개한다. 내담자는 보다 명확하게 이해하기 위해서 질문을 하고 있다.

내담자: 네. 부정적인 기분 사이클이 무엇인지 정확히 이해가 되네요. 저에게는 그런 기분 사이클이 항상 있어요. 그리고 기분 사이클이 하향 나선과 어떻게 연관되는지도 알겠어요. 예를 들어, 바로 어제 저는 '상사가 나를 해고할 것이다.'라는 생각을 했어요. 그러자 저는 엄청난 불안을 느꼈고, 속이 정말 메스꺼웠어요. 그래서 전 하루 쉬기로 결정했지요. 그런데 그때 제가 한 일이라고는 침대에 누워 하루 종일 TV를 보면서 걱정하는 것뿐이었어요. 그러다 보니 더 불안하고 아팠어요. 오늘은 할 일이 더 많아서 오히려 어제보다 기분이 더 안 좋아요.

**치료자:** 어제도 오늘도 많이 힘드셨겠어요. ○○ 씨 이야기를 들으니 안쓰럽네요.

**내담자:** 네. 좋지 않았어요.

**치료자:** 그런데 ○○ 씨가 이 개념들을 정말 잘 이해하셨고, 자신의 부정적인 기분 사이클과 하향 나선이 무엇인지 잘 파악하신 것으로 들리네요.

**내담자:** 그건 알겠지만 제가 긍정적인 기분 사이클과 상향 나선을 이해하고 있는지는 확신이 서지 않아요.

**치료자:** 그럼, 그에 대해 좀 더 확실하게 이야기해 봅시다. 저는 ○○ 씨 마음에 걸리는 것이 무엇인지 구체적으로 더 잘 이해하고 싶어요. 먼저 긍정적인 기분 사이클부터 이야기해 볼게요. 긍정적인 기분 사이클에 대해 ○○ 씨가 특별히 혼란스러운 점이 있으세요?

**내담자:** 전부 다 그래요.

**치료자:** 그래요. 그럼 전체적으로 점검해 봅시다. ○○ 씨가 기분 사이클에 대해서는 전반적으로 이해하셨고, 특히 부정적인 기분 사이클을 알고 계시죠. 그럼 무엇이 기분 사이클을 긍정적이거나 혹은 부정적으로 만드는지부터 시작해 볼게요.

**내담자:** 네. 부정적인 기분 사이클에 대해서는 제가 알고 있다고 생각해요. 긍정적인 기분 사이클은 기분을 좋게 만드는 것일 뿐이고요.

**치료자:** 일반적으로 그렇습니다. 긍정적인 기분 사이클은 사랑, 흥미, 흥분, 기쁨과 같이 우리가 즐기는 정서들을 포함해요. 반면, 부정적인 기분 사이클은 불안, 슬픔, 분노와 같이 우리가 일반적으로 가지고 싶어 하지 않는 부정적인 정서를 포함합니다.

**내담자:** 그건 이해한 것 같아요. 제가 이해하지 못한 것은 그게 어떻게 저에게 나타나는지예요. 긍정적인 정서가 어떻게 제 신체적인 감각이나 행동으로 이어지는 걸까요?

**치료자:** 좋은 질문입니다. 예를 살펴보면 답을 얻기 쉬울 거예요. 그림을 그리는 것도 도움이 되니 예를 살펴보면서 화이트보드에 그릴게요.

**내담자:** 네. 저도 이것을 워크북 활동지에 기록해야 할까요?

**치료자:** 좋은 생각이에요. ○○ 씨가 지난 며칠 동안 편안함이나 만족감, 사랑, 흥분, 호기심, 흥미, 즐거움, 자부심 같은 긍정적인 기분을 느꼈던 적이 있을까요?

**내담자:** 글쎄요. 확실히 자부심은 아니에요. 그리고 마지막으로 제가 행복을 느낀 게 언제였는지 모르겠어요. 흠……. (생각에 잠김) 긍정적인 정서에 또 뭐가 있었죠?

**치료자:** 흥미, 호기심, 즐거움, 흥분, 사랑, 만족감…….

**내담자:** 사랑을 느낀 것 같아요. 저는 사랑을 이제는 강하게 느끼지는 않지만, 사랑이 존재한다는 것은 알아요.

**치료자:** 아주 좋습니다. 그럼 사랑이 존재한다는 것을 아는 것 말고, 마지막으로 그 정서를 '느꼈던' 때가 언제였나요?

**내담자:** 마지막으로 사랑을 느꼈던 때요? 음⋯⋯ 글쎄요. 마지막으로 느낀 건 두 달 전쯤이었어요. 제 딸이 꿈에 그리던 대학에 합격했어요. 그 아이는 NASA의 엔지니어가 되고 싶어 해요. 전 심장이 터질 것 같았고, 제 딸에게 사랑을 크게 느꼈어요.

**치료자:** 와. 축하해요! 정말 대단한 성과네요. 딸에 대한 자부심도 느끼셨을 것 같아요.

**내담자:** 자부심이요? 아니요. 꿈에 그리던 대학에 입학시킨 건 제가 아니었어요. 그 모든 건 제 딸이 한 것이죠. 그 아이는 정말 대단해요.

**치료자:** 음⋯⋯ 만일 자부심이 아니라면, 딸이 잘돼서 행복감을 느낀 걸까요?

**내담자:** 네. 확실히 저는 제 아이가 잘돼서 행복했어요.

**치료자:** 딸이 이메일을 열고 ○○ 씨가 딸에 대한 사랑과 행복을 느꼈을 때, 몸에서는 무엇이 느껴졌나요?

**내담자:** 모르겠어요. 제 생각에는 느낀 게 없어요.

**치료자:** 음. 지금 ○○ 씨가 딸의 합격 메일을 열어 보던 상황을 말씀하실 때 저는 ○○ 씨의 얼굴에 어떤 변화가 보여요. 그것은 무엇일까요?

**내담자:** 미소겠지요. (웃음)

**치료자:** 맞아요. 또 다른 게 있다면요?

**내담자:** 저는 눈물이 좀 나요.

**치료자:** 저도 그렇게 보여요. 혹시 기쁨이나 사랑의 눈물일까요?

**내담자:** 네. 확실해요. (내담자가 훌쩍거린다.)

**치료자:** 지금까지 이야기한 것들을 기분 사이클에 추가해 보세요. 사랑과 기쁨이 미소로, 그리고 눈물로 이어져요. 이제 긍정정서가 어떻게 신체적인 감각으로 이어지는지 이해되시나요?

**내담자:** 네. 그럼 미소는 신체적인 감각인가요, 아니면 행동인가요?

**치료자:** 좋은 질문이에요. 미소가 자동적이고 자기도 모르게 한 것이라면 신체적 감각으로 간주해요. 하지만 우리가 의식적으로 그렇게 하겠다고 결심해서 한 거라면 행동이라고 해요. 즉, 미소는 우리가 자발적으로 미소를 짓고 있는지 여부에 따라 신체적 감각이 될 수도

있고, 행동이 될 수도 있어요.

**내담자:** 알겠어요.

**치료자:** 행동에 대해 이야기해 봅시다. ○○ 씨가 딸에게 사랑과 행복을 느낀 다음에 무엇을 하셨나요?

**내담자:** 저는 곧바로 제 딸을 꼭 안아 주면서 제가 얼마나 사랑하는지, 딸이 꿈꾸던 대학에 가게 되어서 얼마나 행복한지 말했어요.

**치료자:** 정말 사랑이 느껴지는 순간이었을 것 같아요.

**내담자:** 그랬어요. 제 딸을 안고 나니 저는 더 큰 사랑을 느꼈고, 저와 제 아이가 정말 연결되어 있다고 느꼈어요.

**치료자:** 오. ○○ 씨의 정서는 포옹과 친절한 말이라는 행동으로 이어졌고, 그 행동이 보다 더 긍정적인 정서로 이어졌네요.

**내담자:** 확실히 그랬어요. 그러고 나서 저는 제 딸이 인생에서 얼마나 잘 해낼까 하는 생각이 많이 들었어요. 적어도 제 딸은 그 길을 잘 가고 있다는 거예요. 그날 아침에 기분이 정말 좋았어요.

**치료자:** 음. ○○ 씨가 방금 긍정적인 기분 사이클과 상향 나선을 말씀하신 것 같으니 그것을 적어 봅시다. ○○ 씨가 느낀 긍정정서는 신체적인 감각과 행동으로 이어졌고 그것이 더 긍정적인 정서와 생각으로 이어졌어요. 그리고 그날 기분의 변화로 이어졌어요.

**내담자:** 네. 맞는 것 같아요. 좋아요. 이제 상향 나선과 긍정적인 기분 사이클을 알겠어요.

## 사례 #2

이 사례는 치료자가 인생의 대부분을 우울증으로 고생한 내담자에게 정서에 이름 붙이는 방법을 소개하는 장면이다.

**치료자:** 우리는 ○○ 씨가 긍정정서를 다양하게 경험할 수 있도록 하는 기술을 작업할 거예요. 즉, 단순한 행복을 넘어서, 흥미, 자부심, 감사, 성취감, 의기양양함 같은 다른 정서들을 느끼는 것입니다.

**내담자**: 허, 의기양양함이요? 아니요. 그런 정서는 일어나지 않을 거예요.

**치료자**: 그에 대해 좀 더 말씀해 주시겠어요?

**내담자**: 마지막으로 긍정적인 정서를 느낀 게 언제였는지 기억나지 않고, 제가 의기양양함 같은 정서를 느끼기 시작할 거라고 하니 말도 안 되는 소리처럼 들려요.

**치료자**: 의기양양함은 지금 당장 기대하기 어려울 수도 있습니다. 만족감, 즐거움, 호기심, 유대감과 같은 다른 긍정적인 정서가 더 현실적일 수 있지요. 이에 대해서는 잠시 후에 긍정정서 다이얼을 검토할 때 더 자세히 다루도록 할게요. 이러한 다른 정서들이 ○○ 씨에게 더 적당한 것이라고 생각하시나요?

**내담자**: 그런 것 같아요.

**치료자**: 제가 정말 강조하고 싶은 또 다른 점은, 이 치료법이 ○○ 씨가 겪고 계신 증상과 병력이 있는 사람을 위해 특별히 고안되었다는 것입니다. 이 치료법은 만성 우울증을 앓고 있는 많은 사람이 긍정적인 정서를 다시 느끼기 시작하는 데 도움이 되었는데, 이는 그 사람들이 마지막으로 긍정적인 정서를 경험한 지 몇 년이 지났는데도 마찬가지였어요. 제 말에 안심이 되시나요?

**내담자**: 그래요.

**치료자**: 그럼 먼저 정서에 이름 붙이는 것에 대해 이야기해 봅시다. 우리 대부분은 분노, 좌절, 성가심, 짜증, 수치심, 불안 같은 부정적인 정서들을 쉽게 인식하고 구분할 수 있어요. ○○ 씨도 그렇게 생각하시나요?

**내담자**: 네. 완전히요.

**치료자**: 이건 대부분의 사람이 그래요. 사람들은 부정적인 정서를 많이 생각할 수 있지만, 일반적으로 행복 이외의 긍정적인 정서를 생각하는 데 어려움을 겪습니다.

**내담자**: 그건 저 같네요.

**치료자**: 이 부분을 돕기 위해서 참고할 수 있도록 그림을 만들었어요([활동 4-2] **긍정정서 다이얼**을 보여 준다). 지금부터는 이것을 같이 살펴볼게요.

## ☺ 문제 해결 ---------------------------------○

　긍정정서 부족은 무쾌감증의 고유한 특성이기에, 몇몇 내담자는 긍정적 기분 사이클의 예시가 될 만한 경험을 떠올리기 어려울 수 있다. 내담자가 스스로 긍정적인 기분 사이클을 만들 수 없다면, 가족이나 친구, 심지어 TV나 영화에서 본 적 있는 것에서 긍정적 기분 사이클을 식별해 보도록 격려하라. 내담자가 자신의 기분 사이클을 만들기 시작하기 전에, 누구의 것이든 상관없이 긍정적 기분 사이클을 식별하도록 한다.

　어떤 내담자들은 긍정정서를 경험한 지 몇 년이 지났고, 다양한 긍정적인 경험은 고사하고 긍정적인 정서를 경험할 수 있다는 사실에 놀라움을 표현한다. 이러한 내담자의 정서를 타당화하면서, PAT가 긍정정서의 강도, 빈도, 다양성을 증가시키는 데 도움이 되도록 특별히 설계되었음을 설명하여 안심하도록 돕는다.

　몇몇 내담자는 오로지 행복만을 바라는 것에 갇혀서 다양한 긍정정서에 관심이 없음을 드러낼 수 있다. 이 경우 우리가 다양한 정서(긍정적이든 부정적이든)를 가지고 있는 데에는 이유가 있다는 것을 강조한다. 정서는 타인 또는 우리 자신과 의사소통하는 하나의 형태이며, 이와 더불어 정서는 우리가 배움을 얻는 데 도움이 된다고 설명한다. 예를 들어, 호기심과 즐거움은 주변 세계에 대한 지식을 얻는 데 도움이 되는 정서이다.

　일부 내담자는 상향 나선에 갇히게 될까 봐 두려워할 수 있다. 이런 경우 임상적 조증 병력이 없는 한 상향 나선에 갇히는 것은 불가능하다고 설명한다. 내담자가 그러한 병력을 가지고 있다면, 조증 삽화의 가능한 촉발 요인에 대해 논의하고 치료 과정 전반에 걸쳐 촉발 요인을 피하는 것이 중요하다. PAT 전략 중 어느 것도 단독으로 조증 삽화를 유발할 수 없다.

☺ **치료자 노트** ----------------------------------○

일반적으로 '**기분이 나아지기 위한 활동**' 기술 세트는 '**심리교육**' 모듈을 시행한 이후에 다룰 것이다. 만일 이러한 순서를 따른다면, 심리교육 모듈을 다루는 회기에 제5장의 '**일상 활동 및 기분 모니터링**'을 소개하고 이를 과제로 부여할 것을 권한다. 이 과제는 '**긍정적 활동 설계하기**' 기술을 소개하기 전에 완료하는 것이 가장 좋다.

# 치료 기술 세트

## Treatment Skill Sets

# 긍정정서치료:
## 우울과 불안에 대한 새로운 접근

치료자 가이드북

# 기분이 나아지기 위한 활동

제5장

**워크북 제5장에 해당함**

## 😊 필요한 재료

- ☑ [활동 5-1] 일상 활동 및 기분 기록
- ☑ [활동 5-2] 긍정적 활동 목록
- ☑ [활동 5-3] 숙달을 위한 긍정적 활동 목록
- ☑ [활동 5-4] 나의 긍정적 활동 목록
- ☑ [활동 5-5] 긍정적 활동 계획하기
- ☑ [활동 5-6] 순간을 향유하기

* 모든 활동지는 내담자 워크북에 포함되어 있고, 치료자 가이드북 부록에도 수록되어 있음.

## 😊 목표

- ☑ 지난 회기의 내용을 복습하고 질문에 답한다.
- ☑ 일상 활동과 기분 모니터링의 목적에 대해 논의하고 과제를 부여한다.
- ☑ 내담자에게 긍정적인 활동의 중요성을 알려 준다.
- ☑ 긍정적 활동 목록을 검토하고 내담자가 자신의 목록을 만들 수 있도록 돕는다.
- ☑ 긍정적 활동 실천하기를 소개하여 회기에서 완성해 보고, 다음 한 주 동안 3~5개의 긍정적 활동을 해 오도록 과제를 부여한다.
- ☑ **순간을 향유하기** 활동을 소개하고, 이전 주에 있었던 사건을 활용하여 회기에서 완성해 본다. 또한 회기 사이에 자기 주도적으로 향유하는 실습을 해 보도록 독려한다.

## ☺ 내담자 워크북 제5장의 정보 요약

☑ 행동의 변화는 우리가 느끼고 생각하는 방식에 직접적인 영향을 미친다.

☑ 긍정적인 기분이 저조한 것은 즐겁거나 보상이 되는 활동이 충분하지 않아서 생기는 결과이다. 긍정적 활동을 하는 것은 긍정적인 기분의 상향적 순환을 시작하는 방법 이다.

☑ 긍정적인 활동을 계획하고 실천하는 것 그리고 그 활동을 하면서 순간을 향유하는 것 은 긍정적인 활동에 보다 더 관심을 갖고 실행하려는 동기를 갖게 하며, 그 순간의 가 치를 인식하게 하고 긍정적인 효과를 느낄 수 있는 역량을 키울 것이다. 기분 상태에 대한 긍정적인 효과를 알아차리는 것은 내담자가 자신의 노력이 보람된 결과로 이어 진다는 것을 배우는 데 도움이 될 것이다.

## ☺ 주요 개념

이 장에서는 긍정적 활동의 개념을 소개한다. 내담자는 행동과 생각, 정서 사이의 직접 적인 연관성을 인식하는 법을 배우게 될 것이다. 또한 긍정적인 활동에 참여하는 것이 어떻 게 긍정적인 기분 사이클과 정서의 상향 나선으로 이어지는지 배우게 될 것이다. 내담자는 치료자와 함께 긍정적인 활동을 계획한 다음, 회기 사이에 그 기술을 실습한다. 그다음 회 기에는 기술을 복습하고 기억 특이성 훈련으로 순간을 향유함으로써 보상을 느끼는 강도 를 심화하라. 내담자의 목표는 다음과 같다.

☑ 긍정적인 활동을 식별하는 법을 배운다.

☑ 긍정적 활동을 계획하는 방법과 그것이 긍정정서에 미치는 영향에 대해 배운다(**긍정적 활동 설계하기** 및 **긍정적 활동 실천하기** 기술).

☑ **순간을 향유하기**를 통해 긍정적인 활동의 영향을 심화하는 법을 배운다.

## 😊 긍정적 활동의 중요성 ⦿

이 장의 목표는 긍정적인 활동을 반복적으로 실행하고 **순간을 향유하기** 활동을 통해 긍정적인 기분을 증가시키는 것이다. 치료 초반에 기분 사이클의 행동 요소를 의도적으로 소개한다. 이것이 치료 전반부의 초점이며, 이는 긍정적으로 생각하고 긍정성을 구축하는 치료 후반기에도 계속되어야 한다. 연구에 따르면, 초기 행동 변화는 초기 치료 효과와 관련이 있다. 이러한 이득은 동기와 추진력을 유지하는 데 필수적이며, 특히 동기와 추진력 부족이 핵심 결함인 사람들에게 필수적이다.

**긍정적 활동 계획하기**는 우울증의 원인 및 유지에 대한 Lewinsohn의 개념화에 뿌리를 두고 있다(Lewinsohn, 1974). 핵심은 긍정적 강화(positive reinforcement) 부족이 우울 상태를 유발하거나 우울과 관련이 있다는 것이다. 즉, 우울을 겪는 사람들은 긍정적인 활동에 덜 참여하며, 설령 참여하더라도 이러한 활동을 보상으로 경험하지 못한다. 긍정적 행동의 재활성화는 우울증 치료에 효과적인 것으로 나타났다(Dimidjian et al., 2006; Dobson et al., 2008). Lewinsohn의 행동활성화 모델과 마찬가지로 긍정정서치료(PAT)는 긍정정서를 생성할 가능성이 높은 활동에 초점을 둔다. 이것은 본질적으로 즐겁거나 보람된 활동이며, 성취감과 숙달감을 제공하거나, 가치 있는 행위와 일치하는 활동이다. PAT는 쾌락 영향(보상에 대한 초기 반응)을 강화하기 위해, 기억 특이성 훈련을 통해 **순간을 향유하기**라는 또 다른 구성요소를 추가한다. 이것은 긍정적인 활동을 중요하지 않게 치부하는 것을 방지하는 데 필수적이다. 내담자는 구체적인 상황과 감각적인 세부 사항에 대해 심층적으로 주의를 집중시킴으로써 가장 긍정적인 요소를 가치 있게 여기도록 훈련한다.

**긍정적 활동 설계하기**를 통해 이 장에서 가르치는 기술은 보상을 기대하는 것(또는 **원함**)의 결함을 초점으로 삼는다. **긍정적 활동 실천하기**와 그러한 활동의 가장 긍정적인 순간을 음미하는 **순간을 향유하기** 기술을 통해 보상을 획득하고 즐기는 것(또는 **좋아함**)에 초점을 둔다. 또한 긍정적인 활동이 기분 상태를 어떻게 변화시키는지를 강조함으로써, 보상 **학습**(즉, 어떤 행동이 긍정적인 결과로 이어지는지)에 초점을 맞춘다.

## ☺ '기분이 나아지기 위한 활동'의 구조 --------------------------------------○

'기분이 나아지기 위한 활동'의 첫 번째 시간에는 (1) 긍정적인 활동에 대한 이론적 근거, (2) 일상 활동 및 기분 모니터링에 대한 지침이 포함되어 있다. 일주일 동안 일상 활동과 기분을 모니터링한 후 다음 회기에는 (1) 일상 활동 및 기분 모니터링 검토, (2) 긍정적인 활동 목록 개발, (3) 긍정적인 활동 계획을 다룬다. 한 주 동안 긍정적인 활동을 시행한 이후부터, 각 회기는 이전 주에 완료한 (1) 긍정적 활동에 대한 검토, (2) 그 활동들 중에서 가장 긍정적인 순간을 향유해 본다. 또한 회기 사이에 내담자가 자기 스스로 긍정적인 활동을 향유해 보도록 독려한다.

'기분이 나아지기 위한 활동'이 PAT 전반부의 초점이지만, 내담자가 치료 전반에서 긍정적인 활동과 **순간을 향유하기** 실습을 계속하도록 독려한다. 치료 후반부에 새로운 기술이 도입될 때 긍정적인 활동에 대한 내담자의 지속적 참여를 강화한다.

# 일상 활동 및 기분 모니터링

활동 모니터링은 내담자가 자신의 삶에서 기분을 개선했던 활동과 그렇지 않은 활동을 식별할 수 있도록 준비시킨다. 내담자에게 [활동 5-1] **일상 활동 및 기분 기록**을 사용하여 자신의 활동과 기분을 추적하는 방법을 알려 주도록 한다. 이는 내담자 워크북과 이 책의 부록에 수록되어 있다. 여기에 사용된 기분 평가는 치료 전반에 걸쳐 사용하는 기분 평가와 동일하다. 기분 모니터링은 여러 이유로 인지행동치료와 PAT의 중요한 구성요소이다. 첫째, 앞서 설명한 바와 같이, 무쾌감증을 겪는 내담자들은 보상 반응성 측면에서 여러 결함을 보인다. 이들은 유쾌한 사건의 쾌락 영향을 인지하는 데 어려움을 겪고, 보상을 만끽하는 데 어려움이 있으며, 파블로프식 보상 학습 및 도구적 보상 학습에서도 결함을 나타낸다. 치료 초기에는 무쾌감증이 있는 내담자의 긍정적인 기분에 큰 변화를 가져올 가능성이 낮다는 점을 감안할 때, 기분의 작은 변화라도 알아차리는 것이 보상 경험을 심화하는 학습의 중요한 구성요소이다. 둘째, 활동 전반에 기분 변화를 추적하면 내담자가 특정 활동에 대한 참여와 기분 변화의 관련성을 더 잘 인식하게 되고, 이에 따라 보상 학습이 향상된다. 따라서 PAT에서 여러 활동을 하기 전과 후에 내담자에게 0(아주 낮은 긍정정서)에서 10(아주 높은 긍정정서)까지의 척도로 기분을 평가하도록 요청한다.

기분 평가를 설명한 후 **일상 활동 및 기분 기록**의 네 가지 이점을 설명한다.

① 이는 치료자와 내담자 모두에게 시작점이 어디인지 알려 주며, 진행 상황을 모니터링하는 데 중요하다.
② 내담자의 일상 활동에 대한 명확하고 객관적이며 정확한 설명이 가능해진다.
③ 내담자가 긍정적인 활동을 더 많이 할 수 있는 시간이 언제인지를 보여 준다.
④ 활동과 기분 사이의 관련성을 보여 준다.

내담자에게 일주일 동안 모든 활동을 모니터링하도록 요청하라. 이러한 활동에는 내담자가 잠을 자고, 운동하고, 일하고, 먹고, 놀고, 여가를 보내는 시간을 포함한다. 활동과 기분 상태 사이의 관계를 측정하기 위해서는 회고적인 추측보다 일일 모니터링이 더 좋은 방법임을 설명하라.

　또한 모니터링을 통해 활동과 긍정적 기분 상태 간의 연관성을 평가할 수 있다. 특정 활동이 다른 활동보다 긍정적인 기분을 더 많이 향상시킨다는 점을 인식하게 되면, 해당 활동을 반복하고 기분을 고양시킬 것으로 예상되는 또 다른 활동에 참여하도록 동기를 갖게 된다. 만일 직접적인 이익이 없다면 그 활동을 시행할 동기를 느끼지 못할 것이라고 설명하라(예: 양치질). 긍정적인 활동을 목표로 삼을 때도 이와 같은 원리가 적용된다고 설명하라. 다음 회기에서는 일상 활동 및 기분 기록을 검토하라.

## ☺ 일상 활동 및 기분 모니터링 과제 ----------------○

　내담자는 워크북을 복사하여 사용할 수 있다. 과제로 내담자에게 **[활동 5-1] 일상 활동 및 기분 기록**을 일주일 동안 매일, 가능한 한 정확하고 철저하게 작성하도록 하라. 내담자에게 각 활동 전후의 기분을 0(아주 낮은 긍정정서)에서 10(아주 높은 긍정정서)까지의 척도로 기록하도록 상기시킨다.

## ☺ 일상 활동 및 기분 모니터링 사례 ----------------○

### 사례 #1

다음 장면은 활동 및 기분 모니터링의 목적을 어떻게 설명하는지 보여 준다.

**내담자:** 그래요. 제가 다음 주에 무엇을 해야 하는지 이해하지만, 이게 제 기분을 개선하는 데 어떤 도움이 될지 모르겠어요. 설령 그렇다고 하더라도, 제가 하고 있는 게 얼마나 적은지, 그

리고 그게 얼마나 기분을 안 좋게 만드는지 보는 것이 저를 더 기분 나쁘게 만들 것 같아요.

**치료자:** ○○ 씨가 염려하시는 점을 잘 들었어요. 다른 사람들도 그런 염려를 흔히 하곤 해요. 어느 누가 기분 나쁘게 하는 것들을 떠올리고 싶겠어요? 하지만 제가 이 활동을 요청하는 이유가 한 가지 있어요. 이것은 기준을 확인하는 방법이라서 그래요.

**내담자:** 기준이요?

**치료자:** 예를 들어 볼게요. ○○ 씨는 고등학생 딸이 한 명 있지요? 맞나요?

**내담자:** 네.

**치료자:** 좋아요. 만일 딸이 시험에서 낮은 점수를 받았다면, ○○ 씨가 가장 먼저 할 수 있는 게 무엇이 있나요?

**내담자:** 저는 분명 제 딸이 어떻게 지내고 있는지 체크할 거예요.

**치료자:** 그렇죠. ○○ 씨는 몇 가지 평가를 할 거예요. 무엇을 평가하시겠습니까?

**내담자:** 아마도 제 딸이 얼마나 공부하고 있는지, 어떻게 공부하고 있는지겠지요?

**치료자:** 맞아요! 딸이 지금 공부하는 습관이 어떤지 알아야, 어느 부분을 변화시켜야 할지 판단할 수 있기에 기준선을 파악하는 거예요.

**내담자:** 오. 이해되었어요. 저의 일상 활동을 모니터링하면 제 활동 중에서 무엇을 변화시킬 필요가 있는지를 알 수 있군요.

**치료자:** 네. 그리고 모니터링은 우리가 왜 더 많은 활동을 계획해야 하는지도 알려 줘요.

**내담자:** 좋아요. 이해했어요. 그런데 제가 왜 이것을 매일 기록해야 하나요? 저는 지금 바로 제 하루가 어떤지 말씀드릴 수 있어요.

**치료자:** 기억을 떠올리며 말하는 것보다 모니터링하는 방법이 더 도움이 되는 이유가 몇 가지 있어요. ○○ 씨가 생각해 보실 수 있을까요?

**내담자:** 음……. 잘 모르겠어요.

**치료자:** 한 가지 이유는, 실시간으로 기록을 하지 않으면 기억에 의존해야 하기 때문이에요. 한 주가 시작될 때 ○○ 씨가 무엇을 했는지 기억하기 위해 주말까지 기다린다면, 기억이 얼마나 정확하다고 생각하세요?

**내담자:** 끔찍하네요. 어제 제가 뭘 했는지도 기억이 나지 않아요!

**치료자:** 맞아요. 우리의 기억력은 그리 좋지 않아요. 그리고 우리의 기억은 우리가 스트레스를 받고 있거나, 우울하거나, 불안할 때 더 정확성이 떨어져요.

내담자: 음. 바로 제가 그래요.

치료자: 네. 그래서 일상 모니터링이 보다 정확하게 작업하는 데 도움이 돼요.

## 사례 #2

다음 장면은 내담자가 모니터링 기록을 완성하지 않은 상황을 보여 준다.

내담자: 미안해요. 기록지를 완성하지 못했어요.

치료자: 음. 그 부분에 대해서 이야기를 나눠 봅시다. 완성하지 못한 이유를 말씀해 주실 수 있겠어요?

내담자: 그냥 의욕이 없었어요.

치료자: 그래요. 이해가 돼요. 사실 그것이 이 치료에서 우리가 초점을 두고 있는 문제예요.

내담자: 그리고 솔직히 말하자면, 저는 여기서 공유할 만큼 가치 있는 일을 하지 않았기 때문에 조금 부끄러웠어요.

치료자: 충분히 이해가 돼요. 부끄럽게 느껴지는 무언가를 누군가와 공유한다는 건 매우 어려운 일이에요. 치료자에게도 말하기 어렵지요. 만일 그것을 저와 이야기한다면 어떤 점이 걱정되시나요?

내담자: 제가 쓴 기록지에 활동이 너무 적다고 선생님이 저를 판단하실 것 같아요.

치료자: 아. 그렇군요. 음. ○○ 씨가 무엇을 적든 그로 인해 ○○ 씨에 대해 제가 다른 생각을 하지 않을 거라 약속할 수 있어요. 사실, 저는 긍정적인 활동이 거의 없을 것으로 예상하고 있어요. 왜냐하면 그것이 ○○ 씨가 여기에 있는 이유 중 하나이기 때문이에요.

내담자: 정말요?

치료자: 긍정적인 활동을 조금 기록한 것도 여러 면에서 도움이 돼요. 그건 앞으로 변화의 여지가 많다는 의미니까요!

내담자: (미소를 지으며 조금 웃는다.) 조금 알 것 같아요. 하지만 제가 활동을 기록하는 이유 중 하나는 무엇이 내 기분을 좋게 만드는지 확인하기 위해서가 아닌가요?

치료자: 네. 그리고 그런 활동이 만일 한 가지도 없다면, 우리가 추가할 거예요.

내담자: 그럼 다른 사람들도 자신이 아무것도 하지 않는다고 느끼나요?

치료자: 맞아요. 하지만 사람들이 일주일 내내 자신을 모니터링하고 나면, 종종 자신이 생각했던

것보다 훨씬 더 많은 일을 한다는 사실에 놀라요. 그리고 그런 활동 중 일부는 아주 조금 이라도 기분을 좋게 만들어요. 우리 함께 양식을 작성하고 어제와 오늘 했던 행동을 기억해 보면서 기분이 어땠는지 알아보는 게 어떨까요?

## ☺ 일상 활동 및 기분 모니터링 문제 해결

주간 일상 활동 및 기분 기록 활동지를 검토할 때 목표는 내담자가 긍정적인 활동을 얼마나 많이 완료했는지, 그리고 그중 얼마나 많은 활동이 즐거웠는지를 강화하는 것이며, 완료된 긍정적인 활동이 많을수록 기분이 좋아지다는 점을 강조하는 것이다. 객관적인 지표는 기분 평가에서 증가된 수치이다. 어떤 내담자는 기분이 이미 상당히 좋으며(예: 10점 만점에 5점 또는 6점) 활동 후에 기분이 더 좋아질 수 있다(예: 10점 만점에 8점으로 증가). 그러나 어떤 내담자는 하루의 대부분이 기분 점수가 매우 저조할 수 있고(예: 10점 만점에 1점 또는 2점), 활동 이후에는 기분 상태에 변화가 거의 없거나 또는 전혀 없을 수 있다(예: 10점 만점에 3점으로 증가). 또한 몇몇 내담자는 기분 상태가 활동 후에 더 안 좋아질 수도 있다. 일부 내담자는 자신의 기분 평가 점수가 낮아서 자기를 비판하게 될 수 있고, 과거에는 자신에게 보상이 되었던 활동이기에 현재도 그 활동을 통해 긍정적인 정서를 느껴야 한다는 신념에 갇힐 수 있다. 또는 가족이나 친구가 특정 활동에서 기분이 좋아진다는 이유로 자신 또한 그래야만 한다고 믿을 수 있다.

여기서 부정적 기분 사이클과 하향 나선에 주의를 기울이도록 하라. 치료 초기 단계에서 내담자들은 자신의 활동 또는(그리고) 즐거움의 부족을 '아무것도 도움되지 않고, 아무것도 변하지 않을 것'이라는 증거로 보고 포기할 수 있다. 내담자들은 심지어 자신의 기분 상태가 너무 낮거나 활동에 반응하지 않는 것이 자신의 책임이라고 생각하거나 그것을 실패의 신호로 볼 수도 있다. **일상 활동 및 기분 기록**을 작성하는 목적은 기저선 또는 시작점을 결정하는 것임을 내담자에게 상기시키자. 치료의 목표는 즐거운 활동에 할애하는 시간을 늘리는 것이다. 그렇게 하면 결과적으로 긍정적인 기분은 개선되고 부정적인 기분은 감소할 것이다.

# 긍정적 활동 설계하기

　여기서 첫 번째 단계는 긍정적인 활동에 대한 치료적 근거를 제공하는 것이다. 보상이될 수도 있는 상황을 피하는 것이 어떻게 고립감과 실패에 대한 생각으로 이어지는지를 내담자에게 설명한다. 내담자에게 그러한 부정적인 사이클을 경험한 적이 있는지 물어본다. 그런 다음 행동의 변화가 어떻게 생각과 정서를 변화시킬 수 있는지 설명한다. 또한 우울증을 겪는 내담자는 이전에 보상이라 느꼈던 활동에서 물러나는 경향이 있고, 이것이 어떻게 증상을 악화시킬 수 있는지 보여 주는 연구 결과를 내담자에게 설명한다. 보상 가능성이 있는 활동에 참여하기를 꺼리는 것은 추진력이나 동기 부족 또는 사건이 긍정적일 것이라고 예측하지 못하거나, 활동에서 즐거움을 얻는 능력이 없어서 발생하는 자연스러운 결과라고 설명한다. 이러한 요소들이 조합되어 하향 나선을 촉발한다. 이 하향적인 부정 사이클(downward negative cycle)을 상향적인 긍정 사이클(upward positive cycle)로 대체하기 위해, 내담자는 매주 3~5개의 긍정적 활동을 계획하고 경험을 향유할 것이다. 이러한 '기분이 나아지는' 행동이나 즐거운 활동은 신체적, 정신적 건강 및 긍정적 생각과 정서를 촉진한다.

　다음 단계는 내담자가 현재 즐기고 있거나 과거에 즐겼던 활동을 식별하는 것이다. 이러한 활동들은 새로운 것일 수도 있다. 가장 중요한 것은 그 활동이 즉시 또는 활동을 마친 직후에 기분이 좋아질 가능성이 높아야 한다는 것이다.

　[활동 5-2]와 [활동 5-3]에 제시된 긍정적 활동의 예를 내담자에게 제시하라. 이는 워크북과 이 책의 부록에 수록되어 있다. [활동 5-2]에는 따뜻한 거품 목욕과 같은 쾌락 활동의 예시가 포함되어 있다. [활동 5-3]에는 마감일을 맞추는 것과 같이 숙달을 통해 기분을 개선하는 예시가 포함되어 있다. 촉진 질문을 사용하라(예: "이 활동들 중에서 현재 어떤 활동을 즐기고 있습니까?" "과거에는 어떤 것을 즐겼습니까?" "항상 하고 싶었지만 한 번도 시도하지 않은 것이 있습니까?"). 내담자에게 각 활동 옆에 현재 즐기고 있는 활동이라면 '현재', 과거에 즐겼던 활동이라면 '과거', 새롭게 시도하고 싶은 활동이라면 '시도'를 쓰도록 안내한다.

　다음 단계는 내담자가 자신만의 긍정적 활동 목록을 만드는 것이다([활동 5-4] **나의 긍정적 활동 목록** 참조). 이 목록에도 내담자 본인이 한때 즐거웠다고 생각한 일이나 숙달감을 쌓는 활동을 포함할 수 있다. 활동 목록에는 사회적 상호 작용이 적당히 포함되어야 한다. 연구에 따르면, 사회적 상호 작용이 긍정정서의 근본적인 원천이다(Snippe et al., 2018). 사회적 상호작용은 고립감와 유대감 상실을 방지한다. 우울하고 친구나 사랑하는 사람으로부터 멀어진 사람들은 무망감과 절망에 취약하다.

내담자가 활동지에 자신의 활동 목록을 만들 때 [활동 5-2] 긍정적 활동 목록에서 본인이 선택했던 항목을 사용하도록 상기시킨다. 내담자가 '친구 도와주기' 또는 '나의 건강 개선하기'와 같이 자신의 삶에 가치를 느끼게 하는 예를 추가하도록 독려해야 한다. 내담자가 즉각적인 즐거움이나 보상을 가져다주는 활동뿐만 아니라, 궁극적으로 숙달감이나 주인의식을 불러일으키거나, 성취했을 때 가치 있는 행동(또는 기타 긍정적인 정서)에 기여할 수 있는 활동을 포함하도록 상기시킨다. 활동에 소요되는 시간이 다양하도록 활동을 선정하는 것이 필요하다. 내담자가 '눈을 감고 10분 동안 휴식하기'와 같이 쉽고 빠른 활동부터 '친구를 위해 저녁 식사 요리하기'와 같은 더 복잡한 활동까지 적절한 균형을 찾을 수 있도록 도와야 하며, 모든 활동은 측정이 가능해야 한다.

##  긍정적 활동 설계하기 사례

### 사례 #1

다음 장면은 내담자가 일상에서 실행할 수 있는 작은 단위의 활동을 식별하고 계획하는 데 어려움을 느끼는 상황을 치료자가 어떻게 다루는지 보여 준다.

**치료자**: ○○ 씨의 활동 목록에 어떤 활동들을 추가할 수 있을까요?

**내담자**: 음. 글쎄요. 여행 가기를 추가할 수 있어요. 여행 가는 것을 좋아했었거든요……. 그리고 친구와 함께 공휴일과 생일 기념하기도 추가할 수 있겠어요.

**치료자**: 좋습니다. 말씀하신 것들을 활동 목록에 추가할 수 있어요. 매일 할 수 있는 활동에는 어떤 것을 추가하면 될까요?

**내담자:** 매일이요? 저는 책을 쓰고 싶었어요. 매일 책을 써 볼 수 있어요.

**치료자:** 휴가를 가고, 친구들과 생일을 기념하고, 책을 써 보는 것에 기대감을 느끼시는 걸 보니 기뻐요. 저는 이것을 '큰 티켓'이라고 부르고 싶어요. 제가 한 말이 어떤 의미인지 아시겠어요?

**내담자:** 그 활동들이 계획을 세워야 하는 큰일이라는 거예요? 아니면 자주 하지 않는 일이라는 걸까요?

**치료자:** 정확해요. 우리 대부분은 사랑하는 사람들과 함께 휴식을 취하거나 축하하는 것을 좋아하고, 사랑하는 사람이 우리를 기분 좋게 해 줄 것이라고 쉽게 상상할 수 있지요. 그런 일들은 매일 일어나는 것이 아니기 때문에 특별해요. 그리고 계획을 많이 세워야 해요. 그러니 행복감을 자주 높일 수 있는 활동을 목록에 추가하는 것도 중요해요. 그런 활동이 떠오르는 것이 있나요?

**내담자:** 흠…… 아니요. 제가 하는 대부분의 일이 저는 정말 즐겁지 않아요.

**치료자:** ○○ 씨가 에너지가 없다고 느껴져서 중단한 일이 있을까요?

**내담자:** 네, 있어요. 달리기 같은 거요.

**치료자:** 좋아요! 그 활동을 목록에 추가해 봅시다. ○○ 씨가 좋아하지만 그만두었던 활동은 어떤 것이 있나요?

**내담자:** 아마도 제 아들에게 책 읽어 주기?

**치료자:** 아주 좋네요! 그것도 목록에 추가해 봅시다.

## 사례 #2

다음 장면은 내담자가 긍정적 활동 목록을 작성할 때 각 활동의 난이도 수준을 평정하도록 돕는 방법을 보여 준다.

**치료자:** 열 가지 활동을 작성했군요. 잘하셨어요! 난이도 수준을 보면서 무엇을 알 수 있었나요?

**내담자:** 저는 모든 활동의 난이도를 6점에서 10점 사이로 평가했어요.

**치료자:** 네, 맞아요. 모든 활동이 난이도가 높네요.

**내담자:** 네. 이게 문제인가요?

치료자: 몇 가지 어려운 것들을 목록에 넣는 것은 좋아요. 그리고 ○○ 씨가 긍정적인 정서를 느낄 만한 가능성이 높고 숙달감 또는 유대감을 높일 수 있는 활동을 찾으셨네요.

내담자: 맞아요. 바로 그거예요.

치료자: 하지만 우리가 목록에 좀 더 쉬운, 난이도가 5점 미만인 활동들을 추가하면 좋겠어요. 그런 활동이 무엇이 있을까요? 지금 한번 몇 가지를 생각해 보시겠어요?

내담자: 좋아요. 혹시 요가도 괜찮을까요?

치료자: 만일 요가가 ○○ 씨의 기분을 좋게 만들 수 있다면 당연히 넣을 수 있어요! 많은 시간을 소요하지 않으면서 쉽게 할 수 있는 또 다른 활동들을 한번 생각해 볼까요?

내담자: 정말 잘 모르겠어요. 제가 그만둔 것 중 하나가 정원 가꾸기예요. 하기 쉽고 시간도 많이 걸리지 않지만, 왠지 그건 의욕이 느껴지지 않아요.

치료자: 그것도 좋은 활동으로 보이네요! 정원 가꾸기도 목록에 추가해 봅시다.

## 😊 긍정적 활동 설계하기 문제 해결 ⎯⎯⎯⎯⎯⎯⎯⎯⎯⎯⎯⎯⎯⎯⎯○

긍정적인 활동이라는 개념은 내담자에게 망설임을 강하게 불러일으킬 수 있다. 내담자들은 "그냥 아무것도 하고 싶지 않아요." 또는 "제 기분이 문제라서 행동을 다루는 것은 중요해 보이지 않아요."라고 말할 수 있다. 무쾌감증의 특성상 내담자들은 종종 동기와 추진력이 떨어지므로 이러한 반응은 이해할 수 있다. 그들은 어떤 활동이 '기분이 좋다'는 것을 더 이상 상상할 수 없으며, 특히 대부분의 활동에 참여하지 않을 때나 그 활동에서 즐거움을 얻지 못할 때 더욱 그러하다. 또한 내담자들은 여전히 어떤 활동을 선호하지만 노력과 결과 사이의 연관성을 파악하는 데 어려움을 겪기 때문에 그 활동을 시작하는 데 어려움을 겪을 수도 있다. 이러한 본질적인 어려움 때문에 긍정적인 활동에 참여하는 것에 대한 불신이나 망설임이 바로 이 치료에서 해결하고자 하는 것임을 전달하면서, 치료자가 이를 타당화하고 지지적인 태도를 제공해야 한다.

치료자는 내담자들의 염려가 이해 가능한 것이고 일반적이라는 점을 확인시킬 수 있으며, 즐거운 활동을 실행할 때 즐거움이 생긴다는 것을 다시 강조할 수 있다. 종종 '시작하기'

가 가장 어려운 부분이라는 점을 언급하라. 내담자에게 관성의 첫 번째 법칙을 설명하라. 예를 들어, "정지된 물체는 정지 상태를 유지하고, 움직이는 물체는 외부의 힘에 의해 영향을 받지 않는 한 계속 움직입니다." 또는 무쾌감증의 맥락에서, "일단 움직이기 시작하면 움직이는 것이 더 쉬워질 거예요."라고 설명할 수도 있다. 치료자는 내담자에게 에너지가 없거나 과제에 압도되는 느낌이 들거나, 또는 어떤 활동이 긍정적인 정서를 느끼게 할 것이라고 상상할 수 없기 때문에 무언가를 시작하는 게 불가능하다고 생각했던 때가 있는지 예를 들어 달라고 요청할 수 있다. 이러한 질문은 내담자가 뭔가를 시작하기로 결심하는 순간, 시작하기가 훨씬 더 쉬웠음을 발견하는 예시를 찾기 위함이다. 그 활동은 내담자가 예상했던 것보다 더 큰 기쁨, 주인의식, 또는 성취감을 가져다준 경우도 있을 수 있다.

행동 변화에 대한 치료적 근거를 반복해서 설명할 준비를 해야 하며, 이는 특히 내담자들이 행동을 취하기 전에 먼저 부정적인 생각이나 정서 또는 부정적인 삶의 환경을 '수정'해야 한다는 생각에 집착할 때 더욱 그러하다. 문제가 있는 관계, 유해한 직업적 상황, 또는 어려운 생활 환경 같은 불리한 상황에 갇혀 있다고 느끼는 내담자에게 이러한 생각이 더 강해질 수 있다. 마찬가지로, 어떤 내담자들은 의학적 질병이나 기타 요인으로 인해 신체적 제약을 받을 수 있다. 이를 공감하는 마음으로 경청하고 적절한 경우 위기에 대처하는 것이 중요하지만, 우리가 인생의 많은 것을 통제할 수는 없어도 거의 대부분은 자신의 행동을 통제할 수 있다는 생각으로 빨리 되돌아가는 것이 중요하다. 이는 내담자가 '좋은 것을 즐기기 전에 잘못된 것을 고칠 필요가 있다.'라는 생각에서 벗어나게 하는 강력하고 희망적인 메시지이다.

연구에 따르면, 인지행동치료는 부정적 기분을 감소하는 데는 성공적이었으나 긍정적인 기분을 증가시키는 데는 효과가 덜했다. PAT로 치료받은 내담자는 부정적인 영역과 긍정적인 영역 모두에서 상당한 개선을 보였다. 이러한 결과를 내담자, 특히 보다 전통적인 형태의 심리사회적 치료에 더 익숙한 내담자에게 상기시켜야 한다.

몇몇 내담자들은 현재 또는 과거의 긍정적인 활동을 식별하는 것이 매우 어려울 수 있다. 연구에 따르면 우울을 겪는 내담자들은 과거의 긍정적인 사건을 기억하는 데 어려움을 겪을 수 있다. 특히, 우울은 생생한 과거의 긍정적인 심상을 생성하지 못하고(Werner-Seidler & Moulds, 2011), 긍정적인 기억을 평가절하하는 경향과 관련이 있다(Speer et al., 2014). 그 결과 그들은 더 이상 과거의 활동들이 (예전에는 실제로 즐거웠다 하더라도) 즐거웠다고 생각하지 않는다. 내담자의 이러한 정서를 타당화하고 그들의 경험이 드문 일이 아니라는 것을 확인시켜 주도록 하라. 내담자가 긍정적이라고 생각했던 어린 시절의 활동(음식, 야외 활동, 여행, 사회적 활동들)을 떠올려 보도록 격려하라. 또한 내담자에게 우리가 낮에 하는 많은 활동이 그 순간에는 반드시 보상으로 느껴지지는 않지만 이내 곧 성취감이나 주인의식을 느끼게 한다는 것을 상기시킬 수도 있다. 더 나아가 모든 단계가 중요하며, 아주 작고 미미한 긍정적인 정서가라 할지라도 올바른 방향으로 나아가는 하나의 발걸음이라는 것을 설명하라.

어떤 내담자들은 여러 활동을 나열하는 것은 어렵지 않을 수 있으나, 이러한 활동의 대부분 또는 전부를 달성하기는 어렵다고 평가한다(0~10점 중 7점 이상). 이것은 심각한 무쾌감증이나 우울을 겪고 있는 내담자에게는 드문 일이 아닌데, 그 이유는 어떤 활동이든 궁극적으로 즐겁고 보상되는 것일지라도 압도적으로 느껴지기 때문이다. 여기서도 내담자에게 관성의 법칙을 상기시키는 것이 중요하다. 가장 어려운 부분은 '행동을 시작하는 것'이다. 내담자가 활동을 달성하기 쉬운 활동으로 나누어 보도록 독려하라. 예를 들어, '달리기하기'를 목록에 넣는 대신에, '주변 산책하기'를 고려하게 한다. 적어도 일부 활동의 난이도는 5점 미만, 이상적으로는 0~4점 사이여야 한다.

몇몇 내담자는 활동이 관찰 가능한 것이어야 하는 이유를 이해하는 데 어려움을 겪는다. 이런 경우 다른 사람들이 관찰할 수 있거나 측정할 수 있는 활동을 선택하면 긍정적인 기분 변화를 모니터링하는 게 더 쉬워진다고(그리고 보다 더 큰 보람이 된다고) 설명한다. 예를 들면, '기분이 나아지게 하거나 더 긍정적으로 생각하려고 노력하겠다'는 것은 객관적이고 관찰 가능한 용어로 측정할 수 없다. 측정하지 않으면 어떤 행동을 실행되었다는 결론을 내리거나 그러한 행동이 기분에 어떤 효과가 있는지 평가할 수 없다. 그러면 내담자는 '이건 절대 변하지 않을 거야.'라는 식의 불만을 갖기 쉽다.

마지막으로, 내담자가 보람을 느낄 가능성이 거의 없는 활동은 피하도록 권하라. 예를 들어, '친구를 위해 저녁 식사 요리하기'를 목록에 추가한 경우 내담자가 요리를 좋아한다면 긍정적으로 강화될 수 있다. 그러나 내담자가 요리를 즐기지 않는다면 이 활동은 보상이 되지 않는다. 여기에서 목표는 내담자가 두려움 때문에 피하는 상황이나 사건이 무엇인지 확인하는 것이 아니라, 내담자가 긍정정서를 느낄 만한 활동을 실행하는 것이다.

# 긍정적 활동 실천하기

지금까지 내담자에게 긍정적인 활동이 무엇인지 확인하였으며, 일주일 동안 모니터링하여 활동 및 그에 관련된 기분의 기저선을 확인하였다. 이제 내담자는 긍정적인 활동을 계획하고 실천할 준비가 되었다. 긍정적인 활동들은 본질적으로 즐거워야 하고, 성취감이나 숙달감을 제공하거나, 가치 있는 행동으로 간주되는 것이어야 한다.

긍정적인 활동에 참여하는 것에 다음 두 가지 초점이 있음을 강조한다. 계획 단계는 보상 기대와 동기부여(또는 **원함**)에 초점을 두며, 실천 단계는 보상 획득에 대한 반응에 초점을 둔다. 활동 중에 경험한 모든 긍정적 정서를 명명함으로써 쾌락 영향이 촉진된다. 또한 각 활동 전후의 기분을 추적함으로써 보상 학습(즉, 특정 활동에 참여함으로써 긍정적인 기분이 증가한다는 것을 학습)에도 초점을 둔다.

계획 단계를 시작하기 위해, 내담자에게 **나의 긍정적 활동 목록**([활동 5-4])에서 3~5개의 긍정적 활동을 선택하라고 요청한다. 내담자는 다음 한 주간 이 활동들을 실천하고, [활동 5-5] **긍정적 활동 계획하기**에 각 활동지당 한 가지 활동씩 기록할 것이다. 내담자는 워크북에 있는 활동지를 복사하여 사용할 수 있다. 아무리 간단해 보이는 활동이라도 장애물을 최소화하기 위해 여러 단계로 나누어 진행해야 한다. 내담자가 활동을 여러 단계로 나누는 이유를 이해하기 어려워한다면 운전 배우기와 같이 과거에 배운 기술에 대해 물어본다. 내담자가 단 하루 만에 운전하는 법을 배웠을까? 그렇지 않다. 운전 학원을 찾고, 수강 신청을 하고, 이론을 배우고, 매일 연습하는 등 여러 단계가 필요했을 것이다. 또한 활동을 관리 가능한 여러 단계로 나누면 내담자가 부담을 느끼지 않도록 예방할 수 있다. 일부 단계를 완료하는 것만으로도 가치가 있음을 내담자에게 안심시키도록 한다. 내담자가 선택한 활동 완료에 필요한 단계를 검토하고 [활동 5-5]에 기록하도록 돕는다.

다음으로, 내담자는 활동이 속한 영역을 식별해야 한다. 예를 들어, 운동은 건강에 도움이 되며 여가 활동이 될 수도 있다. 만일 친구와 함께 운동하면 운동도 사회적 활동이 될 것이다. 사회적 연결이 정서적 안녕에 중요함을 감안할 때, 적어도 하나의 활동 영역은 관계 영역(예: 친구 또는 가족과의 활동)이어야 한다.

3~5개의 활동이 기간(짧은 기간 vs. 긴 기간)과 난이도(쉬움 vs. 어려움) 측면에서 적절하게 혼합되어 있는지 확인하라. 내담자가 이미 여러 가지 긍정적인 활동에 참여하고 즐기고 있다고 보고하는 경우, 성취감, 가치 및 숙달감으로 이어지는 활동을 추가하도록 권장한다.

내담자에게 활동을 실천할 시점으로 일주일 중 특정 요일과 시간을 정하게 하고, 시간을 얼마 정도 활동에 할애할지 정하여 해당 정보를 [활동 5-5]에 기록하도록 요청한다. 내담자가 실패감을 느낄 수 있으므로 과도하게 일정을 잡지 않도록 독려하라.

기능이 매우 낮은 내담자일 경우, 처음에는 관리하기 쉬운 활동을 하나만 배정하는 것이 더 효과적일 수 있다. 거품 목욕, 책 읽기, 자녀를 위해 간식 만들기 같이 내담자가 반복적으로 할 수 있는 활동을 선택한다. 특히 치료 초기의 민감한 시기에는 융통성을 발휘하고 활동이 얼마나 단순한지 상관없이 내담자가 할 수 있는 것을 활용하는 것이 중요하다. 실패를 굉장히 민감하게 지각하는 내담자들은 처음에 실패할 염려가 없는(누구나 쉽게 할 수 있는) 활동을 선택하게 한다.

마지막으로, 내담자에게 활동 전과 직후에 가장 낮은 긍정정서는 0점으로, 가장 높은 긍정정서는 10점으로 기록하고, 자신이 경험하는 다양한 긍정적인 정서에 이름을 붙이도록 한다. 이 과정을 쉽게 진행할 수 있도록 [활동 4-2] **긍정정서 다이얼**을 가까이에 두라고 안내한다.

## 🙂 긍정적 활동 실천하기 과제 ⸺⸺⸺⸺⸺⸺⸺⸺⸺⸺⸺⸺⸺⸺⸺⸺⸺⸺⸺○

내담자는 워크북 활동지를 복사하여 사용할 수 있다. 내담자가 매주 3~5개의 긍정적인 활동을 완료하도록 하고, [활동 5-5] **긍정적 활동 계획하기**를 사용하여 자신이 경험한 모든 긍정적인 정서에 이름을 붙여 보도록 한다.

## 😊 긍정적 활동 실천하기 사례 ----------------------------------------------◦

### 사례 #1

다음 장면은 긍정적인 활동을 하는 것에 대해 내담자가 느끼는 죄책감을 다루는 장면이다.

**내담자:** 음…… 저는 정말 한 가지 활동만 완료할 수 있었고, 한 가지만 했는데도 저는 그 활동을 잘했다고 생각하지 않아요.

**치료자:** 그렇게 생각하시는 이유가 있을까요?

**내담자:** 저는 그런 활동을 하는 게 정말 힘들어요. 왜 그런지는 모르겠지만, 그냥 그게 옳지 않은 것 같아요.

**치료자:** 좀 더 자세히 설명해 주시겠습니까?

**내담자:** 글쎄요……. 저는 직장에서 마감기한이 있고, 집에서 할 일들, 아이들 학교와 관련된 일들까지 해야 할 일들에 압도되어 있어요. 보람을 느끼는 활동을 탐닉하느라 정작 제가 해야 할 일을 마치길 기다리는 사람들을 실망시키는 것은 옳지 않다고 느껴요!

**치료자:** 그렇군요. ○○ 씨의 머리에서 '즐거운 일은 제일 마지막에 해야 하는 거야.'라고 말하는 것 같은 느낌이 드시나요?

**내담자:** 네, 제가 하고 싶은 말이 바로 그거예요!

**치료자:** 그러면 이런 생각을 할 때 어떤 기분이 드나요?

**내담자:** 정말 끔찍해요!

**치료자:** 우리가 끔찍한 기분이 들 때 동기는 어떻게 되지요?

**내담자:** 사라져 버려요. 사실 저는 처리해야 할 일을 끝내지 못했고 침대에 너무 오래 누워 있느라 아이를 데리러 늦게 가기까지 했어요.

**치료자:** 이런 상황이 어떤 건지 기억나시나요?

**내담자:** 네…… 부정적인 기분 사이클과 하향 나선이요?

**치료자:** 정확해요. 그러면 우리가 이 사이클을 치료에서 어떻게 깨트릴 수 있을까요?

**내담자:** 기분이 좋아질 만한 것을 하는 거요. 왜냐하면 그래야 기분이 나아지고, 다른 활동을 할

만한 동기가 더 생기니까?

**치료자:** 맞아요! 긍정적인 활동을 에너지 드링크나 진한 커피 한잔이라고 생각해 보세요. 이런 행동들은 보다 쉽게 활력을 느끼게 해 주고, 도전적인 과업을 시작할 수 있게 해 줘요. 단순한 것이라 해도, 재밌는 노래를 듣거나 10분 동안 햇빛을 받으며 걷는 것과 같은 긍정적인 활동은 ○○ 씨의 기분을 나아지게 할 수 있어요. 그리고 관성의 법칙을 기억하세요. 이제 ○○ 씨는 기분이 나아질 뿐만 아니라, 실제로 움직이고 있어요. 움직이기 시작하면 계속 그것을 지속하는 게 더 쉬워집니다.

**내담자:** 네, 이해되는 것 같아요.

**치료자:** 그러니 활동 목록을 다시 살펴보고 개선할 수 있는지 확인해 보면 어떨까요? 쉽게 할 수 있는 활동이 있는지, 숙달과 성취와 결합할 수 있는 활동이 있는지 확인해 봅시다. ○○ 씨가 예를 들어 보시겠어요?

**내담자:** 제 딸의 선생님께 이메일을 써야 해요. 어쩌면 딸과 재미있는 게임을 하고, 그런 다음에 이메일을 써 볼 수 있지 않을까요?

**치료자:** 아주 좋은 예시라고 생각해요!

## 사례 #2

다음 장면은 긍정적인 활동을 한 뒤에도 기분이 나아지지 않은 내담자를 독려하는 방법을 보여 준다.

**내담자:** 저는 거의 매일 활동을 완료했어요. 그런데 솔직히 말하면 제 기분은 나아지지 않네요. 때로는 더 나빠지기도 했어요.

**치료자:** 말씀을 들으니 안타깝네요. 그래도 활동을 완료하셔서 기쁩니다. 이전에 말씀드렸듯이, 규칙적으로 실천하는 것이 가장 어려운 부분인 경우가 많아요. ○○ 씨는 이번 주에 그것을 마스터하신 거예요. 우리는 이런 활동을 통해서 기분이 나아지길 원했었지요. ○○ 씨의 기분 평가를 살펴볼게요. 어떤 게 눈에 띄시나요?

**내담자:** 음. 제가 보기에는 모든 활동이 나빴던 것 같지 않아요. 몇 개는 제 기분을 높여 주기도 했어요. 하지만 아주 약간 올라갔네요. 무엇보다도 제 기분은 변하지 않았고, 어떨 때는

더 나빠지기도 했어요.

치료자: 그래요. 긍정적인 효과가 있었던 활동들부터 검토해 볼게요. 이 활동은 어떤 점에서 ○○ 씨의 기분을 나아지게 했다고 생각하시나요?

내담자: 흠…… 잘 모르겠지만, 어쩌면 그 활동이 더 쉽게 할 수 있다고 느꼈을까요? 그리고 그 활동은 했을 때 곧바로 기분이 좋았어요. 특히 해변 따라 걷기가 그랬어요.

치료자: 좋아요! 그럼 우리 이것을 꼭 유지하도록 해요! 자 그럼, ○○ 씨의 기분을 개선하지 못했거나 심지어 더 나빠지게 한 것들은 어때요? 거기에 어떤 공통점이 있나요?

내담자: 음. 어떤 건 조금 두렵게 느껴졌고, 어떤 것들은 정말 시작하기가 어려웠던 것 같아요.

치료자: 아주 좋은 관찰이에요. 두렵게 느껴졌거나 동기부여가 어려웠던 것들에 대해 좀 더 말해 주세요.

내담자: 제가 몇 년 동안 연락하지 않았던 친구에게 전화를 걸었어요. 그 친구는 정말 재미 있는 친구고, 다시 관계를 이어 가면 좋을 거라고 생각했어요. 첫 번째 단계로 그 친구의 번호를 찾았지만, 전화를 걸려고 하니까 그 친구가 나와 이야기하고 싶어 하지 않을까 봐 너무 걱정됐어요. 그 생각이 들자 머리가 너무 복잡해졌고, 기분이 정말 나빠지기 시작했어요.

치료자: 오랫동안 연락하지 않던 사람에게 전화를 건다는 것은 정말 두렵지요. 하지만 많은 것이 그렇듯이, 우리가 시도해 보기 전까지는 어떤 결과가 나타날지는 몰라요. 우리가 시도하지 않으면 알아낼 수 없어요. 그리고 기분이 좋아지게 하는 데 드는 노력은 그만한 가치가 있습니다. 우리가 사회적 활동에 대해서 이야기했던 것을 기억하시나요?

내담자: 사회적 활동은 처음에는 그렇게 느껴지지 않더라도, 비사회적 활동보다 더 기분을 좋아지게 한다는 거예요.

치료자: 정확해요. 다음 주에 친구에게 전화해 볼 수 있겠어요?

내담자: 음. 모르겠어요. 뭐라고 말해야 할지 모르겠어요.

치료자: 괜찮아요. 친구와 대화하는 것을 저와 역할극을 해 보는 건 어떠세요?

내담자: 네. 그게 도움이 될 것 같아요.

**사례 #3**

다음 장면은 내담자가 동일한 활동만 실시하는 문제를 다루는 예시를 보여 준다.

**내담자:** 이번 주에는 긍정적인 활동으로 지난주에 했던 동네 산책하기를 했어요.

**치료자:** 하면서 어떠셨어요?

**내담자:** 괜찮았어요. 지난 몇 주와 똑같아요. 직장에서 하루 종일 책상에 앉아 있다가 신선한 공기를 마시고 돌아다닐 수 있으니 처음에는 그게 즐거웠어요. 그런데 예전만큼 기분이 좋아지지는 않아요.

**치료자:** 때때로 우리가 기분을 좋게 하기 위해 무언가에 너무 많이 의존할 때 그런 일이 발생할 수 있어요. 좋아하는 영화를 가끔씩 보면 기분이 좋아지겠지만 매일 반복해서 보면 영화를 보는 즐거움이 줄어들 것입니다. 다양성이 핵심이에요.

**내담자:** 이해되네요.

**치료자:** ○○ 씨의 기분을 좋게 하기 위해서 산책하기 외에 더 추가할 수 있는 게 무엇이 있을까요?

**내담자:** 음. 제가 활동 목록에 적어 둔 게 많이 있는데 이번 주에는 그중에서 뭔가를 선택할 수 있어요.

## ☺ 긍정적 활동 실천하기 문제 해결 ----------------------○

다음은 내담자와 치료자가 긍정적인 활동 계획을 세울 때 경험하는 일반적인 문제들을 제시한다. 긍정적인 활동에 참여하는 이유와 일주일 동안 여러 가지 긍정적인 활동에 참여하는 것이 중요함을 내담자에게 상기시키고, 활동을 단계별로 나누고, 다양한 난이도의 활동들을 독려하고, 사회적 참여와 보상의 질(쾌락 또는 가치감, 숙달, 또는 성취)을 중요시하는 것은 일부 문제를 직접적으로 해결할 수 있다. 몇 가지 문제는 보다 많은 논의와 지원이 필요한데, 예를 들면 다음과 같다.

다른 사람들에게는 매우 바람직하고 효과적인 활동이지만, 종종 내담자가 하기에는 매우 어려운 것들이 있다. 내담자의 부정적인 생각은 다른 사람들에게 다가가려는 동기와 자신감을 방해할 수 있다. 이러한 내담자에게는 치료자와의 역할극이 도움될 수 있다. 예를 들어, 어떤 내담자는 여러 달 동안 대화를 나누지 않았던 오랜 친구에게 전화 걸기를 선택했을 수 있다. 그 활동을 단계별로 나누는 것만으로는 충분하지 않을 수 있다(예: 내담자가 할 말이 없다고 두려워하는 경우). 여기서 초점은 역할극을 노출의 장으로 만드는 것이 아니라, 내담자가 계획된 활동을 성공으로 이끌 수 있는 출발점을 찾도록 돕는 것이다. 앞의 예시에서 내담자는 친구와 다시 연결되면 행복을 느낄 것이라고 기대하므로 이것이 내담자에게 출발점이 될 수 있다. 이와 마찬가지로 역할극을 통해 성취와 숙달 활동을 촉진할 수도 있다. 예를 들어, 직장에서 리더십을 발휘해 보게 하거나 집안일을 완료하기 위해 도움을 요청해 보는 역할극을 해 볼 수 있다.

때때로 내담자들은 활동에 참여한 후에 기분이 나아지지 않았다고 보고한다. 이런 경우 내담자가 활동 중에 주의가 산만해졌거나 반추하고 있었는지 탐색한다. 만약 그렇다면, 내담자는 긍정적인 결과를 알아차리거나 즐길 수 있는 가능성이 낮다. 이럴 때는 긍정적인 활동에 참여할 때 '바로 그 순간'에 머무르는 것(즉, 마음챙김)이 유용하다. 또 다른 이유는 내담자가 긍정적인 활동을 수행하는 여러 단계 중에서 그 자체로 강화되지는 않는 활동을 했기 때문이다(예: 세금 신고 또는 직무 프로젝트 시작). 이 경우에는 내담자의 행동과 내담자에게 주어진 목표 또는 가치(예: 세금 납부 완료 또는 마감일 준수)를 향해 나아가고 있다는 느낌을 긍정적으로 강화하도록 한다.

마지막으로, 내담자가 같은 활동을 반복하는 것에 주의를 기울이도록 한다. 이럴 때는 내담자가 다른 의미 있는 활동에 참여하도록 독려하라.

숙달이나 성취를 위한 활동은 때때로 내담자를 불안하게 만들 수 있다. 예를 들어, 내담자가 마감기한을 넘긴 프로젝트를 완료하기로 계획을 세울 수 있다. 그 활동 자체는 보람이 없을 수 있지만 내담자는 일단 그것이 완료되면 성취감을 느낄 것이라고 판단했다. 그러한 활동은 중요하며 자부심, 회복력, 기쁨과 같은 긍정적인 정서를 불러일으킨다. 치료자는 내담자가 경험하는 불안에 대해 성취와 숙달이라는 목표를 강조해야 한다.

## 순간을 향유하기

　긍정적 활동 실천하기를 실습한 첫 주에 이어, 치료자는 내담자의 긍정적인 기분과 가장 강하게 연관되는 활동에 대한 기억 특이성 훈련을 통해 **순간을 향유하기(savoring the moment)** 기술을 가르칠 것이다. **순간을 향유하기** 훈련은 1인칭 관점과 현재 시제로 특정한 감각, 사고, 정서, 상황의 세부 사항을 포함하여 특정 활동을 시각화하는 것이다. 간단히 말하면, 치료자가 내담자에게 지난주 활동에서 경험한 긍정적인 정서를 현재 시제를 사용하여 이야기하도록 요청한다. 이 훈련은 보상 음미를 강화하고, 긍정적 경험을 무시하거나 기억을 과일반화하는 경향을 완화하도록 설계되었다. 특히, 우울증을 겪는 내담자들은 한 가지 사건이나 하루 동안 일어난 특정한 기억을 생성하는 데 어려움을 겪는 경향이 있다. 이러한 세부 사항이 없으면 활동에 대한 긍정적 기억이 손상될 수 있다. 또 다른 기억 결함으로는 긍정적인 심상이 빈약하다는 점이다. 예를 들어, 내담자는 과거의 상황을 대본처럼 묘사하는 것에는 거의 문제가 없지만 정서 및 감각(예: 숲의 냄새 또는 아이가 웃는 것을 보았을 때 내담자가 느낀 정서) 같은 정서적 속성을 추가하는 데 어려움을 겪을 수 있다. 또한 우울증을 겪는 사람들은 1인칭 시점보다 3인칭 시점에 편향되어 있으며, 이는 긍정정서성(positive emotionality)의 감소로 이어진다. 마지막으로, 우울증이 있는 내담자들은 긍정적인 기억을 가치 있게 여기는 데 어려움을 겪는다. 긍정적인 활동을 성공적으로 완료했더라도 내담자가 그 경험을 평가절하한다면 내담자의 기분이 좋아질 수 없다. 따라서 이러한 활동에 대한 기억을 적극적으로 이야기하고 그 가치를 높이는 것이 필수적이다. 또한 **순간을 향유하기**는 경험의 긍정적 특징에 주의를 향하게 하는 '긍정적 주의 훈련(positive attention training)'의 역할을 한다.

　순간을 향유하기 활동을 하는 동안, 내담자는 자신의 긍정적 활동 중 하나를 정하여 그 경험의 가장 긍정적인 순간을 강조하면서, 순간순간의 세부 사항을 현재 시제를 사용하여 시각화하며(가급적이면 눈을 감고) 되새긴다. 치료자는 내담자에게 주변 환경, 그때 느낀 정서, 신체적 감각, 행동 및 생각을 시각화하도록 독려한다. 이러한 안내된 실습을 반복하는 것은 내담자가 자신의 경험의 긍정적인 측면을 심화하고 음미하는 데 도움이 된다.

만일 내담자가 경험의 더 부정적인 측면으로 주의를 기울인다면, 치료자는 부드럽게 내담자의 관심을 긍정적인 측면으로 돌린다. 그렇게 함으로써 내담자는 자신의 주의를 통제할 수 있고 자신이 상황의 한 측면에서 다른 측면으로 주의를 옮길 수 있다는 것을 배운다. 연구에 따르면 주의 조절은 효과적인 정서 조절 방식이다(Gross, 1998).

내담자가 자신이 작성한 긍정적 활동 계획하기 활동지에서 한 가지 사건을 선택하도록 하라. 이는 긍정적인 기분 평가 점수가 크게 개선된 활동일 수 있다(예: 4점에서 8점으로). 이는 또한 긍정적인 면을 찾기 어려웠던 활동일 수도 있다(기분 평가는 동일하게 유지되거나 심지어 감소함). 다음으로, 내담자에게 [활동 5-6] **순간을 향유하기**에서 그 장면을 묘사하고 현재 기분을 0점(가장 낮은 긍정정서)에서 10점(가장 높은 긍정정서) 척도로 평가하도록 요청한다. 향유하기 활동을 하기 전에 내담자가 먼저 장면을 설명하게 하면 치료자가 내담자의 경험에 대한 개요를 얻을 수 있다는 점에서 도움이 된다. 치료자는 이 정보를 활용하여 내담자가 보다 긍정적인 정서와 관련된 세부 정보로 '빨리 감기'하도록 안내할 수 있다. 예를 들어, 내담자는 해변 여행을 묘사할 때 해변을 향해 운전하는 동안의 교통 상황 같은 관련 없는 세부 사항에 집중할 수 있다. 개요에 포함된 세부 정보를 통해, 내담자의 긍정적인 정서와 감각의 대부분은 내담자가 해변에 처음 도착했을 때 발생했음을 알 수 있으므로 내담자가 이 부분으로 '빨리 감기'하도록 권할 수 있다.

개요를 설명하고 현재 기분을 평가한 후, 내담자는 사건 중에서 긍정적인 기분이 가장 강하게 증가한 부분에 초점을 맞춰 활동을 자세히 설명한다. 긍정적인 기분이 증가하지 않았다고 보고하는 내담자에게는 사건을 처음부터 끝까지 자세히 설명하도록 지시할 수 있다. 치료자는 "어떤 긍정적인 정서를 알아차리셨나요?" "몸의 어디에서 그것이 느껴지나요?"와 같은 질문을 던짐으로써 내담자가 잠재적인 긍정정서와 감각을 알아차리도록 도와줄 수 있다.

치료 회기에서 내담자는 현재 시제로 장면을 시각화한다. 내담자는 이야기하는 동안 눈을 감는 것을 선호할 수도 있다. 만일 내담자가 눈을 감고 싶지 않아 하면 치료자에게 직접 눈맞춤을 하지 말고, 시선을 편안하게 하고 어느 한곳에 머무르게 하라. 여기에서 목표는 환경적 방해 요소를 줄이는 것이다. 내담자가 현재 순간에 머물면서 자신이 묘사하는 정서, 감각 및 생각을 가장 쉽게 경험할 수 있는 형식을 선택하라. 모든 단계에서 내담자가 서사적인 스타일로 말하거나 다른 주제로 이동하는 것을 볼 때마다 시각적 모드, 현재 시제, 1인칭을 유지하도록 내담자에게 상기시킨다.

또한 내담자가 너무 빨리 진행하는 것처럼 보일 때는 그 순간과 경험을 충분히 감상하게 하기 위해 속도를 늦추도록 안내하라. 내담자에게 잠시 멈추고 자신이 경험하는 신체적 감각이나 정서에 머무르게 하는 것이 긍정정서 경험을 심화하는 데 도움이 될 수 있다. 관찰 가능한 단서(예: 미소)를 사용하여 내담자가 자신의 정서를 알아차리게 하면서 내담자가 시각화하며 느끼는 것을 표현하도록 유도할 수 있다. 시각화는 일반적으로 5분에서 10분 정도 걸리지만 더 오래 걸리거나 더 짧을 수 있으며 동일한 연습을 반복할 수 있다. 그러나 긍정정서의 습관화를 최소화하기 위해 동일한 활동에 대한 향유하기를 자주 반복하는 것은 권장하지 않는다. 이야기를 마친 후, 내담자에게 자신의 기분을 다시 평가하여 **순간을 향유하기**의 기분 유발 효과를 평가하도록 안내한다. 이러한 활동을 내담자에게 처음 안내할 때는 치료자가 언어적 촉진과 중단을 더 많이 할 수 있다. 그러나 내담자가 순간을 음미하는 연습을 반복하여 실천하고 진행하는 방법을 알게 되면, 내담자가 심상에 머무를 수 있도록 치료자의 언어적 촉진과 중단을 최소화해야 한다.

심상 기법(예: 심상적 노출)에 경험이 없는 치료자라면, 내담자가 특정 활동을 생생하게 되새기면서 그와 관련된 긍정적인 정서, 신체적 감각, 그리고 생각들을 함께 떠올리게 하는 것이 중요하다. 따라서 내담자가 눈을 감거나 시선을 편안하게 하고, 앞서 설명한 대로 1인칭으로 말하게 한다. 또한 내담자의 경험을 심화시키기 위해 특정한 신체적 감각이나 긍정적인 정서를 묘사하도록 유도해야 할 수도 있다. 치료자가 내담자를 언어적으로 촉진할 때는 내담자의 심상 작업에서 주의를 다른 곳으로 돌리지 않도록 치료자가 보다 간결하고 부드러운 어조로 말한다. 그러나 시작할 때는 내담자들이 심상화를 실행하는 데 어려움이 있을 수 있으므로 치료자가 보다 적극적인 역할을 담당해야 할 수 있다(다음 '사례 #1'을 참고하라).

## ☺ 순간을 향유하기 사례

### ■ 사례 #1

다음 장면은 내담자와 함께 심상화 작업을 처음에 어떻게 시행하는지 보여 준다. 치료자는 보다 적극적으로 내담자를 안내하며, 1인칭 관점을 사용하여 모델링을 제공해야 한다. 또한 치료자는 내담자를 반복적으로 멈추게 하여 긍정적인 감각에 머물러 보도록 지시한다.

**치료자**: 앞서 논의한 바와 같이, '순간을 향유하기'의 목적은 활동을 하면서 긍정적인 정서, 신체적 감각, 생각이 조금이라도 증가해도 그것을 알아차리고 이에 대한 경험을 심화하도록 훈련하는 것입니다. 이제 ○○ 씨의 친구와 함께 해변에 갔던 사건을 떠올려 보려고 합니다. 기분이 가장 많이 좋아진 건 처음 도착했을 때라고 하셨죠?

**내담자**: 맞아요.

**치료자**: 좋습니다. 거기서부터 시작해서 ○○ 씨가 느끼고 생각했던 것을 자세히 이야기해 보세요. 저는 가끔씩 ○○ 씨가 그 상황에서 긍정적인 측면에 집중할 수 있도록 몇 가지 질문을 할 거예요. 자 이제, 부드럽게 눈을 감고 해변에 처음 도착했을 때를 이야기해 주세요.

**내담자**: 네, 저는 제 친구한테 이야기할 만한 재미있는 주제가 없어서 초조했었어요. 왜냐하면 최근에 제가 집 밖에 나간 적이 없었거든요…….

**치료자**: (부드럽게) 처음 도착했을 때 기분이 좋거나 긍정적이었던 무언가를 알아차리셨나요?

**내담자**: 네, 햇볕이 정말 좋았어요.

**치료자**: ○○ 씨의 몸에서 그게 어떻게 느껴졌나요?

**내담자**: 따뜻했어요.

**치료자**: 그래서 ○○ 씨는 햇볕의 따뜻함을 느끼고 있습니다…….

**내담자**: 저는 햇볕이 따뜻함을 느끼고, 모래 위에 발을 디딜 때 발에 닿는 모래가 따뜻하게 느껴져요. 우리는 물가에 물건을 놓을 장소를 정해요.

**치료자**: (부드럽게) 지금은 무엇을 보고 있나요?

**내담자**: 바다색이 초록빛이에요. 이곳에 있어 기분이 좋아요.

**치료자**: 어떤 정서가 느껴지나요?

**내담자**: 편안한 느낌이요.

**치료자**: ○○ 씨는 햇볕과 모래의 따뜻함을 느끼고, 바다의 초록빛이 보여요. 그리고 편안함을 느끼네요. 그다음에는 무슨 일이 있나요?

**내담자**: 우리는 앉아서 이야기를 나누기 시작해요. 친구는 저를 보게 돼서 얼마나 반가운지 말해

요. 저는 그 친구가 저와 함께 보내는 시간을 그리워하는지 몰랐어요.

**치료자:** (부드럽게) 친구가 그 말을 할 때 어떤 정서가 느껴지나요?

**내담자:** 모르겠어요. 행복인 것 같아요. 약간 슬프기도 해요.

**치료자:** 몸의 어느 부위에서 행복이 느껴지나요?

**내담자:** 제 어깨에서요. 가벼워진 느낌이에요.

**치료자:** 저는 ○○ 씨가 바로 여기서 멈추고 그 감각에 그저 머물러 보시면 좋겠어요. 바로 지금 여기에서 그 감각을 느껴 보세요. (15초 동안 멈춤) 그러고 나서 무엇을 알아차리셨나요?

## 😊 순간을 향유하기 문제 해결

어떤 내담자는 **순간을 향유하기** 개념과, 향유하기 활동이 어떻게 보상 학습의 향상으로 이어질 수 있는지 이해하는 것을 어려워한다. 이런 경우 내담자 워크북의 설명을 사용하기를 권한다.

> **순간을 향유하기**는 왜 중요할까요? 좋았던 경험을 향유하면 활동이나 사건을 더 깊이 인식할 수 있습니다. 또한 그 순간의 긍정적인 측면과 그때 당신이 느꼈던 정서 경험이 더욱 깊어지는데, 향유하지 않았더라면 무시하거나 잊혀졌을지도 모릅니다. 그 순간의 가장 긍정적인 측면을 기억해 내고 되새겨 봄으로써 당신은 긍정적인 측면을 다시 경험하게 되고 활동과 기분의 연관성에 대한 학습을 강화하게 됩니다. 결과적으로 이러한 학습은 부정적인 경험보다 긍정적인 경험에 대한 관심과 선호도를 증가시키며, 이 모든 것이 향후에 긍정적인 정서와 활동에 대한 참여를 촉진합니다.

특히 과거 사건을 반추하거나 미래 사건에 대해 걱정하는 경향으로 인해 초점을 유지하기가 어려울 수 있다. 이러한 경향은 내담자가 그 순간에 머물러야 하는 활동에 참여하는 것을 어렵게 만든다. 명상이나 요가를 하는 동안 초점을 유지하는 것이 어려운 것과 마찬가지로, 순간에 머무르는 것은 많은 사람이 겪는 공통적인 어려움이라는 점을 내담자에게 상기시키라. 이 기술은 명상이나 요가처럼 많은 연습이 필요하며, 내담자는 처음에 주의가 흐트러지거나 약간 좌절할 수도 있다. 경험을 되새기는 동안 주의를 촉진하기 위해서 내담자가 특정 긍정적 경험에 대한 행동, 정서, 인지 반응에 초점을 맞추도록 알려 주어야 한다. 내담자에게 자신이 경험하고 있는 것이 무엇인지, 긍정정서를 경험하고 있다는 것을 어떻게 알 수 있는지를 자세히 묘사하도록 요청하라.

앞서 언급했듯이 내담자가 경험 묘사를 빠르게 진행하거나 서사적인 방식으로 진행한다면 진행 속도를 낮추어야 한다. 이것은 긍정정서 가능성을 무시하거나 부정하는 경향을 나타내는 것일 수 있다. 이럴 때 치료자는 내담자가 속도를 늦추고 그 순간과 경험을 인정하도록 안내할 수 있다. 치료자는 관찰 가능한 단서(예: 미소)를 사용하여 내담자가 자신의 정서를 알아차리도록 유도하여 내담자가 시각화할 때 느끼는 것을 표현하도록 유도할 수 있다. 긍정적인 몸짓 언어(예: 반쯤 미소 짓기, 팔짱 끼지 않기, 손을 벌리기)는 내담자가 그 순간에 머무를 수 있는 능력을 더욱 향상시키고 그들이 경험하고 있는 긍정정서를 극대화할 수 있다. 특히 단조로운 정서를 가진 내담자의 경우, 낮은 정동 상태로 활동에 대해 이야기하는 모습을 스스로 관찰하게 하고(거울이나 내담자의 휴대폰 녹화를 사용), 그런 다음 내담자가 보다 높은 정동 상태(예: 눈을 크게 뜨기, 미소 짓기)로 활동에 대해 이야기하는 것을 관찰하게 한다. 이후에는 내담자의 신체적 행동이 기분에 어떤 영향을 미치는지에 대해 논의하는 것이 도움이 될 수 있다.

정서적 되새기기가 보상 민감성을 강화하게 하려면 어떻게 해야 하는가? 가장 좋은 지표 중 하나는 기분 평가이다. **순간을 향유하기**를 실시한 뒤 내담자의 기분이 좋아졌는가? 또 다른 지표는 내담자가 자신의 경험을 묘사할 때 현재 시제를 사용할 수 있는 능력이다. 이것은 내담자가 그 순간에 머물 수 있었다는 지표이다. 상황에 대해 세부적으로 묘사하는 정도와 다양한 긍정적 단어 사용 역시 긍정적인 지표이다. 내담자의 긍정정서 재경험 능력은 정서를 더 생생하고 강렬하게 기억할 수 있게 해 준다.

# 긍정정서치료:
# 우울과 불안에 대한 새로운 접근

**치료자 가이드북**

제**6**장

# 긍정적인 것에
# 주의 기울이기

워크북 제6장에 해당함

## ☺ 필요한 재료

- ☑ [활동 6-1] 긍정적인 면 찾기
- ☑ [활동 6-2] 주인의식 갖기
- ☑ [활동 6-3] 긍정적인 상상하기
- ☑ 긍정적인 상상하기 시각화 대본

\* 모든 활동지는 내담자 워크북에 포함되어 있으며 이 책의 부록에도 수록되어 있음.

## ☺ 목표

- ☑ 지난 회기 내용을 복습하고 질문에 답한다.
- ☑ 내담자에게 긍정적인 면에 주의를 기울이는 것이 어떤 역할을 하는지 교육한다.
- ☑ **긍정적인 면 찾기** 기술을 소개하고, 회기 중에 연습을 촉진하고, 과제를 부여한다.
- ☑ **주인의식 갖기** 기술을 소개하고, 회기 중에 연습을 촉진하고, 과제를 부여한다.
- ☑ **긍정적인 상상하기** 기술을 소개하고, 회기 중에 연습을 촉진하고, 과제를 부여한다.

## ☺ 내담자 워크북 제6장의 정보 요약

- ☑ 무쾌감증을 겪는 사람들은 (1) 상황의 긍정적인 측면을 알아차리고, (2) 긍정적인 결과에 대해 주인의식을 갖고, (3) 사건의 긍정적인 결과를 상상하는 데 어려움이 있다고 보고한다.
- ☑ **긍정적인 면 찾기** 기술은 상황의 긍정적인 측면에 주의를 기울이도록 훈련하는 데 도움된다.

- ☑ **주인의식 갖기** 기술은 긍정적인 결과를 위해 자신이 기여한 바를 식별하는 데 도움이 된다.
- ☑ **긍정적인 상상하기** 기술은 가능한 긍정적인 결과를 상상하는 능력을 향상시킨다.
- ☑ 이러한 활동들은 긍정적인 정서를 향상시키기 위해 소개된다. 이 활동들은 **좋아함**, **원함**, **학습**이 초점이다.

## ☺ 주요 개념

이 장의 핵심 개념은 긍정적인 자극을 향해 주의를 전환하고, 내담자가 참여하는 긍정적인 행동을 인식하고 강화하며, 전향적인 긍정적 심상을 개선하기 위한 새로운 기술을 소개하는 것이다. 이러한 기술을 소개하기 위해 최소 3회기(각 활동당 한 회기)를 사용하게 된다. 내담자의 목표는 다음과 같다.

- ☑ 상황에서 긍정적인 자극을 알아차리는 능력을 향상시킨다.
- ☑ 긍정적인 결과를 낳은 행동을 인식하고 주인의식을 갖는 능력을 향상시킨다.
- ☑ 사건에서 긍정적인 결과를 상상하는 능력을 키운다.

## ☺ '긍정적인 것에 주의 기울이기'의 중요성

이 장의 목표는 반복적인 기술 훈련을 통해 긍정적인 경험에 주의를 집중하는 방법을 배우는 것이다. 이러한 기술은 다음을 통해 보상 기대의 결함을 해결한다.

① 내담자가 긍정적인 것을 더 많이 알아차리게 하는 것이다(즉, 긍정적인 것에 지속적으로 주의를 기울임). 이는 미래의 긍정적인 결과를 예상하고 선호하는 데 도움이 된다 **(원함)**.

② 내담자가 자극을 즐기고(자극을 더 긍정적으로 평가하고) 긍정적으로 향유하게 하는 것이다. 이는 쾌락적 경험을 증가시킨다(**좋아함**).

③ 내담자가 자신의 행동을 긍정적으로 귀인하는 법을 배우도록 독려하기이다(**학습**).

이 장의 주요 목표는 (인지적 재구성에서 전형적인) 부정적 평가를 약화시키는 대신, 상황의 긍정적인 측면에 주의를 돌리는 것이다. 여기에서 기저 가정은 기분이 더 긍정적인 상태로 변하고, 이에 따라 긍정적인 자극이 부정적인 자극보다 선호될 것이며, 이는 결국 경험의 긍정적인 특징에 더 많은 관심을 갖도록 장려할 것이라는 점이다. 이를 통해 상황을 보다 긍정적으로 평가할 수 있게 될 것이다. 예를 들어, **주인의식 갖기** 기술은 내담자가 자신의 행동이 긍정적인 결과에 기여한 점을 인식하도록 촉진한다.

주의에 초점을 맞추는 이유는 우울한 기분과 무쾌감증이 긍정적인 자극에 대한 주의 지속(즉, 긍정적인 것을 알아차리는 것)의 어려움과 관련이 있다는 증거가 있기 때문이다. 이것은 종종 임상 장면에서 긍정적인 경험을 무시하고 부정적인 경험에 불균형적으로 주의를 기울이고 반추적 사고에 몰두하는 경향으로 관찰된다. 이 장에서는 과거, 현재, 미래 경험의 긍정적인 특징에 지속적으로 주의를 기울이는 것을 명시적인 표적으로 삼고 있다.

과거와 현재의 경험에 초점을 맞추는 것은 이미 발생했거나 발생하고 있는 상황을 재평가하고, 그 상황에 부정적인 측면이 함께 있을 때에도 긍정적인 특징을 적극적으로 회상하고 식별함으로써 달성된다. **긍정적인 면 찾기** 기술은 긍정적 활동에 대한 **순간을 향유하기** 기술의 확장이며, 다시 그 사건의 긍정적 특징에 초점을 맞추는 것이다.

마찬가지로, **주인의식 갖기**는 내담자 자신이 긍정적인 결과에 기여한 점을 식별하기 위해 사소한 것부터 중요한 것까지 긍정적인 결과가 나타난 과거 또는 현재 상황을 다시 탐색하는 것이다.

**긍정적인 상상하기** 기술은 미래 사건에 관한 것이고, 성공적인 결과를 상상하는 것이다. 여기서 목표는 우울과 불안이 있는 사람들에게 제한되어 있는 전향적인 긍정적 심상을 위한 능력을 구축하는 것이다. 이때 긍정적 심상 훈련을 긍정적 예언과 혼동하지 않는 것이 중요하다. 다시 말하면, 이 기술의 목표는 긍정적인 결과의 가능성을 높이는 것이 아니라 결과의 발생을 상상할 수 있는 능력을 키우는 것이다.

치료자는 내담자에게 긍정적인 것에 주의를 기울이는 데 어려움이 있는지 묻고, 무쾌감

중이 있는 사람에게 이러한 어려움이 어떤 영향을 미칠 수 있는지 설명함으로써 이 장에 대한 일반적인 소개를 제공한다. 치료자는 몇몇 사람들이 과거의 긍정적인 경험에 대해 생각하지 않거나, 미래에 있을 긍정적인 사건을 상상하거나 예상하지 않음으로써 자신의 삶에서 일어나는 긍정적인 사건들을 무시하는 경향이 있다는 것을 설명한다. 내담자에게 본인이 이런 경향이 있음을 알아차렸다면 그에 대해 어떻게 느끼는지 물어본다. 이와 유사하게, 치료자는 내담자에게 몇몇 사람들이 긍정적인 사건이 발생했을 때 이를 인식하거나 즐기는 데 어려움을 겪는다는 것을 설명할 수 있다. 이런 사람들은 자신에게 좋은 일은 절대 일어나지 않는다고 스스로에게 자주 말하거나, 칭찬을 받는 것과 같은 긍정적인 일이 일어났을 때 그런 일들은 진짜가 아니라고 일축한다. 치료자는 내담자에게 이런 경향이 있는지, 그렇다면 이에 대해 어떻게 느끼는지 물어볼 수 있다. 치료자는 앞에서와 동일한 설명과 자기 성찰 질문을 사용하여, 몇몇 사람들이 긍정적인 사건이 발생한 것을 인식하는 데 어려움이 없지만 그것을 인정하는 데 어떤 어려움을 겪는지 설명할 수 있다. 예를 들어, 그들은 자신이 직장에서 승진하고 있다는 것은 인식하지만, 그 일에서 기쁨을 느끼지 못할 수 있다. 어떤 사람들은 긍정적인 것에 대해 주인의식을 덜 갖거나, 좋은 일이 생겼을 때 자신의 공로를 인정하지 않는다.

그다음 치료자는 이러한 각 유형의 편향들이 기분에 미치는 영향에 대해 논의할 수 있다. 이것은 **'긍정적인 것에 주의 기울이기'** 기술 세트, 즉 긍정적인 사건과 경험을 인식하고, 주인의식을 갖는 것에 대한 이론적 근거를 제공할 것이다.

## 긍정적인 면 찾기

긍정적인 면 찾기(Finding the Silver Linings) 기술을 소개하기 위해 내담자에게 'Every cloud has a silver lining'이라는 유명한 문구를 언급하면서, 그것이 내담자에게 의미하는 바를 물어볼 수 있다. 이 문구는 거의 모든 상황에 긍정적인 측면이 있음을 의미한다. 그러나 우울, 불안 및 기타 부정적인 정서 상태는 사람들이 긍정적인 것을 무시하고 그 대신 부정적인 것에 집중하도록 이끈다. 따라서 이 기술의 목표는 경험에 부정적인 부분이 있더라도 긍정적인 쪽으로 주의를 돌리는 것이다. 즉, 어떤 상황에서든, 크든 작든 긍정적인 면을 찾는 것이 목표이다. 이를 시작하기 위해 내담자에게 몇 가지 예를 제시할 수 있다. (1) 친구와의 논쟁이 좋은 결과로 끝맺음되는 경우, (2) 직장에서 받은 직무 평가에 약점과 개선 방법에 대한 팁이 함께 포함된 경우, (3) 사교 행사에서 불안감을 느끼지만 그 상황을 떠나기보다는 머무르기이다.

긍정적인 면 찾기가 기분과 미래의 긍정적인 일에 더 자주 주의를 기울일 가능성에 영향을 미친다는 점을 강조하라. 긍정적인 면에 초점을 맞추는 것이 우스꽝스럽거나 지나치게 낙관적으로 보일 수도 있음을 내담자에게 말해 준다. 이는 부분적인 문제인데, 왜냐하면 어떠한 새로운 기술이든지 처음에는 이상해 보일 수 있지만, 실천을 하다 보면 그에 익숙해지고 다음에는 자연스러워지기 때문이다. 또한 이 장의 일부로, 긍정적인 면에 주의를 기울이는 기술을 개발하기 위해 내담자가 일반적으로 예상하는 것보다 더 의도적으로 긍정적인 면을 찾을 것이라는 점을 상기시키도록 한다. 장기적으로 지속될 수 있는 무언가를 개발하기 위해서는 어떤 기술이든 처음에는 더 열심히, 더 자주 연습해야 한다. 따라서 기술 구축 단계에서는 **긍정적인 면 찾기**를 강하게 추진할 것이다.

처음에는 내담자에게 양치질과 같은 간단한 일에서 긍정적인 면을 확인하도록 요청하면서 시작할 수 있다(예: 치아가 더 건강해진다, 충치가 생길 가능성이 적다, 입 냄새가 나지 않는다, 사람들이 나와 함께 시간을 보낼 가능성이 더 높다, 치과에 자주 갈 필요가 없어진다, 치료비를 절약할 수 있다, 입안에 좋은 느낌이 느껴진다, 치아 상태에 대해 부끄러움을 느낄 만한 것이 없어진다). 또는 더 복잡한 예를 사용할 수 있다. 예를 들어, 내담자가 직장에서 제출한 보고서를 상사가 검토하였는데, 그 보고서는 빨간색 수정 사항으로 뒤덮여 있었고 추가적인 수정 사항을 검토하는 데 한 시간 내내 걸렸다. 이 사건에 어떤 긍정적인 점이 있을까? 이제 내담자는 문서를 수정하는 방법을 알게 되었고, 상사는 직원에게 수정 사항 피드백을 제공하기 위해 한 시간을 할애했다. 내담자는 상사가 어떤 작성 방식을 선호하는지 알게 되었고, 상사는 직원(내담자)이 자신의 비평에 잘 대응할 수 있다는 것을 알게 되었다. 이 일은 심지어 내담자의 훈련을 향상시킬 수도 있다.

내담자가 이 기술을 잘 이해하고 있다면 최근에 발생한 사건을 선택하도록 요청하라. 사건은 중립적이거나 부정적이라고 판단된 사건이어야 한다(단, 외상적인 사건은 제외한다. 이 장의 뒷부분을 참고하라). 그런 다음 내담자는 [활동 6-1] **긍정적인 면 찾기**를 사용하여 그 사건의 긍정적인 특징을 찾아가기 시작해야 한다. 활동지는 내담자 워크북과 이 책의 부록에 수록되어 있다.

먼저, 내담자가 자신의 현재 기분 상태를 평가하도록 한다(0~10점 기분 척도, 0점은 '가장 낮은 긍정정서', 10점은 '가장 높은 긍정정서'). 그런 다음 내담자와 협력하여 목록을 기록하는 데 창의적인 자세로 최소 6개의 긍정적인 면을 찾아본다. 이것은 시간이 걸릴 수 있지만 학습 과정의 일부이다. 이 기술의 일부는 긍정적인 면을 찾기 어려울 때, 그것을 찾으려는 시도를 포기하는 경향을 해결하기 위한 시도를 해 보는 것이다. 긍정적인 면을 찾은 후, 내담자는 자신의 기분을 재평가하고 긍정정서를 명명한다. 그렇게 함으로써 보상에 대한 학습이 강화된다(즉, 내담자는 과거 경험의 긍정적인 측면을 인식하기 위해 노력을 기울임으로써 더 긍정적인 정서를 느낀다는 것을 배운다).

내담자에게 기술을 연습한 후에야 기술이 더 쉽고, 더 자동적이고, 훨씬 더 즐거워질 것임을 상기시키라. 그리고 상당한 연습을 한 후에야 비로소 장기적인 기분 변화를 경험하게 될 것임을 안내하라. 내담자가 이 활동을 했음에도 불구하고 그 활동이 싫고 기분이 좋아지는 것을 느끼지 못했다고 말한다면, 치료자는 내담자의 이러한 마음을 타당화하면서 내담자가 기록한 것의 의미에 주의를 기울이고 있는지 물어봐야 한다. 예를 들어, 내담자가 긍정적인 면으로 '나는 살아 있다.' 또는 '나는 안식처가 있다.'라고 적었다면 이는 내담자에게 무엇을 의미하는가? 더 심층적인 의미를 촉진하면 더 효과적인 활동이 될 것이다. 또한 이러한 긍정적인 면이 없었다면 어떤 느낌이 들었을지 비교해 보라고 요청할 수도 있다.

## 😊 긍정적인 면 찾기 과제 ---------------------------------○

내담자는 워크북에서 활동지를 복사하여 사용할 수 있다. 과제로 내담자에게 매일 **긍정적인 면 찾기** 활동을 완료하도록 한다. 내담자는 긍정적인 또는 중립적인 상황으로 시작해 볼 수 있는데, 진지하거나(예: 검진을 위해 병원 가기), 별거 아닌 것 같거나(예: 양치질하기), 또는 의미 있는 것(예: 자녀가 처음으로 "엄마"라고 말했던 것)일 수도 있다. 하지만 궁극적으로 내담자는 더 부정적인 상황으로 연습을 해 봐야 한다.

## 😊 긍정적인 면 찾기 사례 ---------------------------------○

### 사례 #1

다음 장면에서 내담자는 **긍정적인 면 찾기** 활동에 대해 "이걸 왜 하는 거죠? 그 일에 긍정적인 면은 하나도 없어요."라는 식으로 반응한다.

**내담자:** 과제로 저는 지난주에 동료와 언쟁한 일에서 긍정적인 면을 찾으려고 노력했지만, 이 과제의 요점을 정말 이해하지 못하겠어요. 그 상황에는 긍정적인 것이 하나도 없었어요.

**치료자:** ○○ 씨가 동료와의 언쟁으로 속이 상하셨을 것 같아요. 이 긍정적인 면 찾기 기술 연습은 우리가 부정적인 기분 상태를 경험할 때 특히 어려울 수 있어요.

**내담자:** 네. 저는 그 일로 여전히 화가 나 있어요. 지금 얘기하면서 사실 기분이 꽤 우울해지네요.

**치료자:** 마음이 어떠실지 이해돼요. 긍정적인 면을 찾는 능력은 연습할수록 발전하는 기술이에요. 우리는 예전에 우리의 뇌가 상황의 부정적인 측면에 주의를 기울이도록 만들어졌다는 점에 대해 이야기했었어요. 따라서 우리의 뇌가 상황의 긍정적인 측면에도 주의를 기울이도록 훈련하기 위해서는 노력을 기울여서 연습을 해야 돼요. ○○ 씨가 기분이 안 좋고 긍정적인 면을 찾는 데 어려움을 겪는다면 그것은 연습을 계속하거나 늘려야 할 가능

성이 높다는 중요한 신호입니다.

**내담자**: 알겠어요. 저는 제가 부정적인 것에 집중하는 경향이 있다는 것을 알고 있고, 긍정적인 면을 찾는 연습을 하고 싶어요. 하지만 말다툼 같은 불쾌한 일에서 긍정적인 면을 찾기란 쉽지 않아요.

**치료자**: 부정적인 상황에서 긍정적인 면을 찾는 것이 어렵다는 점에 저도 동의해요. 그리고 연습할 수 있는 좋은 기회이기도 합니다. 궁금한 점이 있어요. 우리가 다른 불쾌한 일에서 긍정적인 면 찾기 연습을 시도해 보면 어떨까요? 좀 더 중립적인 일, 우리가 일반적으로 긍정적인 측면이 있을 거라 생각하지 않는 것에 초점을 맞춰 보면 어떨까요? 예를 들면, 양치질 같은 일은 어떨까요?

**내담자**: 음 좋아요. 그건 꽤 지루한 활동이지만 시도해 볼 수 있겠어요……. 제가 생각할 수 있는 한 가지 긍정적인 점은 양치질을 하면 입 냄새가 잘 안 난다는 거예요. 장기적으로 치아 건강에도 좋지요. 그리고 흠……. 제 아이들에게 좋은 본보기가 되겠죠? 저는 항상 제 아이들이 양치질을 하도록 신경을 쓰거든요.

**치료자**: 말씀하신 모든 게 아주 좋은 긍정적인 면이네요! ○○ 씨가 양치질 같은 일상적인 활동을 매일 하고 있고, 이미 몇 가지 긍정적인 면을 발견했다는 것이 정말 흥미롭네요. 양치질이 그 자체로 반드시 유쾌하거나 즐거운 것은 아니지만 ○○ 씨는 긍정적이거나 의미 있는 결과를 발견할 수 있어요.

**내담자**: 네, 그런 것들을 알 수 있어서 좋았어요. 제 생각에는 직장에서 있었던 논쟁 사건에도 이와 비슷하게 긍정적인 면 찾기를 어떻게 적용할지 알 수 있을 것 같아요. 예를 들어, 저는 더 이상 제 정서를 억누르고 싶지 않았기 때문에 동료에게 불만을 이야기하는 것이 중요하다는 것을 알아요. 제 정서를 억누르는 게 저를 비참하게 만들고 있었거든요.

**치료자**: 제가 듣기에는 가슴에 있던 속상함을 털어놓고 동료에게 솔직하게 이야기할 수 있었다는 점이 긍정적인 면이라고 말씀하신 것 같아요.

**내담자**: 네, 그리고 제 자신을 위해 목소리를 내는 것도 중요했어요. 저는 항상 그렇게 하는 것은 아니지만, 사람들이 저를 친절하게 대하지 않을 때 그냥 넘어갈 때가 있어요. 비록 그 일이 불쾌할지라도 제 자신을 옹호하는 것은 좋은 일이었어요.

**치료자**: 아주 잘하셨어요! 이 언쟁 사건에서 긍정적인 면을 몇 가지 더 찾아보도록 해요.

다음 장면에서 내담자는 긍정적인 면에 초점을 맞추면서, 내담자의 삶에는 엄청난 도전인 것들을 치료자가 과소평가하거나 인정하지 않을까 봐 염려한다.

**내담자**: 선생님이 제가 삶에서 긍정적인 면을 찾길 바라신다는 건 알지만, 지금 당장 긍정적인 면에 집중하는 건 정말 어려운 일이에요. 저는 팬데믹 기간 동안 정말 고립된 기분이었고, 사람들과 단절된 채로 하루를 보내기가 어려웠어요. 저는 외로움을 해결하지 않으면 지금보다 더 우울해지고 나빠질 것 같아요.

**치료자**: 이해해요. 저는 ○○ 씨의 외로움이 고통스럽게 느껴지고, 최근 들어 ○○ 씨에게 연결감을 느끼기가 매우 어려웠다는 것을 알고 있어요. 최근에 보낸 시간들이 ○○ 씨에게 얼마나 힘든 시기였는지, ○○ 씨에게 유대감이 얼마나 중요한지를 평가절하하고 싶은 것이 아니에요. 하지만 우리가 함께하는 이 작업의 특성을 다시 한번 되돌아보고, 치료에서 긍정적인 생각에 특히 집중하는 이유에 대해 우리가 같은 관점으로 볼 수 있는 시간을 가져 보면 좋겠어요.

**내담자**: 좋아요. 그렇게 하면 도움이 될 것 같아요. 제가 마주한 어려움을 우리가 무시하는 것 같아 정말 기분이 좋지 않았거든요.

**치료자**: 우리가 이것에 대해 이야기할 시간을 따로 마련하게 되어 정말 기뻐요. 긍정적인 것을 알아차리는 것으로 치료의 초점을 옮기는 한 가지 이유는, 때때로 우리가 결과를 바꿀 수 없는 상황에 처하기 때문이에요. 예를 들어, 치료의 첫 번째 단계에서 몇 가지 사회 활동을 추가하기 시작했지만 ○○ 씨가 팬데믹으로 인해 할 수 있는 일이 제한되었어요. 이런 현실을 감안할 때 이미 존재하는 긍정적인 것을 인식하는 것이 중요한데, 이것이 ○○ 씨에게 관점의 변화와 정서의 변화를 줄 수 있어요. 이러한 모든 기술이 인생에서 직면할 수 있는 어려운 문제를 '해결'할 수 있는 것은 아닙니다. 그 대신, 이러한 기술 중 일부는 힘든 경험이 불가피하게 발생할 때 부정적인 정서와 어려움을 더 잘 다루는 데 도움이 될 수 있기에 유용하다고 생각해요.

**내담자**: 이해가 되네요. 긍정적인 면이 제가 겪고 있는 어려움을 사라지게 하는 게 아니라, 그런 어려움에 대처하도록 도울 거라고 말씀하시는 것 같아요.

치료자: 정확해요. 사실 긍정적인 면 찾기 활동은 ○○ 씨가 이전에 생각했던 것보다 사회적 관계를 더 많이 맺고 있다는 것을 인식하는 데 도움이 될 수 있고, 이는 외로움이라는 정서를 어느 정도 줄일 수 있습니다. 그렇긴 하지만, 우울한 기분에 영향을 미치는 힘든 경험들을 인정하는 것이 중요해요. 그리고 방금 ○○ 씨가 말씀하신 것도 사실입니다. 긍정적인 면 찾기 기술은 ○○ 씨가 직면한 상황에서 긍정적인 측면 몇 가지라도 발견하는 데 도움이 돼요. 이것은 부정적인 측면을 무시하거나 최소화하는 것이 아니라 보다 긍정적인 사고를 함으로써 더 좋은 정서로 이어질 수 있어요.

내담자: 선생님 말씀이 도움이 되네요. 이해했어요.

치료자: 좋습니다. 그리고 긍정적인 면 찾기 기술을 연습하는 것이 장기적으로 도움이 된다는 점을 말씀드리고 싶어요. 우리의 뇌는 종종 상황의 부정적인 측면을 확인하고 거기에 집중하는 데 익숙한데, 주어진 상황에서 긍정적인 측면을 더 많이 찾아내고 거기에 집중하도록 뇌를 훈련하는 데는 많은 연습이 필요해요. 긍정적인 생각은 근육을 강화하는 것과 같아요. 그럴 수 있는 유일한 방법은 반복적이고 의도적으로 연습하는 거예요. 우리의 뇌가 긍정적인 면에 주의를 기울이도록 더 많이 훈련하면, 나중에 우리가 어려운 상황을 경험할 때 보다 더 균형적인 생각을 할 수 있게 돼요.

내담자: 긍정적인 생각이 지금은 낯설기도 하고 어려울 수 있지만, 나중에는 결실을 맺을 것이고, 결국에는 좀 더 자연스럽게 느껴진다는 점을 기억할 필요가 있네요.

## 사례 #3

다음 장면에서 내담자는 상황을 얼마나 잘 회피했는지를 긍정적인 면으로 보는 반면, 치료자는 회피를 부적응적인 것으로 보고 있다.

치료자: 자. 지난주에 다소 어려웠거나 부정적인 경험에서 긍정적인 면 찾기 활동을 적용해 보는 연습을 해 볼게요.

내담자: 네. 제가 참석했던 친구의 줌(zoom) 생일 파티로 시도해 볼 수 있을 것 같아요. 파티를 앞두고 제 사회 불안이 정말 높아졌고 파티에 있는 도중에도 꽤 안 좋았어요.

치료자: 좋아요. 거기서 긍정적인 면을 확인할 수 있나요? 그 상황에서 어떤 긍정적인 면이 있을

까요?

**내담자**: 음. 파티가 진행되면서 불안이 줄어들었어요. 저는 요즘 다들 그렇듯이 파티에 늦게 갔고, 그래서 보통 파티가 시작될 때 해야 하는 잡담을 할 필요가 없었죠. 그리고 대부분의 시간 동안 저는 침묵했고 많이 말하지 않았어요. 그래도 긍정적인 면은 제가 불안을 낮게 유지하는 방법을 찾았다는 게 아닐까요?

**치료자**: 제가 듣기로는 침묵을 유지하고 다른 사람이 하듯 늦게 파티에 가는 것이 단기적으로는 도움이 되었던 것 같네요. 그 순간에 불안이 낮아졌으니까요. 그런데 이 기술을 사용하면 불편함이나 불안을 경험했음에도 불구하고 그 상황에서 긍정적인 면에 초점을 맞추는 것이 실제로 더 도움이 될 수 있어요.

**내담자**: 그럼 저의 불안에 초점을 맞추라는 말씀이세요?

**치료자**: 그렇지는 않아요. ○○ 씨가 그 사건을 앞두고 있을 때나 사건이 일어나는 중에 불안을 경험했음에도 불구하고 상황의 긍정적인 측면에 초점을 맞출 수 있는지 궁금해요. 이 기술은 우리가 일반적으로 간과하거나 인식하지 못할 수도 있는 긍정적인 측면을 찾도록 뇌를 훈련하는 거예요. 예를 들어, ○○ 씨가 결국 파티에 가기로 한 부분이 긍정적인 것 같아요. 아까 불안감을 느낀다고 하셨는데, 늦긴 했지만 결국 파티에 참석하셨잖아요. ○○ 씨가 보기에 긍정적인 면인 것 같나요?

**내담자**: 네, 제가 파티에 참석했다는 것은 확실히 긍정적이라고 생각해요. 저는 약속을 잘 깨 버리고 넘어가 버리는 사람으로 유명하거든요. 제가 거기에 참석할 자신감을 가졌다는 것은 확실히 긍정적인 면이에요.

**치료자**: 잘했어요. ○○ 씨가 또 다른 긍정적인 면을 생각해 보시겠어요?

**내담자**: 음…… 글쎄요. 두 번째 긍정적인 면은 제가 친구와의 약속을 지켰다는 거예요. 저는 친구의 초대에 알겠다고 답장을 보냈고 끝까지 지켰어요. 제가 별로 말은 안 했지만, 제가 파티에 참석한 것이 내 친구에게는 의미 있는 일이었다는 걸 알고 있어요.

**치료자**: 물론이죠. 그 경험에서 배운 점이 있나요? 아니면 앞으로 도움이 될 만한 것이 있을까요?

**내담자**: 생각해 볼게요……. 아시다시피, 저는 제가 불안하더라도 일찍 자리를 떠나지 않고 파티가 끝날 때까지 거기에 머무를 수 있다는 것을 배웠던 것 같아요. 물론, 저는 침묵을 지키고 말을 많이 하지 않았지만 그것을 견뎌 냈죠. 불안감 때문에 죽지는 않더라고요. 다음 모임에는 좀 더 자신 있게 나갈 수 있을 것 같아요.

**치료자:** 대단해요. 저는 두 가지 긍정적인 점이 보이네요. ○○ 씨는 이 경험을 통해 자신이 이겨
낼 수 있다는 것을 배웠지요. 그리고 다음에는 더 자신감을 가지고 참석할 수 있을 거예요.

**내담자:** 맞아요! 긍정적인 면이 꽤 많네요.

## ☺ 긍정적인 면 찾기 문제 해결

**긍정적인 면 찾기** 활동에서 발생하는 가장 일반적인 문제 중 하나는, 내담자의 관점에서는 이 기술이 자신이 직면한 '진짜' 문제를 해결하지 못하기 때문에 효과적이지 않다고 생각하는 것이다. 내담자는 일반적으로 고통이 최고조에 달했을 때 도움을 구하며, 부정정서 경험과 부정적인 사건에 집중하여 이를 이해하거나 해결하고자 하는 강한 욕구를 가지고 있다. 긍정정서치료(PAT)에서 치료자의 목표는 내담자의 고통과 원치 않은 상황에 대한 타당화, 그리고 긍정적인 것에 주의를 기울임으로써 기분을 개선하는 것의 가치에 균형을 맞추는 것이다. 긍정적인 것에 주의를 기울임으로써 부정적인 정서나 부정적인 사건의 발생이나 영향이 줄어들고, 내담자는 부정적인 정서나 부정적인 사건을 보다 효과적으로 관리할 수 있는 보다 나은 '정서적 공간(emotional place)'에 머무르게 된다. 또한 치료자에게는 이 치료 전략의 초점이 부정성의 끌어당김을 해결하는 것임을 내담자에게 강조할 수 있는 기회가 되기도 하는데, 이는 내담자가 부정성에서 벗어나 긍정성으로 전환하는 법을 학습할 수 있게 하기 위함이다.

내담자가 부정적인 경험에 대해 이야기하는 것에 끌리더라도 치료자는 계속해서 긍정적인 것에 주의를 다시 집중하게 도울 것이므로 좌절하는 경우가 생길 수 있음을 내담자에게 알릴 수 있다. PAT의 표적은 부정적인 것에 지나치게 끌리는 태도이다. 따라서 치료자는 부정적인 사건에 대한 끌림, 부정적인 것에 머무름으로써 생기는 부정적 영향을 인정해 주고, 주의 전환을 통한 정서 조절의 가치를 중요하게 다룰 수 있다. 치료자는 부정적인 정서와 사건이 내담자의 삶에서 중요하며, 부정적인 것을 직접 표적으로 삼는 것이 안도감을 찾는 유일한 (또는 최선의) 방법이 아니라는 점을 내담자에게 알려 줄 수 있다. 이 치료법은 긍정적인 능력을 구축하여 부정적인 정서와 사건의 중요성이 줄어들게 하거나 더 잘 관리할

수 있게 한다.

　치료자는 부정적인 경험을 무시하는 것이 이상하거나, 낯설거나, 심지어 위험하게 느껴질 수 있다는 것을 타당화해 줄 수 있지만, 그럼에도 불구하고 내담자가 부정적인 사건 속에서도 긍정적인 것에 재초점화하는 것이 지닌 힘을 평가하도록 권장할 수 있다. 긍정적인 면에 주의를 기울임으로써 얻을 수 있는 이점은 내담자가 이러한 기술에 얼마나 의지하느냐에 달려 있는데, 내담자가 부정적인 면에 집중하려는 욕구에 지속적으로 이끌릴 수 있기 때문이다. 이럴 때는 '훈련'이라는 개념이 도움이 될 수 있는데, 긍정성 근육을 부정성 근육보다 더 강하게 키우는 훈련을 말한다. 내담자가 치료적 근거에 동의했음에도 불구하고 계속해서 부정적인 것에 초점을 맞추는 경우가 생길 수 있다. 이런 경우 치료자는 내담자의 마음을 타당화한 다음 치료의 근거를 상기시킬 수 있다.

　때때로 내담자들은 어떤 상황에서 긍정적인 면을 하나도 생각할 수 없다고 말한다. 이 경우, 특히 부정적인 기분 상태에 있을 때 긍정적인 특징을 찾기 어렵다는 것을 인정해 준다. 그리고 이 치료법의 기술 구축 측면을 다시 언급하고, 긍정적인 속성을 식별하는 데 어려움이 있다는 사실 자체가 이 치료 접근 방식이 적절하다는 것을 나타내는 것임을 설명한다. 그런 다음 양치질, 손톱 깎기, 하품과 같이 별것 아니게 사소해 보이는 일이나 일상적인 것에서 긍정적인 일을 찾아보도록 한다.

　내담자의 개인력에는 **긍정적인 면 찾기 기술**이 적절하지 않은 사건, 특히 외상성 사건이 있을 것이다. 트라우마에 대해 이야기하는 것은 강렬한 정서를 유발할 수 있으며 이는 특정한 주의 기술 범위를 벗어난다. 어떤 사람들은 트라우마 이후에 의미와 성장을 발견할 수 있지만, 일반적으로는 트라우마 초점 치료를 통한 더 광범위한 작업이 필요하다. 그러므로 우리는 외상 경험에서 긍정적인 면 찾기 기술을 적용하는 것을 권장하지 않으며, 적어도 이전에 외상에 대한 지속노출(prolonged exposure)치료 또는 인지처리치료(cognitive processing therapy)가 진행된 적이 없는 경우에는 권장하지 않는다.

　발생할 수 있는 또 다른 문제는 내담자가 공황, 불안 또는 압도적인 고통으로 인해 상황을 피할 때이다. 이러한 경우, 내담자가 회피를 긍정적으로 생각하지 않도록 하고, 상황의 다른 긍정적인 특징을 파악하도록 시도한다(예: 내담자가 불안함에도 불구하고 그 상황에 임했고, 다음에는 다르게 행동할 수 있는 것을 배웠다는 점).

　마지막으로, 일부 내담자는 긍정적인 면에 주의를 기울이는 데 문제가 없다고 보고할 수 있다. 이러한 경우 이 장을 건너뛸 수 있지만, 내담자가 진행하면서 부정적인 면을 향한 편향이나 개선의 여지를 발견할 수 있으므로 일반적으로는 이 장을 그대로 진행하는 것을 권한다.

## 주인의식 갖기

　이 장의 다음 기술인 **주인의식 갖기(Taking Ownership)**는 내담자가 긍정적인 결과에 자신이 기여한 것에 대해 공로를 인정하도록 가르친다. 이 기술은 특히 보상 학습 또는 자신의 행동으로 보상을 얻을 수 있다는 것을 깨닫는 것을 목표로 한다. 우울증과 무쾌감증은 편향된 귀인 양식과 관련이 있다. 즉, 부정적인 결과는 자신에게 귀인하고 긍정적인 결과는 다른 사람이나 상황에 귀인하기 때문에 적절한 공로를 인정받는 것은 중요한 기술이다. 긍정적인 결과를 자신에게 귀인하지 않게 되면 보상 학습(즉, '내가 이 행동을 하면 긍정적인 결과를 얻을 가능성이 높다')이 제한될 뿐만 아니라, 미래에 보상으로 이어질 가능성이 있는 행동에 참여하려는 동기도 감소한다.

　먼저, 사람들이 자신의 행동이 어떻게 좋은 결과를 가져다주는지 인식하는 데 어려움을 겪는 것이 일반적이라는 점을 내담자에게 알리는 것으로 시작한다. 예를 들어, 상황이나 사건이 잘 진행되면, 개인은 긍정적인 결과를 자신의 기여가 아닌 행운에 귀인할 수 있다. 내담자에게 이 말에 공감이 되는지 물어보라. 그런 다음 이러한 귀인 편향의 영향, 특히 우리의 행동이 긍정적인 사건에 어떻게 기여하는지 인식하지 못하면, 어떤 행동으로 긍정적인 결과를 얻게 되더라도 미래에 동일한 행동을 시도할 가능성이 줄어든다는 점에 대해 논의하라. 사건에 대한 우리의 기억과 과거 행동이 미래 사건에 대한 청사진이 되기 때문이다. 우리의 행동이 긍정적인 사건에 어떻게 기여했는지 인식하게 되면 그 행동이 강화되고 미래에 더 많은 긍정적인 사건으로 이어질 것이다. 이는 또한 긍정적인 결과로 이어질 수 있는 또 다른 행동에 대한 기대와 동기에 기여할 것이다. 우리 자신이 긍정적인 결과에 기여할 수 있다는 것을 아는 데서 생기는 통제감이 그 방향으로 행동하도록 동기를 부여하기 때문이다. 우리 삶에서 일어나는 긍정적인 사건에 대해 주인의식을 갖는 것은 이러한 긍정적인 사건이 존재한다는 것을 알아차리는 것만큼이나 중요하다. 삶에서 긍정적인 사건을 일으키기 전에, 우리는 먼저 자신이 특정한 긍정적인 것들에 직·간접적으로 영향을 미칠 수 있다는 것을 믿어야 한다.

　다음으로, 치료자는 내담자에게 비교적 최근에 발생한 긍정적인 사건(예: 치료에 오기, 친구와 즐거운 시간 보내기, 자원봉사)을 식별하고 내담자에게 [활동 6-2] **주인의식 갖기**를 사용하여 그 사건에 자신이 기여한 점을 식별하고 이에 관심을 기울이도록 요청한다. 이 활동을 완료하는 데 시간이 걸릴 수 있지만 끈기를 갖고, 창의력을 발휘하고, 내담자가 결과에 기여할 수 있었던 아주 사소한 것이라도 식별하는 것이 중요하다. 다음은 내담자가 긍정적인 결과에 대해 주인의식을 갖고 '깊이 생각해 보도록'(또는 숙고하고 인정하도록) 하는 것이 도움된다. 이를 위해 내담자는 거울을 보면서 자신이 무엇을 기여했는지 글로 쓴 다음, 소리 내어 말해 볼 수 있다. 여기서 목표는 내담자의 보상 경험을 심화하는 것이다. 치료자는 내담자가 자신의 기여를 소리 내어 말할 때 긍정적인 신체 움직임(예: 미소)을 표현하도록 격려할 수 있다. 소리 내어 읽은 후에는 조용히 앉아서 자신이 기여한 바에 대해 생각해 볼 수 있다. 그다음에는 내담자에게 자신의 기분을 재평가하고 정서 반응을 명명하여 정서 경험을 심화하고 보상을 학습하도록 요청하라(즉, '긍정적인 사건에 자신이 기여한 것을 깊이 생각해 봄으로써 더 긍정적인 기분이 느껴진다').

##  주인의식 갖기 과제

내담자는 워크북의 활동지를 복사하여 사용할 수 있다. 과제로 내담자에게 매일 **주인의식 갖기** 활동을 완료하도록 한다.

##  주인의식 갖기 사례

### 사례 #1

다음 내담자의 문제는 자신이 가치가 없기 때문에 긍정적인 결과에 대해 어떠한 공로도 인정받을 만한 자격이 없다고 느끼는 것이다.

**치료자**: 지난주에 있었던 긍정적인 사건에 ○○ 씨가 어떻게 기여했는지 파악하는 연습을 해 봅시다. ○○ 씨가 생각하기에 예를 들 만한 좋은 일이 있었나요?

**내담자**: 어젯밤 가족과 함께 즐거운 저녁 식사를 했지만, 제가 그 일을 위해 무엇을 했는지는 잘 모르겠어요.

**치료자**: 그에 대해 좀 더 말씀해 주세요.

**내담자**: 앞서 말했듯이 저는 요즘 일과 아이들을 돌보는 일을 제대로 잘 해내지 못했기 때문에 꽤 우울한 기분이 들었어요. 항상 일이 잘못되고 집이 엉망이 된 것은 제 잘못이라고 느껴요.

**치료자**: 네, 확실히 ○○ 씨에게는 할 일이 정말 많네요. 일이 잘못되면 모든 비난을 ○○ 씨 자신이 짊어지는 일이 자주 있나요?

**내담자**: 항상 그래요. 저는 제대로 할 수 없다는 느낌이 들어요.

**치료자**: 그러면 일이 잘될 때는 어떻게 하나요? 긍정적인 일에 대해서도 자신의 '탓'이라고 생각하나요?

**내담자**: 아니요. 물론 아니죠. 저는 그런 공로를 인정받을 만한 자격이 없어요.

**치료자**: 나쁜 일에 대해서는 자신이 모든 책임을 지려 하고 좋은 일에는 아무런 공을 인정하지 않는 경우는 흔히 있는 일이에요. 생각해 보면 정말 불공평해요! 이 기술의 목적은 우리가 삶에서 긍정적인 사건에 기여할 때 그것을 알아차리도록 뇌를 훈련시켜서 이러한 경향의 균형을 맞추는 것입니다. 처음에는 어렵게 느껴질 수 있지만 연습을 통해 이것이 더 쉬워지고 자신에 대한 느낌을 개선하는 데 도움이 될 수 있습니다.

**내담자**: 그렇게 말씀하시니, 제가 제 자신에게 그렇게 하는 것이 한쪽으로 치우친 것 같다는 생각이 드네요. 하지만 저 자신이 쓸모없다고 느끼지 않을 수 없어요.

**치료자**: 이것을 시도해 보면 어떨까요? 어젯밤의 즐거운 저녁 식사 시간으로 돌아가 봅시다. 저녁 식사로 무엇을 하셨나요? 예를 들어 그 계획을 세운 사람이 ○○ 씨였나요?

**내담자**: 글쎄요. 나는 매일 밤 아이들을 위해 저녁을 차려야 해요. 그러니 네, 저는 가족을 위해 파스타를 만들었어요.

**치료자**: 좋아요! 그러면 한 가지 중요한 기여는 식사를 만들었다는 거네요. 식사를 만들기 위해 어떤 것들을 하셨나요? 물이 저절로 끓었나요?

**내담자**: 선생님이 맞는 것 같아요. 저는 미리 생각해서 재료를 사러 가고, 아이들이 좋아하는 파

스타 소스를 만들기 위해서 재료를 준비하고 샐러드를 만들었어요.

**치료자:** 와, ○○ 씨가 저녁 식사에 기여한 점을 세 가지 더 생각해 내셨네요. 제가 듣기에는 ○○ 씨가 아주 사려 깊게, 심지어 아이들이 무엇을 먹고 싶어 할지 미리 생각하셨네요. 자상한 엄마가 되어 아이들의 취향을 신경 쓴 것도 즐거운 저녁 식사에 기여한 점이라고 생각하시나요? 몇 가지 더 추가해 봐요.

**내담자:** 네, 제 자신이 생각하는 것보다 저는 더 나은 엄마라는 생각이 드네요. 그리고 제가 여동생을 초대했는데, 제 아이들이 항상 이모와 만나는 걸 좋아한다는 것을 알고 있기 때문이에요. 우리는 모두 함께 즐겁게 시간을 보냈어요. 제가 몇 가지 아이디어를 낼 수 있었다는 사실에 놀랐어요. 내 마음속에는 그 저녁이 그저 또 다른 하루였지만, 이렇게 나눠서 보니 제가 그것을 실현하기 위해 했던 작은 일들을 모두 볼 수 있네요.

**치료자:** ○○ 씨 말이 맞아요. 이러한 경험을 대충 훑어 보면 무시하기가 매우 쉽지요. 하지만 ○○ 씨의 노력으로 자신이 정말 아끼는 가족들에게 긍정적인 영향을 미친 것 같아요.

## 사례 #2

다음 장면에서 내담자는 주인의식을 수용하는 것이 편하지 않고 그렇게 하는 것에 대해 판단받을까 봐 두려워한다.

**내담자:** 저는 제가 잘한 것에 대해 이야기하는 것을 좋아하지 않아요. 이 기술에 너무 능숙해지면 제가 오만해지지 않을까요?

**치료자:** ○○ 씨가 걱정하시는 것을 더 이해하고 싶어요. ○○ 씨가 기여한 점에 대해 인정해 주는 것이 오만하다는 것을 어디서 배웠던 걸까요?

**내담자:** 제가 생각하기에는 그게 항상 제 가족의 가치관 중 하나였어요. 저희 부모님은 저에게 다른 사람보다 나은 사람은 없고, 자신의 성취를 자랑하는 것은 자만심이라고 가르치셨어요. 만일 저희 부모님이 제가 이런 식으로 말하는 것을 보시면 아마 저에게 뭐라고 하실 거예요.

**치료자:** 다른 사람들에게 과도하게 자랑하는 것과 긍정적인 사건에 기여한 것을 스스로 알아차리는 것을 구별하는 것이 중요하다고 생각해요. 거기에 차이점이 있을까요?

**내담자:** 그게 반드시 다른 사람을 깎아내려서 기분 나쁘게 하거나 다른 사람과 비교하는 것을 의미하지는 않는다는 것은 알아요. 하지만 저 자신을 위해 제가 잘한 것을 알아차리는 것이 왜 도움이 되나요?

**치료자:** 좋은 질문이에요. 많은 우울한 사람은 좋은 일이 생겼을 때 자신의 역할을 무시하는 경향이 있는데, 이것이 기분을 더 안 좋게 만들고 무력감으로 이어지게 해요. 게다가 우리 삶에서 긍정적인 것들에 대해 자신이 기여한 바를 인정하지 않으면 미래에 긍정적인 사건이 일어날 가능성이 줄어들어요. 왜 그럴까요?

**내담자:** 확실하지는 않지만, 좋은 일이 생기면 우연히 일어난 일이거나 운이 좋았던 것 같다는 생각이 들어요. 어쩌면 제가 기여했다는 것을 깨닫게 되면 제 통제력을 높이는 데 도움이 될 수 있을까요?

**치료자:** 정확해요! 우리의 기여를 무시하는 것은 긍정적인 일이 또다시 일어날 가능성을 줄일 수 있어요. 자신이 긍정적인 일들을 만들어 내는 방법을 결코 배우지 못하기 때문이에요. 반대로, 우리의 기여를 인정하는 것은 효과적인 일을 더 많이 하게 되어 미래에 긍정적인 결과가 발생할 가능성을 높이는 데 도움이 될 수 있어요.

**내담자:** 알겠어요. 이제 이해돼요. 좀 이상하게 느껴지더라도 그것을 시도해 봐야겠어요.

**치료자:** 좋습니다! 이 치료나 인생의 모든 새로운 기술과 마찬가지로 처음에는 불편할 수 있지만 연습하다 보면 더 쉬워질 거예요. 예를 들어 생각해 볼게요.

## 사례 #3

다음 상황에서 내담자는 자신이 기여한 바에 대해 긍정정서를 느끼면 거기에 안주하게 될까 봐 두려워한다. 내담자는 자신이 의무적으로 '해야 할' 일을 한 것이라는 신념 때문에 긍정적으로 느끼는 것을 스스로 허용하지 않는다.

**내담자:** 계속 제 자신을 격려해 주면 제가 안일해지지 않을까요? 불안이 나의 원동력 중 하나라서 학업에 대한 동기가 더 줄어들까 두려워요.

**치료자:** 좋은 성적을 받고 대학을 졸업하는 것과 같은 학업 목표가 ○○ 씨에게 얼마나 중요한지 이야기하셨네요. 실패에 대한 두려움과 자기비판적인 생각, 불안이 단기적으로 동기부여

가 될 수 있는 것처럼 들려요. 그런데 걱정에 사로잡히는 것이 장기적으로는 ○○ 씨의 에너지와 동기에 어떤 영향을 미칠까요?

**내담자:** 저는 항상 지쳐 있고 아드레날린이 소진되면 탈진해요. 하지만 너무 느긋해지거나 너무 긍정적인 상태가 되는 건 두려워요.

**치료자:** 이번 주에 그 기술을 시도해 볼 수 있을까요? 우리는 실험처럼 ○○ 씨가 기여한 것에 대해 주인의식을 갖는 것이 실제로 ○○ 씨의 동기에 영향을 미치는지 테스트해 볼 수 있어요. 사실 성취감, 자부심, 흥분과 같은 긍정적인 정서는 종종 우리에게 활력을 주고, 특히 미래에 더 많은 일을 할 수 있도록 해 주지요.

**내담자:** 시도해 볼 마음이 있어요. 전 단지 제가 마땅히 해야 할 일인데 나 자신에 대해 좋게 느낀다는 게 싫어요. 부모님이 대학 등록금을 내고 계시기 때문에 좋은 학생이 되는 것이 저의 의무예요. 저는 저 자신을 자랑스러워할 권리가 없어요.

**치료자:** 저와 그런 마음을 나누어 주셔서 기뻐요. '해야 한다'는 생각은 우리 자신을 정말 가혹하게 만들 수 있어요. 대학 친구 중 한 명을 상상해 봅시다. 친구가 시험을 잘 보고 나서 자부심을 느낀다면 ○○ 씨는 그 친구를 비판하나요?

**내담자:** 아니요. 저는 친구가 잘돼서 기쁘고 제 친구가 기분이 좋기를 바라죠.

**치료자:** 제가 듣기로는 ○○ 씨가 누군가 자신의 성취를 공유하면 ○○ 씨도 기분이 좋아진다고 들리네요! 친구들이 시험을 잘 보기 위해 공부한 것에 대해 자랑스러워하는 것이 왜 도움이 될 수 있다고 생각하시나요?

**내담자:** 긍정적인 강화 같은 거니까요. 그렇죠? 그러면 친구들이 보람을 느끼고 앞으로 공부할 의욕이 더 생길 수 있어요.

**치료자:** 정확해요! 이 논리를 자신에게 적용하면 어떨까요? 이번 주에 발생한 긍정적인 사건에 대해 ○○ 씨가 기여한 점을 찾아서 예로 들어 봅시다.

**내담자:** 저는 이번 주 초에 생물학 중간고사를 정말 잘 봤어요. 공부에 도움이 되는 암기 카드를 만들었어요. 저는 90%를 맞혔는데, 나머지 제가 틀린 10%에 연연하지 않을 수 없어요.

**치료자:** 암기 카드를 만들기 위해 노력한 것을 찾으셨네요! 저는 마음이 부정적으로 흘러가는 자연스러운 경향을 ○○ 씨가 알아차리고 계신다는 점도 인상적이에요. 저는 ○○ 씨의 실수나 개선의 여지를 무시해야 한다고 제안하는 것이 아니에요. 그 대신, ○○ 씨가 맞힌 90%에 기여한 일을 제대로 이해하는 것도 똑같이 중요하다고 볼 수 있는지 궁금해요. 이 주인

의식 갖기 기술은 우리의 뇌가 자신의 긍정적인 행동에 집중하도록 훈련시키는 거예요.

**내담자:** 제가 잘못한 것을 무시할 필요가 없고 제가 집중하는 것에 균형을 맞추는 것이군요. 그럼 기분이 좀 나아지네요.

## 🙂 주인의식 갖기 문제 해결

일부 내담자들에게는 긍정적인 사건을 식별하는 것이 가장 어려운 부분일 수 있다. 치료자는 이를 인정하고, 삶에서 긍정적인 사건을 식별하는 것이 내담자가 연습해야 할 또 다른 중요한 기술임을 강조한다. 자신의 삶에 긍정적인 경험이 없다고 보고하는 내담자의 경우 **긍정적 활동 계획하기**([활동 5-5])에서 완료한 활동을 포함할 수 있다. 또는 내담자에게 오늘 치료에 오기 위해 해야 했던 것들이 무엇인지 물어볼 수도 있다.

무쾌감증과 우울한 기분은 흔히 긍정성(개인이 긍정적인 결과에 기여하는 방법도 포함)을 무시하게 만들기 쉽다. 내담자가 주인의식에 대한 성찰을 통해 자신의 행동이 어떤 긍정적인 결과에 어떻게 기여했는지 깊이 생각해 보도록 독려하라.

때때로 내담자는 자신이 자격이 없다고 생각하기 때문에 사람들에게 부정적인 평가를 받을까 봐 걱정하여 긍정적인 기여를 말하는 것에 대해 두려움을 표현할 수 있다. 이런 경우 내담자는 부정적인 정서나 부정적인 사건을 무책임하게 무시하고 있는 것은 아닌지 걱정할 수 있다. 다시 말하지만, 내담자의 정서들을 타당화하고, 내담자의 그런 염려가 부정성의 끌어당김을 보여 주는 것이라는 사실을 전달하며, 부정성에 의한 끌어당김을 약화시키는 방법은 긍정적인 요소에 대신 초점을 맞추는 것임을 배우는 것이 가치 있음을 균형 있게 다루도록 하라.

내담자는 자신의 부정적인 인생이라는 큰 그림에서 볼 때 이 기술이 그다지 가치가 높지 않다는 의견을 드러냄으로써 이 기술에 대한 의심을 표현할 수 있다(예: '내 인생에 많은 문제가 있는데 나의 사소한 기여를 인정하는 것이 왜 중요한가요?'). 여기서 치료자는 이러한 우려를 인정해 주면서 긍정적인 능력을 키우면 내담자가 덜 압도될 수 있고 삶의 부정적인 부분에 더 잘 대처할 수 있다는 점을 다시 강조한다.

# 긍정적인 상상하기

　이 장에서 다루는 마지막 기술은 **긍정적인 상상하기(Imagining the Positive)**로, 이 기술은 보상에 대한 기대 및 동기부여, 보상 획득에 대한 음미를 목표로 한다. 또한 각 활동 전후에 내담자가 자신의 기분을 평가하도록 함으로써 보상 학습에서 이차적인 효과를 얻게 된다. 이 기술은 우울증과 무쾌감증의 특징인 긍정적 심상의 빈약성(Holmes et al., 2016)과 모호한 정보를 부정적으로 해석하는 편향(Rude et al., 2002) 문제에 초점을 둔다.

　내담자에게 미래에 일이 잘 진행될 것이라 상상하거나 예상하는 데 어려움이 있는지, 미래에 일이 잘 진행되지 않을 것이라고 가정하는지를 탐색함으로써 이 주제를 소개한다. 그런 다음 부정적인 결과를 예상하는 것이 어떤 영향을 미치는지를 탐색할 수 있다. 상상은 미래의 행동에 대한 청사진이 될 수 있다. 상황이 잘 풀리는 것을 상상하는 것은 개인에게 그 사건이 잘 풀리게끔 반응하는 방법을 가르치고 준비시킬 수 있으며, 그러한 사건이 잘 풀릴 가능성을 높이는 데 기여할 수 있다(하지만 이 기술은 긍정적인 결과를 보장하지는 않으며 단순한 예언과 혼동해서는 안 된다). 보다 더 생생하게 시각화할수록 기분이 좋아질 가능성이 높다는 근거가 있으므로, 내담자가 이 기술에 모든 감각(시각, 청각, 후각, 미각, 촉각/온도)을 사용하도록 독려하라.

　내담자에게 다음 주에 발생할 것으로 예상되는 사건이 무엇이 있는지 생각해 보게 하라. 예를 들어, 다음 치료 일정에 가거나, 친구를 만나거나, 직장에서 발표하는 것이 포함될 수 있다. [활동 6-3] **긍정적 상상하기**는 내담자 워크북과 이 책의 부록에 수록되어 있으며, 내담자는 시각화를 시작하기 전에 자신에게 잘 진행되고 있는 상황에 대해 작성한다. 몇몇 내담자는 시각화를 하기 전에 미래 사건을 긍정적으로 작성하지 않으면 시각화를 시작하는 데 어려움을 겪는다.

　그런 다음 **순간을 향유하기**와 유사하게 내담자가 시각화를 실시하도록 한다. 다음 제시된 단계를 사용하여 내담자가 현재 시제로 사건을 소리 내어 말하면서 미래에 일이 잘 되어 가는 상황을 시각화하도록 안내한다.

☑ 모든 감각을 사용하여, 상황을 긍정적으로 마음속에 그려야 한다는 것을 상기시킨다.

☑ 상황을 부정적으로 상상하려는 경향이 나타나거나 그러한 충동을 느낄 수 있음을 안내하고, 그럼에도 불구하고 내담자가 긍정적인 방향으로 상상하기 위해 최선을 다하도록 독려한다.

☑ 어느 장면부터 상상할지 내담자 스스로 시작점을 생각해 보게 한다(예: 사건 시작 몇 분 전 또는 사건이 시작된 시점).

☑ 눈앞에 펼쳐지는 것들을 현재 시제로 말하면서, 미래 사건의 장면 속으로 천천히 걸어가 보게 한다.

☑ 내담자가 경험하고 있는 생각, 정서 및 신체적 감각을 묘사하도록 격려하기 위해 자주 멈춰 본다.

☑ 시각화 전후에는 내담자가 활동 양식에 자신의 기분을 평가하게 한다.

시각화를 시행한 후, 내담자가 상황을 상상하면서 느낀 정서를 처리하고, 시각화의 결과로 경험한 기분 변화를 강화하도록 안내한다. 기쁨, 흥분, 호기심, 행복과 같은 다양한 긍정적 정서를 명명하도록 촉진한다. 만일 내담자가 긍정적인 정서를 식별하는 데 어려움을 겪는 경우 특정 정서를 느끼는 것이 신체에서 어떻게 느껴지는지 설명하거나(예: 마음이 가벼워진 느낌, 따뜻해진 느낌), [활동 6-3] **긍정적인 상상하기**를 사용하여 식별하도록 독려한다.

과제 수행 시 [글상자 6-1]에 제시된 **긍정적인 상상하기** 시각화 대본을 사용할 수 있다.

## ☺ 긍정적인 상상하기 과제

내담자는 워크북 활동지를 복사하여 사용할 수 있다. 과제로 내담자에게 다음 한 주 동안 매일 긍정적인 미래 사건을 시각화하고, 1회당 5분 동안 실시해 보도록 하라. 내담자는 대본을 읽거나, 어떤 도움 없이 상상하거나, 대본을 읽는 자신의 목소리를 녹음하고 들으면서 연습할 수 있다.

**글상자 6-1** 긍정적인 상상하기를 위한 시각화 대본

발을 바닥에 편안하게 두고, 등을 똑바로 세우되 너무 뻣뻣하지 않게 하고, 손을 무릎에 올려 편안한 자세를 취하세요. 편안해지면 눈을 부드럽게 감거나 당신 앞에 편안히 시선을 두세요. 준비가 되었다면 당신 주변의 이미지를 떠올려 봅니다.

당신이 어디에 있는지 가능한 한 생생하게 상상하세요. 주위에 무엇이 보이는지 알아차려 보세요. 냄새…… 소리…… 온도…… 좋은 향기가 느껴지시나요? 자연의 소리나 다른 소음이 들리나요? 따뜻한가요? 아니면 시원한가요? 상쾌한 바람이 느껴지시나요? 잠시 시간을 내어 주변을 알아차려 보세요. (잠시 멈춤)

이제 미래의 그 순간에 자신의 몸으로 주의를 돌려 보세요. 몸에서 무엇이 느껴지시나요? 아드레날린이 솟구치는 것을 느끼시나요? 긴장이 사라지나요? 심장이 두근거리거나 얼굴에 미소가 떠오르고 있나요? (잠시 멈춤)

어떤 정서가 느껴지시나요? 흥분? 평화? 기쁨? 호기심? 자비로움? 흥미로움? 여러 긍정적인 정서 중 하나를 떠올려 보고 그것이 당신의 몸에서 어떻게 느껴지는지 상상해 보세요. (잠시 멈춤)

이제 당신이 상상하는 미래 상황에 대해 생각해 보세요. 그 상황을 어떻게 하면 더 긍정적으로 만들 수 있을까요? (잠시 멈춤)

활동지에 적어 놓은 사건을 천천히 살펴보기 시작하세요. 그 긍정적인 사건을 되짚어 보면서 긍정적인 생각, 정서, 신체 감각을 주의 깊게 살펴보는 시간을 가지세요. (잠시 멈춤)

미래에 자신이 어떤 마음일지 알아차려 보세요. 미래의 당신이 어떤 정서를 느끼고 있을지…… 어떤 생각을 하고 있을지……. (몇 분 정도 시간을 준다) 준비가 되면 부드럽게 방으로 주의를 돌리면서 눈을 뜨세요.

##  긍정적인 상상하기 사례

### 사례 #1

다음 장면은 내담자가 긍정적인 일이 일어날 것이라고 믿지 않을 때 긍정적인 미래 사건

을 상상하도록 독려하는 방법을 보여 준다.

**치료자:** 미래에 일어날 수 있는 긍정적인 사건을 상상해 봅시다.

**내담자:** 저는 그게 저에게는 도움이 될 것 같지 않아요.

**치료자:** 그에 대해 좀 더 말씀해 주세요.

**내담자:** 저는 앞으로 저에게 긍정적인 일이 일어날 것 같지 않아요. 너무나 오랫동안 모든 것이 힘들게 느껴졌고, 저는 하루하루 삶에서 긍정적인 것을 경험하지 못했어요. 일어나지 않을 것 같은 일을 왜 상상해야 돼요? 더군다나 뭔가를 상상하는 것이 왜 저에게 도움이 되죠?

**치료자:** 오랫동안 우울한 기분을 경험해 왔던 입장에서 미래에 긍정적인 일이 일어날 거라고 상상하기 어려울 수 있어요. 앞서 우리가 논의했듯이, 기분과 생각은 연결되어 있고, 사람들이 우울할 때는 인생에서 일어날 수 있는 긍정적인 일들에 대해 생각하기가 훨씬 더 어려워요. 그렇긴 하지만, 우리는 긍정적인 것에 주의를 기울이면 기분이 더 긍정적으로 변한다는 것을 발견했어요.

**내담자:** 그래요.

**치료자:** 긍정적인 것에 주의를 기울이는 것은 근육을 강화하는 것과 같아요. 근육은 어떻게 강화할 수 있지요?

**내담자:** 훈련이나 연습이요?

**치료자:** 정확해요. 긍정적인 상상을 하는 것은 ○○ 씨의 뇌가 긍정적인 것에 주의를 기울이도록 연습하는 방법이에요. ○○ 씨가 긍정적인 것을 더 많이 상상할수록, ○○ 씨의 기분이 개선되는 것을 알아차릴 것이라 기대합니다. 미래에 일어날 수 있는 긍정적인 일을 생각해 볼 수 있겠어요?

**내담자:** 그렇긴 한데, 방금 말씀드렸듯이 정말 아무것도 생각나지 않아요.

**치료자:** 우리가 치료를 시작할 때 만들었던 긍정적 활동 목록을 보면 도움이 될 것 같아요.

**내담자:** 좋아요.

**치료자:** 그 목록을 보세요. ○○ 씨가 적은 것 중에서 미래에 일어날 거라 상상할 수 있는 긍정적인 일이 어떤 게 있나요?

**내담자:** 글쎄요. 저는 '딸과 함께 시간 보내기'라고 적었네요. 제 딸은 멀리 떨어져 살고 있고, 저는 그 아이를 자주 볼 수 없기 때문에 그런 일이 일어날지 확신할 수 없어요.

**치료자:** 긍정적인 사건을 잘 찾으셨어요. 딸을 만나거나 딸을 만나러 여행을 가는 것이 ○○ 씨에게 긍정적이고 매우 의미 있는 경험이 될 수 있을 것 같아요. 이 기술은 일어날 수 있는 긍정적인 일을 상상하는 것이기에, 그것이 일어날지 확신이 서지 않더라도 괜찮아요. 저와 함께 이 사건이 마치 지금 생생하게 진행되는 것처럼 상상해 볼 수 있을까요?

**내담자:** 네, 해 볼 수 있어요.

## 사례 #2

다음 장면은 내담자에게 삶의 다른 중대한 스트레스 요인이 있을 때 긍정적인 미래 사건을 상상하도록 돕는 방법을 보여 준다.

**치료자:** 오늘은 긍정적인 상상하기라고 부르는 새로운 기술을 다루어 보려고 해요.

**내담자:** 좋아요.

**치료자:** 긍정적인 상상하기는 긍정적인 것에 주의를 기울이는 또 다른 방법이에요. 일반적으로 사람들은 미래에 일어날 긍정적인 일들을 상상할 수 있을 때 기분이 더 긍정적으로 변한다고 해요.

**내담자:** 그건 마치 미래에 일어날 긍정적인 일들에 대해 생각하는 것만으로도 모든 것이 더 좋아질 거라고 말씀하시는 것 같아요. 그건 제가 보기에는 근시안적인 것 같아요⋯⋯. 제 삶에는 현실적인 문제들이 너무나 많아요. 긍정적인 것을 상상한다고 과연 제가 만성 질환을 앓고 있고, 생계를 꾸리고 아이들을 돌보기 위해 풀타임으로 일하고 있고, 지금 당장 저를 지지해 줄 친구나 가족이 없는 이런 저의 현실적인 문제들이 해결될까요?

**치료자:** 무슨 말씀인지 이해돼요. ○○ 씨의 말이 맞아요. 지금 ○○ 씨는 너무 많은 일을 한꺼번에 감당하고 계시지요. 긍정적인 것을 상상한다고 해서 이 모든 현실적인 문제가 해결되는 것은 아니에요. 그러나 긍정적인 것을 상상하는 것은 우리가 당신의 도구 상자에 추가할 수 있는 한 가지 기술이에요. 여기서 가장 중요한 목표는 긍정적인 사건을 인식하고 더 깊이 경험할 수 있는 방법을 찾는 것입니다. 긍정적인 것을 상상하는 것이 ○○ 씨의 삶에 어떤 도움이 될지 생각해 볼까요?

**내담자:** 저는 안 좋은 일이 일어날 거라고 자주 생각하거든요. 그래서 제가 만일 그런 생각을 계

속하지 않았다면 아마도 제 기분이 나아졌을 거예요.

**치료자**: 아주 좋은 지적이라고 생각해요. ○○ 씨가 부정적인 것을 예상하는 것이 실제로 기분을 더 나쁘게 만든다는 것을 경험하신 것 같아요. 그러니 긍정적인 것에 집중하면 기분이 나아질 수 있어요.

**내담자**: 알겠어요. 어떤 면에서는 도움이 될 것 같네요.

**치료자**: 긍정적인 것을 더 자동적으로 인식하고 경험할 수 있다면 삶이 어떤 모습일 것 같아요?

**내담자**: 만약 제가 좋은 일이 일어나기를 기대했다면, 저는 더 많은 일을 했을 거예요. 어쩌면 친구들을 만나거나 새로운 활동을 하려고 노력할 수도 있고요.

**치료자**: 긍정적인 것을 좀 더 자동적으로 생각하고, 예상하고, 음미할 수 있다면 삶이 조금 달라 보일 수 있을 거라는 말씀으로 들리네요. 다시 말하지만, 저는 이 기술이 ○○ 씨의 삶에서 모든 문제를 없애 줄 거라고 말씀드리는 게 아니에요. 그렇지만, 이 기술이 ○○ 씨의 기분에 변화를 줄 수 있기에 ○○ 씨가 이 기술을 시도해 볼 수 있을지 궁금해요.

**내담자**: 네. 해 볼게요.

## 사례 #3

다음 장면은 긍정적인 상상하기 기술이 기분을 더 나쁘게 만들었다고 말하는 내담자와 이 기술을 사용하는 과정을 보여 준다.

**치료자**: 미래에 일어날 수 있는 긍정적인 사건을 상상해 봅시다. 이 사건을 현재 시제로 말씀해 주시고, 그 순간에 일어나는 모든 정서와 신체적 감각을 표현해 주셨으면 해요. 이것은 첫 번째 회기에서 했던 것과 비슷하지만, 이미 지나간 일을 이야기하는 대신 미래에 일어날 수 있는 긍정적인 일에 초점을 맞출 거예요. 이 연습에 사용할 만한 긍정적인 사건이 있을까요?

**내담자**: 네. 저는 여행을 정말 좋아하고 항상 제 딸과 파리에 가서 딸에게 노트르담을 보여 주고 싶었어요.

**치료자**: 좋아요! 딸과 함께 파리에서 노트르담을 보고 있다고 상상해 본다면 무엇이 보이는지 이야기하면서 시작해 볼까요?

**내담자:** 음. 전 마침내 제 딸과 함께 여기에 오게 되어 기뻐요. 저는 딸의 손을 잡고 건물 외벽에 있는 석상을 가리켜요. 제 딸은 그게 재미있어 보인다며 웃어요. 저는 딸과 함께 건물 주변을 돌아다니면서 여기에 큰 화재가 일어났었다고 이야기해요. 저는 이 순간 울적함을 느끼기 시작해요. 몇 년 전 유학 때 파리에 다녀온 적이 있었어요. 저는 그때 활력과 기쁨, 모험심으로 가득 차 있었죠. 지금은 그 불꽃을 잃은 것 같은 느낌이 드네요. 딸에게 보여 주고 있는 이 세상이 더 어두워지고 슬퍼진 것 같아요. (내담자가 눈물을 흘린다)

**치료자:** 젊을 때 노트르담을 처음 본 이후로 ○○ 씨의 삶과 세상이 변한 모습에 슬픔을 느끼는 것이 깊이 이해돼요. 잠시 시간을 내서 이 상황에서 ○○ 씨 마음이 어떻게 부정적으로 끌려가고 있는지 살펴보고 싶어요. 딸과 함께 그 순간으로 돌아가서 이 상황에서 일어날 수 있는 긍정적인 정서와 감각을 계속 상상해 볼 수 있을까요?

**내담자:** 미안하지만 계속할 수 있을지 모르겠어요. 이게 제 기분을 더 나아지게 해야 한다는 것을 알고 있지만, 제가 원하던 곳에서 얼마나 벗어나 버렸는지 깨닫고 나니 기분이 더 나빠지네요.

**치료자:** ○○ 씨에게 이 활동이 고통스럽게 느껴졌다고 들리네요. 저는 이것이 배우고 연습해야 할 기술이라는 것을 상기시켜 드리고 싶어요. 처음에는 매우 어렵게 느껴질 수 있어요. 하지만 이런 것을 더 잘할 수 있는 유일한 방법은 계속 연습하는 거예요. 우리가 예전에 치료에서 기술을 익히는 것이 웨이트 트레이닝과 어떻게 유사한지에 대해 이야기했었어요. 이 기술을 계속 연습하면 긍정적인 것을 상상하고 그 경험을 음미하는 뇌의 능력이 강화돼요. 긍정적인 것을 상상하는 것이 좀 더 쉽다면 ○○ 씨의 기분이 달라질 수 있다고 생각하시나요?

**내담자:** 그럴 것 같아요. 아마도 제가 덜 비관적인 사람이 되겠죠. 항상 최악의 시나리오를 기대하지는 않겠지요. 좋은 일이 일어날 수 있다고 생각하는 것으로 더 긍정적인 상태가 되는 게 가능할까요? 잘 모르겠어요…….

**치료자:** 저는 ○○ 씨 말씀이 정말 옳다고 생각해요. 저는 종종 사람들이 이 기술을 사용할 수 있을 때 긍정적인 결과로 이어지는 활동에 참여하려는 동기가 더 커진다는 것을 발견해요. 긍정적인 결과가 나왔을 때, 이러한 기술을 연습하면 경험의 긍정적인 면을 더 충분히 음미할 수 있게 되어 긍정적인 정서가 증가하는 경향이 있어요.

**내담자:** 이해했어요.

치료자: 혹시 이제 이 활동이 왜 도움이 될 수 있는지 ○○ 씨가 다시 생각해 보신 뒤에 긍정적인
　　　 부분에 주의를 집중하는 연습을 다시 시도해 볼 수 있을까요?

내담자: 네, 힘들 수도 있지만 할 수 있을 것 같아요.

치료자: 좋아요. 그럼 다시 해 볼게요. ○○ 씨는 딸과 함께 노트르담에 있습니다…….

## ☺ 긍정적인 상상하기 문제 해결

　긍정적인 미래 사건을 식별하는 것이 어렵다고 말하는 내담자인 경우, **긍정적 활동 계획하
기**([활동 5-5])에 적은 과거의 활동을 한 가지 선택하여 그것을 앞으로 다가올 미래 사건이
라고 가정하여 상상할 수 있다. 몇몇 내담자는 자신이 처한 비참한 삶의 여건들을 감안할
때 이 기술이 효과적이지 않다고 생각할 수 있다. 이러한 경우 내담자의 상황을 인정하면서
이 장의 목표가 내담자 삶의 여건을 바꾸는 것이 아니라, 더 긍정적인 방향으로 기분을 재
조정하는 것이며, 그렇게 함으로써 환경을 더 효과적으로 관리할 수 있다는 것을 상기시켜
준다.

　마지막으로, 일부 내담자들은 이 기술을 연습하면서 긍정적인 미래와는 대비되는 현재
자신이 갖지 못한 것들을 떠올리게 됨으로써 이 기술이 부정적인 정서와 반추를 유도함을
경험하게 될 수 있다. 이러한 경우 내담자의 경험을 타당화하면서, 긍정적인 미래 사건을
상상하는 기술은 긍정성을 위한 근육을 키우기 위해 고안된 것임을 내담자에게 다시 한번
설명할 수 있다. 이 기술은 내담자가 긍정적인 결과로 이어질 가능성이 높은 행동에 참여하
도록 동기를 부여하고, 그러한 결과가 발생했을 때 음미하도록 유도하며, 이는 긍정정서로
이어지면서 부정정서가 완화될 것이다.

# 제7장

# 긍정성 구축하기

워크북 제7장에 해당함

## ☺ 필요한 재료 ----------------------------------------------------○

- ☑ 오디오를 재생하는 장치(대본 녹음 자료를 사용하는 경우)
- ☑ [활동 7-1] **자애**
- ☑ 자애 실천하기 대본(대본은 내담자 워크북의 제7장과 이 가이드북에 수록되어 있음)
- ☑ [활동 7-2] **감사**
- ☑ [활동 7-3] **관대함**
- ☑ [활동 7-4] **이타적 기쁨**
- ☑ 이타적 기쁨 실천하기 대본(대본은 내담자 워크북의 제7장과 이 가이드북에 수록되어 있음)

## ☺ 목표 ----------------------------------------------------○

- ☑ 지난 회기의 내용을 복습하고 질문에 답한다.
- ☑ 이 장에서 소개된 네 가지 긍정적인 실천을 뒷받침하는 과학적 근거를 설명한다.
- ☑ **자애**를 소개하고, **자애** 연습을 안내하고, **자애** 실천하기를 과제로 부여한다.
- ☑ **감사**의 이점을 소개하고, **감사** 연습을 안내하고, **감사** 과제를 부여한다.
- ☑ **관대함**의 이점을 소개하고 **관대함** 과제를 부여한다.
- ☑ **이타적 기쁨**을 소개하고, **이타적 기쁨** 연습을 안내하고, **이타적 기쁨** 실천을 과제로 부여한다.
- ☑ 이 장의 핵심 개념을 복습한다.

## ☺ 내담자 워크북 제7장의 정보 요약

- ☑ **자애(Loving-Kindness)**는 살아 있는 존재나 세상을 시각화하고 사랑과 친절한 생각을 전하는 활동이다. 이는 정신건강 및 안녕뿐만 아니라 유대감을 향상시키는 것으로 나타났다.
- ☑ **감사(Gratitude)**는 정서, 행동, 사고 전략이다. 이 기술을 정기적으로 사용하면 정신건강에 많은 긍정적인 이점을 제공하는 것으로 나타났다.
- ☑ **관대함(Generosity)**은 베풀기로 선택하는 행위이며, 창의적으로 생각하면 그 범위는 무한하다. 관대함을 정기적으로 실천하면 행복감이 증가하고 부정적인 결과가 기분에 미치는 영향을 줄일 수 있다.
- ☑ **이타적 기쁨(Appreciative Joy)**은 다른 사람의 성공에 대한 긍정적인 정서 경험이다. 또한 이는 다른 사람에게 행운이 지속되기를 바라는 긍정적인 생각을 하는 것이다. 다른 긍정적인 실천과 마찬가지로 긍정정서를 개선할 수 있다.

## ☺ 주요 개념

이 장의 주요개념은 긍정성을 구축하는 네 가지 새로운 기술인데, 이 기술들은 수 세기 동안 실천되어 왔으며 연구를 통해 그 효과가 입증되었다. 이러한 기술을 소개하기 위해 최소 4회기(한 기술당 1회기)를 사용해야 한다. 내담자는 사랑, 기쁨 및 연결감을 경험하기 위해 **자애**와 **이타적 기쁨**을 실천하는 방법을 배우게 된다. 또한 **관대함**과 **감사**의 기술을 일상에 적용하는 방법을 배우게 될 것이다. 내담자의 목표는 다음과 같다.

- ☑ **자애**를 실천하기 시작한다.
- ☑ 일상적인 활동에 **감사**를 적용한다.
- ☑ 매주 **관대한** 행동을 실천한다.

☑ **이타적 기쁨**을 실천해 본다.

## ☺ '긍정성 구축하기'의 중요성

이 장에서는 네 가지 기술, 즉 **자애, 감사, 관대함, 이타적 기쁨**을 소개할 것이다. 여기서 강조해야 할 핵심은 이러한 기술 또는 실천이 정신건강, 안녕 및 관계에 긍정적인 영향을 미친다는 것을 지난 수 세기에 걸친 문화적 관행과 풍부한 연구 결과들이 보여 준다는 것이다(Algoe & Haidt, 2009; DeShea, 2003; Emmons & McCullough, 2003; McCullough et al., 2002; Van Overwalle et al., 1995; Wood et al., 2008b). 불행히도 이 기술들은 모호하거나 다른 여러 설명으로 인해 종종 오해를 받는다. 따라서 치료 회기에서 내담자에게 이 기술을 설명하고 내담자와 연습해 보는 것이 필수적이다. 이것은 인간의 보편적인 경험인 **감사**와 **관대함**에 대해서도 마찬가지이다.

내담자와 함께 각 개념의 이면에 있는 과학적 근거와 역사를 검토하는 것이 중요하다. 이를 위해 각 기술을 별도의 회기에 할애하여 다루는 것을 권장한다. 각 회기는 이전 회기 과제를 복습하는 것으로 시작하고, 다음 **긍정성 구축하기** 기술의 과학적 근거와 역사에 대한 소개를 이어 간다. 그리고 나서 내담자가 기술을 연습해 보도록 안내한 뒤 내담자 경험에 대한 논의를 진행한다. 회기가 끝나면 회기 내용을 다시 검토하고 과제를 부여한다. 또 다른 선택사항으로 별도의 한 회기를 배정하여 이제까지 다룬 기술 네 가지에 대한 모든 과학적 근거 및 역사를 복습할 수 있다.

네 가지 긍정적 실천을 소개하는 순서는 치료자에게 달려 있으나, 워크북에 실린 **자애, 감사, 관대함, 이타적 기쁨** 순서로 진행할 것을 권한다. 여기에는 몇 가지 이유가 있다. **자애** 기술부터 시작하는 것이 유익할 수 있는데, **자애**는 때때로 더 많은 시간과 연습을 필요로 한다. 또한 **감사**의 정서(자애의 다음 순서로 추천된 기술)은 종종 **자애**를 연습하면서 길러진다. **관대함**은 **감사** 다음으로 진행할 것을 권장하는데, 연구에 따르면 **감사**는 **관대함** 같은 친사회적 행동을 예측한다(Emmons & McCullough, 2003). 마지막으로, **관대함** 행위는 마지막 기술인 **이타적 기쁨**을 실천할 수 있는 보다 유리한 상황을 조성해 준다.

# 자애 실천하기

## 😊 배경

　**자애**는 동양의 영적 수행으로 시작되어 서양에서 대중적인 수행으로 더욱 두각을 드러내어 왔다. 이것은 다른 생명체, 자신 및 세상에 대한 사랑과 친절한 관심에 인식을 집중하는 것이다(Hofmann et al., 2011). 또한 열린 마음으로 따뜻함과 부드러운 정서 경험을 지향하는 훈련이다(Garland et al., 2010). 이 수행을 하는 동안 우리는 살아 있는 존재 또는 세상을 시각화하면서, 그 대상에게 사랑과 친절한 생각을 전한다. 이때 일어나는 생각, 정서, 감각을 주의 깊게(mindful) 인식한다.

　**자애** 개입은 긍정정서를 증가시키고(Fredrickson et al., 2008; Hutcherson et al., 2008; Zeng et al., 2015) 분노, 고통 및 괴로움(Carson et al., 2005)을 포함한 부정정서를 감소시킨다(Hutcherson et al., 2008). 몇몇 연구에 따르면, **자애** 명상은 조현병의 부정적인 증상인 무쾌감증을 감소시킨다(Johnson et al., 2009). 이 활동은 또한 타인과의 유대감을 증가시키는 것으로 나타났다(Hutcherson et al., 2008).

　PAT에서는 보상 획득(또는 **좋아함**)을 표적으로 **자애**를 사용한다. **자애** 수행을 통해 사랑과 친절한 정서, 생각 및 신체적 감각을 알아차리고 인식하게 된다. Koole과 동료들(1999)은 실패 후의 자기 긍정(self-affirmation)이 반추를 줄이고 긍정정서를 증가시킨다는 것을 보여 주었다. 이는 자신에 대한 **자애**가 부정적인 사고의 변화로 이어져 긍정정서를 증가시킬 수 있음을 시사한다. 또한 Fredrickson과 동료들(2008)은 **자애** 실천 이후에 경험된 긍정정서의 증가가 삶의 만족도 변화와 관련된 자원의 변화를 예측한다는 것을 발견했다.

## ☺ 자애 실천 방법 ----------------------------------------------------○

치료자는 [글상자 7-1]에 있는 안내 지침 대본을 활용하여 내담자의 **자애** 실천하기를 안내한다. 내담자가 [활동 7-1] **자애** 양식을 사용하여 미리 자신의 기분을 기록하도록 하라. 이 양식은 내담자 워크북과 이 책의 부록에 수록되어 있다. 내담자는 워크북 활동지를 복사하여 사용할 수 있다.

**글상자 7-1  자애 실천하기를 위한 안내 지침**

방해받지 않을 수 있는 편안한 장소를 찾으세요. 의자에 앉아서 발을 바닥에 평평하게 두고, 등을 똑바로 세우고, 눈을 감거나 자신의 앞에 편안하게 시선을 두는 것이 도움됩니다.

오늘 마음이 요동치거나, 종잡을 수 없이 헤매고 있거나 산만하다면, 잠시 시간을 내어 숨을 들이쉬고 내쉬며 부드럽게 호흡에 주의를 기울여 보세요. 공기를 들이마실 때와 내쉴 때 몸의 변화를 관찰하세요. 배가 오르락내리락하거나 코로 들어오고 나가는 공기의 온도 변화를 알아차리세요.

언제든지 준비가 되면 당신이 좋아하고 편안하게 느끼는 누군가를 떠올려 보세요. 당신이 마음 깊이 신경 쓰는 사람일 수도 있고, 반려동물일 수도 있고, 가깝지는 않아도 당신이 매우 존경하는 사람일 수도 있습니다. 그 존재가 여러분 앞에 앉아서, 미소를 지으며 당신을 바라본다고 상상해 보세요.

다음 문장을 소리 내어 말하거나 마음속으로 말하면서 각 단어에 집중해 보세요.

당신의 평화를 기원합니다……

당신의 건강을 기원합니다……

당신이 고통이나, 고난이나, 불행을 겪지 않기를 바랍니다……

당신의 사랑과 기쁨을 기원합니다……

……

당신의 평화를 기원합니다……

당신의 건강을 기원합니다……

당신이 고통이나, 고난이나, 불행을 겪지 않기를 바랍니다……

당신의 사랑과 기쁨을 기원합니다……

〈계속〉

이 말을 할 때 당신에게 어떤 정서와 신체적 감각이 나타나는지 알아차려 보세요. 온기? 미소? 지금 당장 어떠한 긍정적인 정서를 느끼지 못하더라도 괜찮아요.

당신의 평화를 기원합니다…….

당신의 건강을 기원합니다…….

당신이 고통이나, 고난이나, 불행을 겪지 않기를 바랍니다…….

당신의 사랑과 기쁨을 기원합니다…….

이제 잠시 시간을 내어 호흡에 주의를 기울이세요. 숨을 들이쉬고 내쉴 때마다 배가 오르락내리락하는 것을 알아차려 보세요.

이제, 조금 더 어려운 사람을 떠올려 보세요. 어렵게 느껴지는 가족 구성원이거나, 직장 동료, 정치인을 떠올릴 수도 있고, 또는 당신 자신을 떠올릴 수도 있습니다. 당신을 학대했거나 트라우마의 원인이 된 사람은 선택하지 않아야 합니다. 누군가를 선택했다면 그 존재가 당신 앞에 앉아 있다고 상상해 보세요. 그에게 다음과 같이 이야기해 봅니다.

나의 평화를 기원합니다……. / 당신의 평화를 기원합니다…….

나의 건강을 기원합니다……. / 당신의 건강을 기원합니다…….

나에게 고통이나, 고난이나, 불행이 사라지길 바랍니다…….

당신에게 고통이나, 고난이나, 불행이 사라지길 바랍니다…….

내가 사랑과 기쁨을 느끼길 바랍니다…….

당신이 사랑과 기쁨을 느끼길 바랍니다…….

……

나의 평화를 기원합니다……. / 당신의 평화를 기원합니다…….

나의 건강을 기원합니다……. / 당신의 건강을 기원합니다…….

나에게 고통이나, 고난이나, 불행이 사라지길 바랍니다……. / 당신에게 고통이나, 고난이나, 불행이 사라지길 바랍니다…….

내가 사랑과 기쁨을 느끼길 바랍니다……. / 당신이 사랑과 기쁨을 느끼길 바랍니다…….

지금 마음에서 일어나는 정서나 신체적인 감각을 알아차려 보세요.

〈계속〉

나의 평화를 기원합니다……. / 당신의 평화를 기원합니다…….

나의 건강을 기원합니다……. / 당신의 건강을 기원합니다…….

나에게 고통이나, 고난이나, 불행이 사라지길 바랍니다……. / 당신에게 고통이나, 고난이나, 불행이 사라지길 바랍니다…….

내가 사랑과 기쁨을 느끼길 바랍니다……. / 당신이 사랑과 기쁨을 느끼길 바랍니다…….

몇 분 동안 다시 호흡으로 돌아갑니다. 주의가 산만해졌다면 심호흡을 몇 번 하십시오.

이제 세상을 마음에 떠올려 보면서 긍정적인 생각을 보내세요.

세상의 평화를 기원합니다…….

세상의 건강을 기원합니다…….

세상에 고통이나, 고난이나, 불행이 사라지길 바랍니다…….

세상의 사랑과 기쁨을 기원합니다…….

……

세상의 평화를 기원합니다…….

세상의 건강을 기원합니다…….

세상에 고통이나, 고난이나, 불행이 사라지길 바랍니다…….

세상의 사랑과 기쁨을 기원합니다…….

지금 어떤 정서와 신체적인 감각이 일어나고 있나요?

마지막으로, 호흡에 부드럽게 주의를 기울이고…… 눈을 뜹니다.

연습이 끝난 후, 내담자에게 자신의 기분을 다시 평가한 다음 내담자가 알아차린 생각, 정서 또는 신체적 감각에 대해 생각해 보도록 한다. 내담자가 긍정적인 정서나 생각을 알아차렸다면, 내담자의 **자애** 실천과 긍정정서의 연관성을 강조한다. 내담자의 기분이 이전보다 더 좋아졌다면 이 연관성을 강조하라. 이를 통해 **자애** 실천이 더 긍정적인 기분으로 이어진다는 것을 배우게 될 것이다.

만일 내담자가 부정적인 경험을 했다면 그 이유를 평가하라. 어색하거나 진정성이 없다는 느낌이 들어 불편함을 느꼈는가? 만일 그렇다면, 내담자에게 **자애**를 처음 시도하는 몇 번은 그러한 반응이 나타날 것이라고 설명하라. **자애** 실천이 긍정적인 정서보다 부정적인 정서를 더 많이 일으켰는가? 만약 그렇다면, 첫 연습 시 너무 어려운 대상을 선택할 때 그런 경험을 종종 하게 됨을 안내하라. 시간이 충분하다면, 덜 어려운 다른 존재(예: 반려동물)를 대상으로 다시 연습하게 하라. 내담자의 마음이 산만했는가? 만약 그렇다면 이 경험을 타당화하고, 연습을 더 많이 하다 보면 일반적으로는 마음의 산만함이 줄어들게 될 것이라고 설명하라.

과제로 넘어가기 전에 원칙을 강조하는 것이 필수적이다. 내담자에게 이번 치료 회기나 이 기술에서 무엇을 얻었는지 물어본다. 이러한 질문을 통해 치료자는 내담자가 이번 회기에서 다룬 내용을 잘 이해하고 있는지, 내용의 일부를 재검토해야 하는지 여부를 파악할 수 있다.

## ☺ 자애 실천하기 과제

내담자는 워크북의 활동지를 복사하여 사용할 수 있다. 과제로 **자애 실천하기** 기술을 매일 연습하게 하고, [활동 7-1]에 활동하기 전후의 기분을 기록하게 한다. 내담자는 대본을 읽거나, 대본을 읽는 자신의 목소리를 녹음한 파일을 들으면서 이 기술을 연습할 수 있다.

## ☺ 자애 실천하기 사례 ----------------------------------○

### 사례 #1

다음 장면은 치료자가 **자애** 기술을 소개하는 방법을 보여 준다.

**치료자:** 오늘 우리는 자애라는 새로운 기술을 다룰 거예요. 이 개념을 들어 본 적이 있으신가요?

**내담자:** 아니요. 들어 본 적 없어요.

**치료자:** 그럴 수 있어요. 자애는 많이 알려진 활동은 아니에요. 이것은 원래 불교 수행에서 나온 명상의 한 종류예요. 자애는 네 가지 건강한 마음자세 중 하나예요. 서양 의학에서 자애가 정신건강에 유익하다는 것을 확인하면서 이 개념을 적용하게 되었어요.

**내담자:** 잠깐만요, 그러면 우리가 지금 뭔가 종교적인 것을 한다는 건가요?

**치료자:** (미소를 지으며) 아니요, 이 기술은 종교적인 것이 아니에요. ○○ 씨가 종교를 가지고 있든, 그렇지 않든 이 기술이 ○○ 씨에게 도움이 돼요. 어떻게 들리세요?

**내담자:** 좋은 것 같아요.

**치료자:** 자애를 실천하면 기분이 좋아지고 부정적인 정서는 줄어든다는 연구 결과가 많이 있어요. 예를 들어, 한 연구에서는 자애를 실천하면 분노, 통증, 전반적인 심리적 고통이 줄어든다는 것을 확인했어요.

**내담자:** 음, 괜찮네요. 저에게도 도움이 될 것 같아요.

**치료자:** 확실히 그럴 거예요. 그리고 자애 실천하기는 다른 사람들과의 유대감을 높이는 훌륭한 기술입니다. 저는 ○○ 씨가 이러한 어려움을 겪고 있다고 알고 있어요.

**내담자:** 네, 단절된 느낌이 많이 들어요. 일주일 동안 사회적인 활동을 계획하기 시작한 이후로 좀 나아졌지만, 그 외에는 연결감을 느낀 적이 별로 없어요.

**치료자:** 네. 그럼 이 기술이 우리에게 아주 적합하네요.

**내담자:** 기대돼요.

**치료자:** 이 기술은 심상을 사용해요.

**내담자:** 긍정적인 상상하기처럼요?

치료자: 그것과는 조금 달라요. 자애 실천하기를 할 때는 일반적으로 살아있는 존재나 세상을 시각화할 거예요. 그런 다음 그 대상에게 ○○ 씨가 긍정적인 생각을 보내는 거예요. 저는 ○○ 씨가 시각화하거나 긍정적인 생각을 보낼 때 안내할게요. 이 기술을 시행하는 동안 떠오르는 모든 생각, 정서, 또는 신체적 감각을 알아차려 보세요. 지금까지 말씀드린 것들이 어떻게 들리시나요?

내담자: 흥미로워요.

치료자: 좋습니다. 자애 기술을 연습해 볼까요?

내담자: 네, 좋아요.

## 사례 #2

다음 장면은 내담자들이 대상 선정에 어려움을 겪을 때 안내하는 방법을 보여 준다.

치료자: 자, 이제 막 첫 번째 자애 연습을 마쳤어요. 어떠셨어요?

내담자: 저는 이것조차 잘 못하겠네요.

치료자: 좀 더 자세히 말씀해 주시겠어요?

내담자: 저는 할 수 없었어요. 선생님이 저에게 복잡하지 않은 사람을 떠올려 보라고 했는데 거기서 막혔어요. 처음에는 엄마 생각이 났는데, 막상 그렇게 하니 지난주에 했던 말다툼이 계속 생각나서 제가 좀 형편없다는 생각이 들었어요. 그러다 저희 언니 생각이 났는데, 언니와 제가 몇 년 동안 대화를 안 하고 지냈더라고요. 그때 아버지에 대해 생각해 봤는데, 아버지와 어떤 일들이 있었는지 선생님은 아시잖아요……. 그러고 나서는 또 다른 사람을 떠올리기 어려웠어요.

치료자: 정말 막혀 버린 것 같네요. 많은 사람이 여기에 갇힐 수 있어요. 복잡하지 않은 사람을 찾으려고 ○○ 씨가 노력한 걸 보면 사람들이 얼마나 복잡한 존재인지를 알 수 있어요. 다른 사람들, 특히 우리와 가장 가까운 사람들은 많은 복잡한 정서를 불러일으킬 수 있어요.

내담자: 우리 가족을 떠올리면 확실히 이해되네요. 저만 그런 게 아니라서 다행이에요.

치료자: 분명 ○○ 씨만 그런 게 아니에요. 자애 연습을 시작하기 전에 누구를 선택할지 미리 파악하는 것이 도움이 됩니다. 우리가 함께 찾을 수 있어요.

**내담자**: 알겠어요.

**치료자**: 지금은 엄마, 아빠, 언니 모두 너무 복잡하게 느끼고 계세요. 먼 친척같이 가족 중에 덜 복잡하게 느껴지는 사람이 있어요? 예를 들어, 많은 사람은 조부모님이 다른 가족 구성원보다 이 활동을 더 쉽게 연습할 수 있는 대상이라고 해요.

**내담자**: 제 조부모님은 더 이상 살아 계시지 않고, 저는 그분들이 살아 계실 때 그분들을 잘 알지 못했어요.

**치료자**: 그래요. 음. 사실 이 활동을 하기 위해 꼭 살아 있는 대상을 선택할 필요는 없어요. 그리고 모르는 사람이라도 선택할 수 있지만, 때로는 아는 사람과 시작하는 것이 보다 더 도움이 돼요.

**내담자**: 우리 가족 중에는 없어요.

**치료자**: 가족 이외의 사람은요? 덜 복잡하게 느껴지는 친구가 있나요?

**내담자**: 그런 친구는 없는 것 같아요.

**치료자**: 우리가 치료 초반부에 작업하면서 ○○ 씨가 새로운 사람들을 만났고, 계속 교류하는 활동을 계획했었던 걸로 알고 있어요. ○○ 씨가 아직은 그 사람들을 친구로 생각하지 않더라도, 자애 실천하기 활동에 좋은 후보가 될 수도 있어요.

**내담자**: 그 사람들이 좋은 후보인지 어떻게 알 수 있어요?

**치료자**: 좋은 질문이에요. ○○ 씨가 그 사람들을 떠올릴 때 부정적인 정서가 강하게 느껴지나요?

**내담자**: 아니요.

**치료자**: 네 그렇다면 좋은 후보가 될 수 있어요. 부정적인 정서를 많이 불러일으키는 사람을 포함하여 어느 누구와도 자애 실천하기를 연습할 수 있지만, 부정적인 정서를 거의 또는 전혀 일으키지 않는 사람부터 시작하는 것이 더 쉬워요. 또 다른 기준은 얼굴이나 이름을 상상할 수 있어야 한다는 거예요. 그 사람들의 얼굴이나 이름을 기억할 수 있나요?

**내담자**: 네.

**치료자**: 좋아요. 그 사람들 전체나 그중에 한 명을 후보로 생각해 볼 수 있어요. 또는 오래 알고 지낸 멘토나 스승, 오랜 친구, 반려동물, 또는 자비심이나 어떤 긍정적인 정서를 느끼게 하는 낯선 사람도 후보가 될 수 있어요.

**내담자**: 제가 키우는 개를 선택할 수도 있고, 식료품점에서 줄을 서서 기다리는 동안 저에게 말을 걸었던 정말 멋진 나이 든 여성을 선택할 수도 있겠네요.

**치료자:** 둘 다 아주 좋은 선택지예요. 다음 연습을 위해서 이 사람들 중에 누구를 선택하고 싶어요?

**내담자:** 제 강아지로 선택해도 될까요?

**치료자:** 물론이에요.

## 😊 자애 실천하기 문제 해결

가장 흔한 어려움은 **자애** 실천으로 부정적인 정서를 경험하는 것이다. 내담자는 질투, 분노, 슬픔 또는 짜증을 느낀다고 보고할 수 있다. 이것은 정상적인 반응이며, 특히 내담자가 **자애** 실천을 위해 긴장된 관계에 있는 사람을 선택한 경우에 더욱 그러하다. 치료자는 우선 내담자의 그러한 반응을 정상화하는 것이 중요하다. 치료 회기 중 충분한 시간이 있다면, 내담자가 덜 어려운 대상(예: 반려동물, 관엽 식물, 한때 내담자가 좋아했던 교사/멘토)을 선택하여 다시 자애 실천하기를 시행함으로써 다른 정서가 일어나는지 확인하도록 독려할 수 있다. 마지막으로, 내담자가 긍정적인 정서를 경험하기까지 여러 번의 시도(심지어 몇 주 또는 몇 달)가 소요될 수 있으므로 이러한 기술을 반복적으로, 때로는 장기간 연습하는 것을 권한다.

또 다른 일반적인 반응은 이 기술을 시행하면서 어색하거나 진정성이 없다는 느낌을 느끼는 것이다. 치료자는 이러한 정서를 인정하고, 시간이 지남에 따라 이러한 정서는 사라질 것이라고 설명한다.

또 다른 문제는 내담자가 자신의 삶에 복잡하지 않은 사람이 없다고 하는 것이다. 어쩌면 내담자가 교류하는 모든 사람이 부정적인 정서를 불러일으킬 수도 있다. 이 경우 내담자가 반려동물, 관엽 식물 또는 더 이상 상호 작용하지 않는 과거에 알던 사람을 대상으로 연습해 볼 수 있는지 확인하라.

## 감사 실천하기

###  배경

**감사**는 다의어(polysemy, 즉 여러 가지 정의를 가짐)이며, 정서, 행동 및 사고 전략이다. Wood와 동료들(2008c, 2010)은 감사를 다음과 같이 정의했다.

> 감사는 긍정적인 것에 대한 인식과 감상, 다른 사람들에 대한 감사, 자신이 소유한 것에 초점을 맞춤, 아름다움에 대한 감탄 및 행동 표현, 긍정적인 것에 대한 주의 깊은 인식, 자신의 삶이 시간이 제한되어 있음을 인정하는 것, 건강한 마음 자세로 지금보다 더 불운한 경우와 현재를 비교하는 것이다.

진화론적 관점에서, **감사**는 사회적 연결을 유지하는 기능을 할 수 있다. 실제로 **감사**는 인간이 상호 이타주의(reciprocal altruism)를 보이는 이유를 설명하는 것으로 여겨진다(Trivers, 1971). 여기서 상호 이타주의란, 한 생물체가 자신의 힘을 희생하는 방식으로 행동하여 다른 생물체의 힘을 증진시키는 것이다(그리고 이것이 상호적으로 보답될 것이라는 기대가 동반된다).

이 장에서 논의된 모든 기술 중에서 **감사**가 가장 많이 연구되었다. 여러 연구에서 **감사**는 스트레스 및 우울증 수준 감소와 같은 여러 가지 유익한 정신건강 결과와의 연관성이 입증되었다(Wood et al., 2008c). 또한 **감사**는 행복(McCullough et al., 2002; Van Overwalle et al., 1995), 자부심(Van Overwalle et al., 1995), 희망(Van Overwalle et al., 1995), 낙관주의 (Emmons & McCullough, 2003; McCullough et al., 2002)를 포함하여 긍정정서와 관련이 있다 (Emmons & McCullough, 2003; McCullough et al., 2002).

이와 더불어 **감사**는 관계 개선(Algoe & Haidt, 2009), 친사회적 행동(Emmons & McCullough, 2003), 용서하려는 의지 증가(DeShea, 2003), 타인과의 유대감 향상(Emmons &

McCullough, 2003; McCullough et al., 2002), 지각된 지지 수준의 증가(Wood et al., 2008b)와 같은 긍정적인 대인관계 이득을 제공한다. 전반적으로 **감사**와 긍정적 안녕 간의 연관성이 연구를 통해 입증되었다(Emmons & McCullough, 2003; McCullough et al., 2002). 치료 기술로서 **감사**는 (1) 이 세상의 긍정적인 것을 인식하고 고마워하는 행위, 또는 (2) 자신이 소중히 여기는 것에 대해 생각하는 것으로 정의한다.

**감사** 개입의 목표는 보상 획득(또는 좋아함)의 일환으로, 긍정적인 것을 알아차리고 소중히 여기는 것을 초점으로 한다. 한 연구에 따르면 자신이 받은 지원에 대한 긍정적인 평가는 감사 상태와 감사 특성의 관계를 매개하는 것으로 나타났으며, 이는 감사하는 사람들이 지원을 받은 후에 더 많은 감사를 느끼는 경향을 보이는 이유를 설명할 수 있다. 그러나 일부 연구는 보상에 대한 기대와 학습이 감사와 관련이 있음을 시사한다(Fox et al., 2015; Wood et al., 2010).

## ☺ 감사 실천 방법

**감사**에 대한 과학적인 사실과 역사를 검토한 후, 치료 시간에 내담자가 **감사**를 실천하도록 이끈다. 이것은 내담자가 과제를 완료하는 방법을 더 잘 이해하는 데 도움이 될 것이다.

가장 좋은 **감사** 개입 중 하나는 **감사** 목록을 만드는 것이다. **감사** 목록을 만드는 방법은 여러 가지가 있지만, 치료자는 내담자가 매일 새로운 **감사** 목록을 지속적으로 작성하도록 한다. 시작할 때 내담자가 [활동 7-2] **감사** 목록을 사용하도록 안내하는데, 이 목록은 내담자 워크북과 이 책의 부록에 수록되어 있다. 내담자에게 어제 감사했던 다섯 가지 새로운 것(전날과 다른 것)을 기록하도록 요청하고, 작성 전과 후의 기분을 평가하도록 한다. 활동지는 워크북을 복사하여 사용할 수 있다.

여기에서 내담자들은 어려움을 겪을 수 있다. 만일 치료자가 이를 알아차린다면, 내담자에게 **긍정적인 면 찾기**를 사용하여 어제 있었던 긍정적인 측면을 식별하도록 요청한다. 내담자가 계속 어려움을 겪는다면, 긍정적인 면이 커다란 것일 필요는 없고, 작고 유치하게 느껴지는 것일 수도 있음을 상기시켜 줄 수 있다.

내담자가 어제 있었던 독특한 감사 항목 5개를 식별하고 활동지에 적으면 다시 기분을 평가하도록 한다. 그런 다음 내담자가 이 기술을 연습할 때 무엇을 알아차렸는지 논의하라. 내담자가 이 기술의 근거를 이해하도록 해야 한다. 궁극적으로 내담자는 매주 최소 35개의 새로운 감사 항목을 생성하게 된다. 우리가 고마운 것들에 대해 생각하고 누적된 목록을 검토하는 것은 기분을 개선하는 좋은 방법이다. 내담자가 자신의 기분을 평가하면서 이러한 점을 알아차리고 있는지 확인하라.

##  감사 실천하기 과제

내담자는 워크북에서 활동지를 복사하여 사용할 수 있다. 과제로 내담자가 매일 새로운 감사한 것들을 5개씩 찾아 [활동 7-2] 감사에 적게 한다. 내담자가 하루 중 연습할 시간을 지정하고 휴대폰에 미리 알림을 설정하도록 권장하는 것이 도움이 될 수 있다. 이는 내담자가 매일 이 활동을 수행하게 하여 그것이 일상적인 습관이 될 가능성을 높여 준다.

## 😊 감사 실천하기 사례

### 사례 #1

다음 장면은 감사 항목을 찾는 데 어려움을 겪는 내담자들을 안내하는 방법을 보여 준다.

**치료자:** 한번 연습해 볼게요. 어제 감사했던 일 다섯 가지를 적을 수 있을까요?

**내담자:** 네. 하지만 전 확실히 감사할 만한 게 아무것도 없어요. 어제는 정말 별로였거든요.

**치료자:** 어제 힘든 하루를 보내신 것 같아 유감이에요. 우선 좋았던 일을 찾아보고 그다음에 어제 있었던 일들에 대해 이야기해 볼까요?

**내담자:** 그래요. (생각하다가 연필을 만지작거리다가 이내 포기한다) 모르겠어요. 아무것도 생각나지 않아요. 어제가 얼마나 형편없었는지만 계속 생각나네요. 어제 제가 집에 문이 잠겨 들어갈 수 없었는데, 제 동생이 여분의 열쇠를 가지고 집에 오기까지 2시간이나 걸렸거든요. 저는 그냥 거기 앉아서 지루함에 몸부림쳤죠. 아니나 다를까 그러고 나서 비가 오기 시작했어요.

**치료자:** 너무 힘든 날을 보냈다는 게 안타까워요. 지금 ○○ 씨가 거기에 갇혀 있다는 게 느껴져요.

**내담자:** 음······ 맞아요.

**치료자:** 이걸 좀 더 쉽게 할 수 있게, 괜찮은 날부터 시작해 봅시다. 이번 주에 괜찮다고 생각되는 날이 있었나요?

**내담자:** 오늘은 괜찮았어요.

**치료자:** 좋습니다. 오늘을 살펴볼게요. 오늘 있었던 일 중에 감사할 수 있는 한 가지는 무엇인가요?

**내담자:** (몇 초간 생각하다가 이내 포기한다.) 정말 모르겠어요.

**치료자:** 그것에 대해 생각하실 때 1분도 채 지나지 않은 것 같아요. 감사한 일을 적어도 한 가지는 생각해 보도록 좀 더 시간을 가지고 노력해 봅시다.

**내담자:** 알겠어요. (몇 분간 생각에 잠긴다.) 오늘은 집에 들어갈 수 있어서 감사한 것 같네요.

**치료자:** 좋아요. 그것을 오늘 감사한 일 한 가지로 적어 볼 수 있을까요?

**내담자:** 아, 네. (내담자가 적는다.)

**치료자:** 또 무엇이 있을까요?

**내담자:** 모르겠어요.

**치료자:** 때로 우리가 무언가에 갇혀 있을 때, 긍정적인 면을 찾아보면 감사한 점을 발견하는 데 도움이 돼요.

**내담자:** 그럼 저는 어떤 상황에서 찾아볼 수 있을까요?

**치료자:** 오늘 있었던 일에서 찾아볼 수 있어요. 또는 좀 더 구체적으로 하고 싶다면, 오늘 치료받고 있는 것에 대해서도 할 수 있어요.

**내담자:** 네, 그럼 오늘 치료받으러 온 것으로 할게요.

**치료자:** 아주 좋아요.

**내담자:** 음, 오늘 치료받고 있는 것에서 한 가지 긍정적인 면은 제가 선생님과 이야기를 나누고 있다는 것인데요, 보통은 그게 기분을 나아지게 해요. 또 다른 건 제가 새로운 걸 배우고 있다는 거예요. 한 가지가 더 있는 것 같은데, 제가 치료에 제시간에 도착했기에 치료 시간 전체를 온전히 참여할 수 있다는 거예요.

**치료자:** 말씀하신 것들 모두 좋은데요? ○○ 씨가 지금까지 오늘의 감사 항목 네 가지를 찾으셨어요.

**내담자:** 오 그러네요. 알겠어요. 제가 찾은 긍정적인 면들이 감사할 일이 되기도 하는 거네요.

**치료자:** 정확해요.

**내담자:** 알겠어요. 그런데 저는 정말 어떤 것도 생각해 내기가 어려워요.

**치료자:** 생각이 막혀 있을 때 도움되는 또 다른 방법은 ○○ 씨가 가지고 있는 것 중에 다른 사람들은 가지고 있지 않은 것을 생각해 보는 거예요. 예를 들어, 살 수 있는 집을 가지고 있는 것처럼 아주 기본적인 것일 수 있어요. 음식을 살 돈이 있는 것, 보고, 듣고, 말할 수 있고, 걸어 다니고, 팔을 사용할 수 있는 것⋯⋯.

**내담자:** 아, 요점이 뭔지 알겠어요. 그럼 오늘 제가 적을 수 있는 것은 다섯 가지가 훨씬 넘어요.

**치료자:** 오늘, 그리고 다음 주에 우리가 하는 것은 감사하는 정서를 이끌어 내기 위해서 감사할 만한 것들을 알아차릴 수 있게 ○○ 씨의 뇌를 훈련하는 거예요. 감사가 우리의 안녕에 아주 많은 유익을 주거든요.

**내담자:** 이해했어요. 이제 알 것 같아요.

**치료자:** 좋습니다.

## 사례 #2

다음 장면은 감사 실천하기 과제에 어려움을 겪는 내담자들에게 반응하는 방법을 보여 준다.

**내담자:** 이번 주에 숙제를 했어요. 노력해 봤어요.

**치료자:** 잘하셨어요. ○○ 씨가 하신 것을 봅시다.

**내담자:** 전 감사 실천을 두 번 시도했지만 포기했어요.

**치료자**: 음, 알겠어요. 무슨 일이 있었는지 같이 얘기해 봐요. 작성하신 활동지를 봐도 될까요?

**내담자**: 여기 있어요.

**치료자**: ○○ 씨가 금요일에 감사한 일을 세 가지 작성하셨네요. 그다음 날에는 두 가지를 작성하셨고, 그다음 날에는 없어요. 맞나요?

**내담자**: 네. 죄송해요.

**치료자**: 괜찮아요. 어떤 이유 때문이라고 생각하시나요?

**내담자**: 금요일에 감사한 일을 다섯 가지나 생각해 내느라 정말 힘들었어요. 그러고 나니 토요일에는 금요일과는 다른 감사할 일들을 생각하기가 더 어려웠어요. 그래서 그냥 포기했어요.

**치료자**: 많이 노력하신 것 같아요. 그런데 처음 시작하기에 과제가 조금 어려웠던 것 같아요.

**내담자**: 그럴 수도 있어요.

**치료자**: 자, 과제를 좀 더 쉽게 조정해 볼게요. 그리고 나면 점차 감사한 것을 하루에 다섯 가지 찾는 것까지 다시 도전해 볼 수 있을 거예요.

**내담자**: 다섯 가지가 뭔가 특별한 숫자인가요?

**치료자**: (미소를 지으며) 그렇지는 않아요. 사실 하루에 5개를 꼭 찾아야 될 필요는 없습니다. 이 기준은 긍정적인 면을 더 많이 알아차리도록 마음을 훈련하기 위해 임의로 정한 숫자예요. 금요일과 토요일에 두세 가지 항목을 찾으셨으니 하루에 두 개씩 새로운 감사 항목을 발견할 수 있는지 살펴볼게요.

**내담자**: 그건 할 수 있을 것 같아요. 기본적으로 제가 하루에 두 개씩, 전날과는 다른 감사한 것들을 생각해 내야 하네요.

**치료자**: 맞아요. 오늘은 지난주에 대해 기억할 수 있는 만큼 두 가지씩 감사한 것을 적어 보면서 연습해 봅시다. 어제 감사한 일 같은 두 가지는 어떤 게 있나요?

**내담자**: 알겠어요. 음. 남편이 저녁을 차려 줘서 정말 고마웠어요. 덕분에 스트레스가 좀 줄어들었어요.

**치료자**: 좋아요. 그걸 적어 봅시다. 또 무엇이 있나요?

**내담자**: 아침에 산책을 충분히 할 수 있는 시간이 있었던 것도 정말 감사했어요.

**치료자**: 잘하셨어요. 그럼 수요일은 어떨까요? 그날 감사했던 두 가지는 어떤 거였죠?

**내담자**: 그날 직장 상사가 제 보고서에 대해 긍정적인 피드백을 줬어요. 저는 상사가 그렇게 피드

백을 주기 위해 시간을 내준 것이 정말 고마웠어요. 그리고 보고서를 다시 작성하지 않아도 된다는 점에 감사했어요.

**치료자:** 아주 좋네요. 그 전날에 대해서도 시도해 봅시다.

**내담자:** 화요일이요? 그날은 시간이 좀 더 지났네요. 흠, 잘 모르겠어요. 화요일은 잘 기억나지 않아요. 그날 저는 일하러 갔고 저녁에는 별로 한 게 없어요. 중요한 게 무엇이었는지 기억이 나지 않네요. 아무 일도 일어나지 않은 것에 감사할 수 있을 것 같아요.

**치료자:** 그럼요. 여기서 멈춰 볼게요. 지금은 과제를 하면서 좀 편안해지셨나요?

**내담자:** 네, 확실히 그래요.

**치료자:** 이번 한 주 동안 해 볼 수 있을까요?

## 사례 #3

다음 장면은 삶에서 많은 고난을 겪고 나서 감사한 일이 하나도 없다고 믿는 내담자들에게 어떻게 감사를 실천하게 할 수 있는지 보여 준다.

**치료자:** 감사 연습을 해 봅시다. 어제 감사한 일 다섯 가지를 활동지에 적을 수 있는지 볼게요. 우선 그 전에 ○○ 씨의 기분을 0에서 10까지 척도로 평가해 보세요.

**내담자:** 네, 저는 지금 10점 만점에 4점인 것 같아요……. (적는다.) 감사하는 다섯 가지에 관해서는 떠오르는 게 없어요……. 음, 모르겠어요. 사실, 제 기분은 10점 만점에 2점인 것 같아요.

**치료자:** ○○ 씨가 방금 감사한 것을 생각할 때 기분이 감소한 것 같아요.

**내담자:** 네 맞아요.

**치료자:** 지금 마음이 어때요?

**내담자:** 지금 당장은 감사할 일이 없는 것 같아요. 전 무직이에요. 간신히 청구서 요금을 납부해요. 전 기본적으로 친구가 없어요. 제 동생은 저에게 말을 걸지 않아요. 전 엄마에게 충분하지 않은 사람이죠. 게다가 저희 아빠는 저를 전혀 신경 쓰지 않으셨어요.

**치료자:** 정말 많은 어려움이 있군요. 그 모든 것이 머릿속에 떠오른다면 당연히 기분이 가라앉겠어요.

**내담자:** 네.

**치료자:** ○○ 씨는 삶에서 많은 어려움을 겪으셨고, 특히 최근에 더욱 그랬죠. 그것은 부인할 수 없는 사실이고, 있는 그대로 인정하는 것이 중요해요. 그리고 그와 동시에, 그러한 어려움에 갇히거나 몰두하는 것은 문제가 될 거예요. ○○ 씨는 이런 부정적인 경험에 대해서 곱씹어 생각하시나요?

**내담자:** 그런 것 같아요.

**치료자:** 자주 그렇게 하게 되시는 거죠?

**내담자:** 네. 항상 그래요.

**치료자:** 그래요. 사실, ○○ 씨가 치료에 오게 된 가장 주된 이유가 바로 그 문제였지요. ○○ 씨는 과거에 몰두하고 있었고, 그래서 심한 우울을 경험하고 있었어요.

**내담자:** 모두 사실이에요.

**치료자:** 그래서 치료에서 우리는 뭔가 다른 것을 시도해 보려 해요. ○○ 씨는 새로운 뭔가를 시도해 볼 마음이 있나요?

**내담자:** 좋아요.

**치료자:** 우리는 매일 감사할 수 있는 것들을 알아차리기 시작하기 위해서 ○○ 씨의 뇌를 훈련하는 연습을 할 거예요. 이렇게 하는 것이 우리의 기분에 얼마나 도움이 되는지 여러 연구 결과에서 확인되었어요.

**내담자:** 그건 긍정적인 면 찾기와 비슷한 것 같아요.

**치료자:** 맞아요. 비슷해요. 우리는 긍정적인 면 찾기를 사용해서 감사 항목을 찾을 수 있어요.

**내담자:** 알겠어요.

**치료자:** 긍정적인 면 찾기처럼, 감사 항목은 큰 것일 수도 있고, 사소한 것일 수도 있어요. 오늘 하루 중에서 감사할 수 있을 만한 아주 작은 한 가지를 찾아볼까요?

**내담자:** 저는 여전히 잘 모르겠어요.

**치료자:** 괜찮아요. 감사 항목을 찾을 때 도움되는 한 가지 방법은, 다른 사람들이 갖지 못했거나, 이전에 ○○ 씨가 갖지 못했던 것들을 생각해 보는 거예요.

**내담자:** 예를 들면요? 제가 갖지 못한 것들을 다른 사람들은 많이 가지고 있는 것 같아요.

**치료자:** 확실히 그런 것들도 있지요. 기본적인 필요나 욕구를 생각해 보세요. 인간에게 기본적으로 필요한 게 무엇이 있죠?

**내담자:** 공기, 음식, 쉴 곳, 물이요.

**치료자:** 맞아요. 그 네 가지는 사실 ○○ 씨가 오늘 감사할 수 있는 것들이에요. 숨 쉴 수 있는 공기, 마실 수 있는 깨끗한 물을 가지고 있어요. 그리고 ○○ 씨는 먹을 것이 있고, 살 곳이 있어요.

**내담자:** 그건 맞는 것 같아요.

**치료자:** 그리고 때로는 우리가 기본적인 기능을 당연하게 여길 때가 있어요. 예를 들어서, 우리는 모두가 4개의 팔다리를 가지고 있지 않다는 점이나, 보거나 들을 수 있는 능력을 가지고 있지 않다는 것을 잊어버리곤 해요. 이런 것들도 감사할 만한 것들이에요.

**내담자:** 알겠어요.

**치료자:** 때로는 이런 것들을 가지고 시작하는 것이 좋아요. 그리고 이 기술을 더 많이 반복하면 매일 감사할 것들을 알아차리기 시작할 수 있어요. 예를 들어서, ○○ 씨는 산책하면서 주변에 동물들이 많이 있었다는 것을 알아차리기 시작할 수 있어요. 또는 집을 나서기 전에 컴퓨터로 무언가를 검색하기로 했던 것을 잊어버렸는데, 집에 돌아가지 않고도 휴대폰으로 답을 찾을 수 있어 감사함을 느낄 수도 있고요.

**내담자:** 네, 이해했어요. 오늘의 감사할 만한 한 가지는 제가 치료에 올 수 있었다는 거예요.

**치료자:** (미소를 지으며) 그래요.

## ☺ 감사 실천하기 문제 해결

　　감사 기술을 사용할 때 발생하는 일반적인 어려움은 내담자가 감사할 것이 없다고 말하는 것이다. 많은 내담자가 삶에서 겪는 상당한 고난 때문에 우울을 경험한다. 이를 먼저 타당화하고, 내담자와 함께 작은 것에서부터 하향 비교를 연습하는 것이 중요하다. 감사 목록에 기본적인 욕구와 기능을 추가하면 내담자가 항상 감사할 일이 있다는 것을 깨닫는 데 도움이 될 수 있다. 아직 살아 있는 것, 보고 들을 수 있는 능력, 걷거나 팔을 사용할 수 있는 능력, 심리치료를 받고 병원에서 치료받을 수 있는 능력, 거주할 수 있는 공간이 있는 것, 음식값을 지불할 수 있는 능력, 생활에 어느 정도 도움을 받을 수 있는 능력 등이 포함될 수 있다. 이에 대한 많은 예시가 존재한다. 내담자가 창의력을 발휘하도록 장려하라. 또한 **긍정적인 면 찾기** 기술을 되짚어 보는 것이 도움이 될 수 있다.

또 다른 일반적인 어려움은 내담자들이 매일 감사하는 것을 5개씩 파악하는 데 어려움을 겪는 것이다. 일일 감사 항목 개수는 내담자에 맞게 조정할 수 있다. 내담자가 하루에 5개를 파악하는 것이 너무 어렵다고 하면 한두 가지 항목으로 시작하여 점차 늘릴 수 있다.

# 관대함 실천하기

##  배경

관대함은 대가를 기대하지 않고 무언가를 베풀기로 선택하여 제공하는 행위이다. 이것이 일반적인 정의이지만 관대함은 물질적인 것에 국한되지 않는다. 관대함은 자신의 시간, 에너지, 지식 또는 기타 자원을 제공하는 것일 수도 있다.

인간은 어쩌면 인류의 기원에서부터 관대하고 이타적인 행동을 해 왔다. 실제로 사회학 연구에 따르면, 관대함은 범문화적이며, 모든 연령대에서 발생한다(Aknin et al., 2015). 그러나 문화와 역사를 통틀어 인간이 관대한 행동을 하는 이유에 대한 우리의 이해는 이론에 국한되어 있다. 몇몇 이론에서는 관대한 행동은 보다 유리한 파트너를 선택하게 하고(Hamilton, 1963), 개인의 평판을 높이며(Bénabou & Tirole, 2006), 도움받을 가능성을 높인다(Trivers, 1971)고 밝혔다.

인간이 필요할 때 도움을 받을 수 있게 관대한 행동을 하도록 진화했다는 이론을 뒷받침하는 중요한 증거가 있다. 최근 연구에 따르면, 다른 사람에게 돈을 쓰면 행복이 증가하고(Dunn et al., 2008), 보다 행복한 사람들이 친절 행동을 많이 한다(Otake et al., 2006). 또한 개인이 관대한 행위의 수혜자가 될 때 본인 역시 관대해질 가능성이 높아진다는 점에서, 관대함은 사회적으로 전염되는 것으로 밝혀졌다(Tsvetkova & Macy, 2014).

관대함과 같은 활동이 부정적인 결과에 대한 위험으로부터 보호한다는 것을 시사하는 연구 결과들이 있다(Layous et al., 2014). 한 연구에서는 일상적인 친사회적 행동이 스트레스의 영향을 완충했다(Raposa et al., 2016). 실제로, 관대함과 긍정적인 결과가 연결되어 있음을 보여 주는 연구가 많이 있고, 특히 관대함이 자원봉사의 형태일 때 더욱 그러하다. 이러한 긍정적인 결과에는 긍정정서(Aknin et al., 2015; Otake et al., 2006), 보다 높은 안녕감(Borgonovi, 2008; Thoits & Hewitt, 2001), 낮은 사망률(Musick et al., 1999; Oman et al., 1999), 우울증 감소(Musick & Wilson, 2003)가 포함된다.

PAT에서 **관대함**은 보상 획득(또는 **좋아함**)과 보상 학습을 표적으로 한다. 관대함의 메커니즘에 대한 연구에 따르면, 옥시토신 수준의 변화(Zak et al., 2007), 배외측 및 배측 전전두엽 피질 기능 약화(Christov-Mooreet al., 2017), MDMA 투여(Kirkpatrick et al., 2015)가 관대함을 향상시킨다.

## ☺ 관대함 실천 방법

내담자가 치료 회기 중에 친구에게 무언가를 돕겠다고 제안하는 문자를 보내는 것과 같은 활동을 시도해 볼 수도 있겠지만, 대체로 치료 회기 중에 관대함을 실천하는 것은 비현실적일 것이다. 그러므로 치료 회기 중에는 내담자가 다음 주에 실천할 수 있는 관대함 활동 목록을 철저히 작성하도록 시간을 할애하라.

**관대함**이 물질적인 것일 필요는 없다는 점을 내담자에게 상기시켜야 한다. 창의적인 방식으로 생각하면 **관대함**은 비용이 들지 않을 수 있고 시간과 에너지의 제약을 받지 않을 수 있다. 예를 들어, 시간, 에너지, 지식 및 기타 자원의 형태를 취할 수도 있다. **관대함**이 반드시 '다른 사람'을 향한 것일 필요는 없다는 점을 내담자와 논의하는 것도 가치가 있다. 우리 자신, 동물 그리고 세상에 대해서도 관대함을 행할 수 있다.

내담자가 [활동 7-3] 관대함을 사용하여 자신이 할 수 있는 관대한 행동의 목록을 만들어 보도록 하는데, 이는 내담자 워크북과 이 책의 부록에 수록되었다. 내담자가 만든 목록에 물질적 활동과 비물질적 활동이 모두 포함되는지 확인하라. 10개에서 20개 정도면 충분하며, 내담자가 이 목록에 활동을 계속 추가하도록 독려하라. 내담자에게 각각의 관대함 활동 전후에 자신의 기분을 평가하도록 하고, 보상 학습(즉, 자신의 행동이 더 긍정적인 기분을 만들어 낸다는 것)을 심화하기 위해 관대함을 실천하기 전과 후에 기분 상태가 어떻게 변하는지 알아차려 보도록 한다.

## ☺ 관대함 실천하기 과제 ----------------------------------------------○

내담자는 워크북의 활동지를 복사하여 사용할 수 있다. 과제로 이번 주에 실천할 세 가지 **관대함** 행위와 완료할 날짜를 [활동 7-3] **관대함** 활동지에 기록하게 하고 실행하게 한다. 이러한 활동을 사전에 미리 계획하는 것은 그것을 완료할 가능성을 증가시킨다. 각 활동마다 한 장의 활동지를 사용하도록 하라.

## ☺ 관대함 실천하기 사례 ----------------------------------------------○

### 사례 #1

다음 장면은 관대한 행위를 실천하기 위한 시간이나 자원이 자신에게 충분하지 않음을 우려하는 내담자에게 반응하는 방법을 보여 준다.

**내담자:** 관대함이 정말 중요하다는 것을 이해했어요. 제가 좀 더 관대했으면 좋겠어요. 하지만 제가 더 관대할 수 없을 것 같아요. 그렇다면 제가 나쁜 사람일까요?

**치료자:** 절대 그렇지 않아요. '더 관대할 수 없다.'라는 말이 어떤 의미인지 이야기해 주세요.

**내담자:** 글쎄요, 저는 할 수 없을 것 같아요. 저도 그렇게 하고 싶어요. 그렇지만 저는 너무 피곤하고, 경제적인 사정도 빠듯하고, 잘 모르겠어요…….

**치료자:** 제가 듣기에는 ○○ 씨가 줄 것이 없다고 느끼시는 것 같아요.

**내담자:** 네, 맞아요! 제가 시간을 낼 수 있으면 좋겠지만 이미 저는 바빠요. 돈을 기부할 수 있으면 좋겠지만 은퇴를 위해 저축하는 것이 저에게는 너무 중요해요. 저도 직장 동료들에게 노력을 더 많이 기울이고 싶지만 전 너무 지쳐 있어요.

**치료자:** 모두 이해가 돼요. 많은 사람이 그렇게 느껴요. 사람들은 자신이 줄 것이 충분하지 않다고 생각하기 때문에 베푸는 것에 대해 염려해요.

**내담자**: 네. 제가 그래요.

**치료자**: 전통적인 의미의 관대함을 생각해 보면 충분하지 않은 것이 현실일 수 있어요. 우리는 돈이 없거나 또는 누군가가 새 집으로 이사하는 것을 도울 시간이 없을 수도 있어요. 아니면 너무 지쳐서 친구에게 전화를 걸어 그들의 하루 일과를 들어 줄 만한 여력이 없을 수도 있고요.

**내담자**: 그러면 저만 그런 게 아니네요.

**치료자**: 절대 그렇지 않아요. 우리 모두에게는 한계가 있습니다.

**내담자**: 그 말을 들으니 기쁘네요. 하지만 제가 더 관대할 수 없다는 것이 실망스럽기도 해요. 관대함이 저에게 도움이 될 수 있다고 하니 더 그렇게 느껴지네요.

**치료자**: 좋은 소식은 우리가 관대함을 다르게 본다면 누구나 더 관대해질 수 있다는 거예요. 전통적으로 사람들은 관대함을 돈, 물리적인 도움 또는 시간과 에너지로 생각해요.

**내담자**: 저는 그렇게 생각해요.

**치료자**: 그렇게 생각하실 수 있어요. 전통적인 의미에서 관대함은 제한적이에요. 그러나 ○○ 씨가 제한을 두지 않고 생각해 보면 관대함은 무한한 것일 수도 있어요. 예를 들어, 관대함은 시간, 물리적인 도움, 물건, 돈 외에도, 지식, 조언, 피드백, 위로, 인정해 주기, 미소, 사랑, 보살핌, 자비, 공감의 형태가 될 수 있어요.

**내담자**: 관대해질 수 있는 다른 방법들을 생각해 본 적이 없는 것 같아요.

**치료자**: 관대함은 다른 사람들을 향한 것일 수도 있지만, 자기 자신, 동물, 또는 더 일반적으로는 세상을 향한 것일 수도 있어요. 누구나, 무엇이든 관대함의 수혜자가 될 수 있지요. 이런 식으로 관대함은 무한할 수 있습니다.

**내담자**: 알겠어요.

**치료자**: 이번 주에 너무 바쁘고 피곤할 수 있지만 관대함을 실천할 수 있는 한 가지를 생각해 볼까요?

**내담자**: 딸을 안아 주거나 동료에게 미소를 지을 수 있어요.

**치료자**: 훌륭한 아이디어예요.

**내담자**: 제가 좋아하는 정원을 가꿔 보는 것도 시도해 볼 수 있겠어요. 그게 세상에 뭔가를 돌려주는 방법 같아요.

**치료자**: 물론이에요.

**내담자:** 일회용 제품 대신 친환경 제품을 선택해서 구입하는 것도 또 다른 예가 될 수 있을까요?

**치료자:** 그럼요. 관대함은 아주 다양한 형태를 취할 수 있고, 관대함을 실천하는 사람마다 각각 다르게 볼 수 있어요.

**내담자:** 좋아요. 이제 알겠어요.

**사례 #2**

다음 장면은 내담자가 자신이 선택한 관대함이 별 가치가 없을까 봐 염려하여 관대해지기를 피하는 경우 그에 대해 반응하는 방법을 보여 준다.

**내담자:** 저 이번에도 과제를 못했어요. 이건 너무 어려워요.

**치료자:** 음, 그에 대해 이야기해 봐야겠군요. 관대함 실천하기 과제를 말씀하시는 거죠?

**내담자:** 네, 엄마를 위해 요리하고 그것을 갖다 드리기로 했거든요.

**치료자:** 기억나요. 그것을 실천하기에 어떤 점이 어렵게 느껴지셨나요?

**내담자:** 잘 모르겠어요. 그냥 그랬어요.

**치료자:** 요리할 시간이 부족했었던 걸까요? 아니면 누군가를 위해 요리한다는 게 부담감이 느껴졌던 걸까요?

**내담자:** 둘 다 아니에요. 사실 제가 요리는 했는데요, 엄마를 깜짝 놀라게 하려고 요리를 가지고 집을 나서기는 했었어요.

**치료자:** 그러고 나서 어떤 일이 있었어요?

**내담자:** 그런데 제가 예전에 엄마를 위해 뭔가 좋은 일을 했었던 때가 기억이 났어요.

**치료자:** 예전에 엄마를 위해 좋은 일을 했는데, 어떤 일이 있었나요?

**내담자:** 엄마는 별로 신경 쓰지 않는 것 같아 보였어요. 이번에도 마찬가지일 것 같았어요.

**치료자:** ○○ 씨의 관대함이 인정받지 못하게 될까 봐 두려우셨나 봐요.

**내담자:** 네, 맞아요. 몇 달 전에 제가 엄마 창고를 청소했는데, 엄마는 고맙다는 말도 안 하셨어요. 심지어 제가 청소한 걸 엄마가 알고 계신지도 모르겠네요.

**치료자:** 정말 실망스럽고, 상처가 되었을 것 같아요.

**내담자:** 그랬어요! 제가 정말 노력했거든요. 저는 약간 인정받길 원했던 것 같아요.

**치료자**: ○○ 씨뿐만 아니라 모두가 관대한 행동이 주목받지 못하거나 인정받지 못해 상처를 받아요. 관대함은 우리가 가진 자원의 일부를 내주어야 하기 때문에 우리를 취약하게 만들어요.

**내담자**: 저는 취약해지는 느낌이 너무 싫어요.

**치료자**: 많은 사람이 그래요. 사람들은 상처받고 싶어 하지 않지요.

**내담자**: 맞아요.

**치료자**: 그와 동시에 때로는 우리가 목표를 달성하기 위해 취약함을 느껴야 할 때도 있어요. 예를 들어서, 치료 초반에 ○○ 씨가 사회적인 활동을 계획하면서 약간 취약해진 느낌을 경험한 적이 있었어요. 그런데 그렇게 함으로써 우정을 발전시켰어요.

**내담자**: 네 그랬었어요.

**치료자**: 마찬가지로, 연약해지고 상처받는 느낌이 때때로 관대함 실천하기 활동의 부작용일 수 있어요. 하지만 관대함을 실천하게 되면 전반적으로 기분이 나아지고 자부심, 사랑, 자비, 이타적 기쁨과 같은 긍정적인 정서를 더 많이 느낄 수 있어요. 이타적 기쁨은 우리가 다음 주에 배우게 될 거예요.

**내담자**: 그게 할 만한 가치가 있는지 확신이 서지 않네요.

**치료자**: 사회적 활동을 계획할 때도 ○○ 씨가 그렇게 말씀하셨던 게 생각나요. (미소를 지음) 그때 사회적 활동이 할 만한 가치가 있다고 생각하셨었나요?

**내담자**: 그 친구들에게는 그랬어요. 전 이것을 시도해 볼 수 있어요. 하지만 그렇다고 해서 제가 관대함을 실천할 때마다 기분이 나빠야 하는 걸까요?

**치료자**: 관대함에 대한 ○○ 씨의 관점을 바꾸는 것만으로도 인정받지 못할 때 받는 상처를 어느 정도 줄일 수 있어요.

**내담자**: 어떻게요?

**치료자**: 우리가 관대함은 '대가를 기대하지 않고 베푸는 것'이라고 정의했던 것을 기억해 보세요. 우리가 그렇게 본다면, 관대한 행동은 결과를 위한 것이 아니라 활동 자체를 위한 거예요. 목표를 달성하기 위해서가 아니라 그 활동이 중요하기 때문에 하는 것입니다. 예를 들어, ○○ 씨가 산책을 하는데, 제가 듣기로는 ○○ 씨가 살을 빼기 위해 매일 산책을 하는 것이 아니라, 산책이 ○○ 씨에게 중요하기 때문에 매일 걷는다고 알고 있어요.

**내담자**: 맞아요. 좋아요. 이해했어요.

## ☺ 관대함 실천하기 문제 해결

 **관대함**에 대해서 내담자들이 가장 흔하게 하는 염려는 자신에게 관대한 행위를 할 시간이나 자원이 없다고 하는 것이다. 이러한 마음을 인정해 주면서, **관대함**이 자원을 많이 필요로 하는 것은 아님을 설명하라. 관대한 행위는 누군가에게 미소를 짓거나, 긍정적인 생각을 보내거나, 조언을 제공하거나, 적극적으로 경청하거나, 누군가에게 뭔가를 빌려 주는 것일 수도 있다. 관대한 행위는 다른 사람, 반려동물 또는 세상을 향한 것일 수 있고, 자기 돌봄이 될 수도 있다. 때때로 우리는 다른 사람들을 위해서는 너무 많은 일을 하고 자신을 위해서는 충분하게 관심을 기울이지 않는다는 것을 내담자가 인식하는지 확인할 필요가 있다. 만일 내담자가 그러하다면 자기 자신을 위해 관대함을 실천하도록 해야 한다.

 **관대함**에 대한 또 다른 일반적인 염려는 내담자가 무언가를 제공했음에도 그것이 인정받지 못할 것이라고 생각하는 것이다. 이런 우려스러운 결과는 실제로 나타날 가능성이 매우 높으며 우리 모두가 이를 인정해야 한다. 그와 동시에 우리가 다른 사람들을 통제할 수 없다는 것을 내담자에게 상기시키는 것이 중요하다. 또한 무언가를 주는 행위는 그것의 가치를 인정받든 혹은 인정받지 않든 유익이 있다는 것이 연구를 통해 확인되었음을 설명한다. 내담자가 여전히 인정받지 못해서 어려움을 겪고 있다면, 감사함을 받고자 하는 기대보다는 열린 마음으로 무언가를 주는 선택을 강조하라. 감사함을 받고자 하는 기대는 후회와 억울함으로 이어질 수 있다.

# 이타적 기쁨 실천하기

##  배경

　**이타적 기쁨**은 타인의 성공으로 인해 일어나는 긍정정서 경험이다(Grossman, 2015; Zeng et al., 2017). 또한 이것은 이러한 긍정정서를 경험하기 위해 의도적으로 실천하는 것이다. **자애**와 마찬가지로 **이타적 기쁨**은 동양의 영적 수행에서 유래한 것이며, 불교 전통에서 네 가지 건강한 마음자세 중 하나로 꼽힌다(Grossman, 2015).

　이 수행을 하는 동안 개인은 다른 사람에게 행운이 계속되길 기원하는 긍정적인 생각을 보내고, 이와 동시에 발생하는 정서, 생각 및 신체적 감각을 인식한다. **자애**와 달리 내담자는 최근에 행운이나 성공을 경험한 사람을 떠올리고, 그들에게 행운이 더해지길 바라는 생각을 한다.

　**이타적 기쁨**이 정신건강에 유익한 영향을 미친다는 근거가 있다. 예를 들어, **이타적 기쁨**은 긍정정서, 삶의 만족도, 특성 행복의 증가와 관련이 있고(Zeng et al., 2017), 보다 일반적으로 **이타적 기쁨**은 유대감을 강화한다. PAT에서 **이타적 기쁨**은 보상 획득(또는 **좋아함**)을 표적으로 설계되었다.

## ☺ 이타적 기쁨 실천 방법

　**자애**와 마찬가지로, 내담자는 치료 회기 중에 치료자와 함께 **이타적 기쁨 실천하기**를 연습한다. 내담자가 [글상자 7-2]의 대본을 읽고 이를 실행하고 문제 해결에 활용할 수 있도록 안내한다. 내담자가 [활동 7-4] **이타적 기쁨**을 사용하여 자신의 기분을 미리 기록하도록 한다. 이 양식은 내담자 워크북과 이 책 부록에 수록되어 있다.

**글상자 7-2** 이타적 기쁨 실천하기를 위한 안내 지침

주변에 방해 요인이 적은 편안한 곳을 찾습니다. 발을 바닥에 평평하게 두고, 등을 곧게 하며, 눈을 감거나 시선이 닿는 곳을 부드럽게 응시하는 것이 좋습니다.

만약 오늘 당신의 마음이 불안정하거나, 종잡을 수 없이 헤매고 있거나, 주의가 산만해진 상태라면, 숨을 들이쉬고 내쉬는 것을 알아차리면서 호흡에 부드럽게 주의를 기울이세요. 공기를 들이마시고 내쉴 때 몸의 변화를 관찰하세요. 배가 오르내리는 것이나 코 안팎으로 이동하는 공기의 온도 변화를 느껴 보세요.

준비가 되면, 당신이 좋아하고 어렵지 않은 누군가를 생각해 보세요. 이는 당신이 깊이 아끼는 사람일 수도 있고, 반려동물일 수도 있으며, 가까운 사람은 아니지만 당신이 아주 존경하는 사람일 수도 있습니다. 그 존재가 당신 앞에 앉아 미소 지으며 당신을 바라보는 상상을 해 보세요.

그 존재가 가진 좋은 행운을 하나 떠올려 보세요. 그것을 떠올리면서 느껴지는 정서를 알아차려 보세요.

다음 문장을 소리 내어 말하거나 마음속으로 말하며 단어에 집중하면서, 이 마음을 그 존재에게 보냅니다.

당신이 행복하고 만족하는 것을 보니 저도 행복합니다……

나는 당신의 성공이 계속 당신과 함께하길 바랍니다……

나는 당신이 계속 풍요로워지기를 바랍니다……

……

당신이 행복하고 만족하는 것을 보니 저도 행복합니다……

나는 당신의 성공이 계속 당신과 함께하길 바랍니다……

나는 당신이 계속 풍요로워지기를 바랍니다……

당신이 이 문장을 말할 때 어떤 정서와 신체적 감각이 느껴지는지 알아차려 보세요. 기쁨? 미소? 지금 당장 긍정적인 정서가 느껴지지 않아도 괜찮아요.

잠시 당신의 호흡에 주목해 보세요. 숨을 들이쉬고 내쉴 때마다 배가 오르락내리락하는 것을 알아차리세요.

이제 조금 더 어려운 사람을 떠올려 보십시오. 자기 자신, 친구 또는 가족이 될 수 있습니다. 한 사람을 선택했다면 그 사람이 당신 앞에 앉아 있다고 상상하세요.

그 사람이 가지고 있는 행운 한 가지를 찾아보세요. 그것이 무엇인지 떠올릴 때 느껴지는 정서를 알아차려 보세요. 다음 문장을 그 사람에게 보냅니다.

〈계속〉

당신이 행복하고 만족하는 것을 보니 저도 행복합니다······.

나는 당신의 성공이 계속 당신과 함께하길 바랍니다······.

나는 당신이 계속 풍요로워지기를 바랍니다······.

······

당신이 행복하고 만족하는 것을 보니 저도 행복합니다······.

나는 당신의 성공이 계속 당신과 함께하길 바랍니다······.

나는 당신이 계속 풍요로워지기를 바랍니다······.

내면에 일어나는 정서나 신체적인 감각을 알아차리세요.

마지막으로, 당신의 호흡에 부드럽게 주의를 기울이고······ 눈을 뜨세요.

이 기술을 연습한 후, 내담자는 다시 자신의 기분을 평가한다. 그런 다음 내담자가 느낀 생각, 정서 또는 신체적 감각에 대해 물어봄으로써 내담자의 경험을 정리한다. 내담자가 긍정적인 정서나 생각을 경험했다면, **이타적 기쁨** 실천과 긍정정서의 연관성을 강조한다. 기분이 이전보다 더 향상되었다면 이러한 연관성을 강조하라. 이 활동이 긍정적인 기분으로 이어진다는 것을 배우게 될 것이다.

만일 내담자가 부정적인 경험을 했다면 그 이유를 평가하라. 어색하거나 진정성이 없다는 느낌이 들어 불편함이 느껴졌는가? 만일 그렇다면, 내담자가 **이타적 기쁨**을 실천하는 처음 몇 번은 그런 느낌이 들 수 있음을 설명하라. 이 활동으로 인해 긍정적인 정서보다 부정적인 정서를 더 많이 느꼈는가? 만약 그렇다면, 첫 연습에서 너무 어려운 사람을 선택할 때 이런 일이 자주 발생한다는 점을 확인시켜 준다. 시간이 충분하다면 덜 어려운 다른 존재(예: 반려동물)를 대상으로 다시 연습하게 한다. 내담자의 마음이 너무 산만하였는가? 만약 그렇다면 그러한 경험을 타당화하고, 일반적으로 더 많이 연습하다 보면 산만함이 줄어든다는 것을 설명하라.

## 😊 이타적 기쁨 실천하기 과제

내담자는 워크북의 활동지를 복사하여 사용할 수 있다. 과제로 내담자가 매일 **이타적 기쁨**을 실천해 보도록 하고, 활동하기 전과 후의 기분을 [활동 7-4] 양식에 기록하게 한다. 내담자는 대본을 읽거나, 자신이 대본을 읽는 것을 녹음하여 이를 들으면서 연습할 수 있다.

## 😊 이타적 기쁨 실천하기 사례

### 사례 #1

다음 장면은 치료자가 이타적 기쁨을 소개하는 방법을 보여 준다.

**치료자:** 마지막 기술은 이타적 기쁨이에요. 이타적 기쁨에 대해서 들어 본 적이 있나요?

**내담자:** 아니요. 들어 본 적 없어요. 이타적…… 그게 뭐죠?

**치료자:** (미소를 지으며) 이타적 기쁨이라고 해요. 이타적 기쁨은 하나의 실천이기도 하고, 정서이기도 해요. 이것은 다른 사람이 경험한 기쁨으로 인해 내가 긍정적인 정서를 느끼는 거예요. 그리고 그러한 정서를 우리가 함양하는 연습을 하는 기술이기도 해요.

**내담자:** 함양한다고요? 그게 어떤 의미예요?

**치료자:** 함양한다는 말은 성장을 촉진한다는 의미예요. 기본적으로 이 활동은 시간이 지나면서 긍정적인 정서를 점점 더 많이 느낄 수 있기를 바라면서 연습할 기술이에요.

**내담자:** 아. 알겠어요. 그래서 이것은 우리가 다른 사람의 기쁨으로 인해 내가 기쁨을 느낀다는 거죠.

**치료자:** 정확해요. 다른 사람이 긍정적인 정서를 경험하는 것을 보고 기쁨이나 긍정적인 정서를 느껴 본 적이 있었나요?

**내담자:** 제 딸이 어렸을 때 언제나 그랬죠. 제 딸은 선물을 열어 보거나, 자전거를 타거나, 골든 리트리버를 껴안는 것을 너무 행복해했어요. 저는 그 아이가 너무 행복해하는 것을 보면

서 미소를 지을 수밖에 없었어요.

**치료자:** ○○ 씨가 방금 그 이야기를 하시면서 미소 짓는 모습이 보이네요.

**내담자:** 오! 그런 것 같아요! 네 맞아요. 확실히 이타적 기쁨을 느꼈네요. 그런 명칭이 있는지 몰랐어요.

**치료자:** 대부분의 사람은 이 명칭에 친숙하지 않아요. 자애처럼 이것은 원래 불교 수행의 명상에서 개발됐어요. 그리고 자애와 마찬가지로 이타적 기쁨을 실천하면 긍정적인 정서를 더 많이 느끼게 되는데, 특히 유대감을 느끼게 된다는 연구들이 있어요.

**내담자:** 그런 것 같네요. 음, 저는 자애 실천하기가 마음에 들었었거든요. 그래서 이것도 마음에 들 것 같아요.

**치료자:** 좋습니다. 이 활동도 아주 비슷해요. 그럼 지금 연습해 볼까요?

**내담자:** 네 좋아요.

## 사례 #2

다음 장면은 내담자가 이타적 기쁨을 연습하는 도중에 부정적인 정서만 경험하는 상황을 다루는 방법을 보여 준다.

**치료자:** 자, 방금 이타적 기쁨을 처음 연습해 보았는데요, 어떤 것을 알아차리셨나요?

**내담자:** 음…… 별로네요.

**치료자:** 좀 더 말씀해 주시겠어요?

**내담자:** 그걸 하고 나니 기분이 안 좋아요.

**치료자:** 그래요. 이 활동이 어떤 부정적인 기분을 불러일으켰나 봐요. 이 활동을 하면서 느껴졌던 부정적인 정서가 구체적으로 어떤 건지 알 수 있을까요?

**내담자:** 분명히 질투예요…… 그리고 수치심.

**치료자:** 확실히 모두 힘든 정서들이네요.

**내담자:** 네 맞아요.

**치료자:** 음, 그런 정서들을 일으킨 것이 무엇인지 보다 깊이 이해하면 도움이 될 거예요. 방금 연습할 때 누구를 선택하셨나요?

**내담자**: 제가 어릴 때부터 친했던 가장 친한 친구요.

**치료자**: 네. 그 친구의 얼굴을 마음속에 떠올릴 수 있었나요?

**내담자**: 그렇게 했어요. 꽤 생생하게 떠올렸고요. 하지만 그 친구에게 긍정적인 생각을 보내기 시작하자마자, 그 친구가 가진 모든 행운이 떠오르기 시작했고, 그 모든 게 제가 갖지 못한 것들이라는 생각이 들었어요. 예를 들면, 그 친구의 배우자, 자녀들, 커다란 집, 그리고 좋은 직업이요. 저는 무직이고, 아파트 월세도 겨우 내요. 전 실패자예요.

**치료자**: ○○ 씨가 이 활동을 하면서 하향 나선에 들어가게 된 것 같아요.

**내담자**: 확실히 그래요.

**치료자**: 이 활동이 어떤 부정적인 정서를 불러일으키는 것은 흔한 일이에요. 사실, 긍정적이든, 부정적이든 어떠한 정서가든지 마음에서 일어날 때 그것을 알아차리고 인정하는 것을 훈련하는 것이 이 활동의 한 부분이에요. 이것은 그런 정서를 바꾸는 것이 아니고, 그 정서가 힘들게 느껴질 수 있지만, 그냥 그 정서를 관찰해 보려는 의도예요.

**내담자**: 네, 기억나요. 자애도 마찬가지였어요. 많이 연습한 후에야 기분이 나아지는 것을 느낄 수 있었지요.

**치료자**: 맞아요.

**내담자**: 하지만 전 자애가 더 나은 것 같아요. 그건 제 마음을 차분하게 해 주었거든요. 이건 그렇지 않았어요.

**치료자**: ○○ 씨가 이 활동에 대해 강한 정서를 느끼는 이유 중 하나가 기쁨이나 행운이 제한되어 있다고 생각해서 그런 건지 궁금해요. 우리가 관대함 실천하기 활동에 대해 나눴던 이야기를 기억하시나요?

**내담자**: 제가 관대함을 제한적인 것으로 생각하면 관대해지기가 어려울 수 있어요. 하지만 무제한이라고 생각하면 관대함을 실천하는 방법을 찾기가 더 쉽다고 했어요.

**치료자**: 정확해요. 잘 요약하셨어요. 이타적 기쁨도 마찬가지입니다. 다른 사람의 행운이 자신의 행운에 영향을 미치지 않는다는 것을 인식할 때, 다른 사람의 기쁨과 행운에 대해 긍정적인 정서를 만드는 게 더 쉬워질 수 있어요.

**내담자**: 아마 언젠가는 우리 둘 다 자기 집을 소유하고, 가족을 갖게 될 수도 있겠죠? 그리고 언젠가는 저도 직업을 갖게 될 수 있고요.

**치료자**: 맞아요. 그리고 이타적 기쁨 활동을 하면서 질투가 느껴질 때, 감사가 도움이 될 수 있어요.

내담자: 그럴 수 있네요. 그리고 저에게 감사할 일이 많이 있어요.

치료자: 한번 더 시도해 볼게요. 연습하기에 너무 복잡하게 느껴지는 친구를 선택하는 대신, 다음 연습을 위해 덜 복잡한 사람을 선택해 봐요. 상대가 행복할 때 ○○ 씨가 기쁨을 느끼지 않을 수 없는 사람이나 반려동물이 있나요?

내담자: 제 강아지요. 걔가 흥분하면 너무 재밌어요. 주변을 뛰어다니면서 점프하고 제 얼굴을 핥아요. 제 강아지가 행복한 모습을 보는 게 너무 좋아요.

치료자: 좋습니다. 그럼 강아지를 떠올려 보면서 연습을 해 볼게요.

## 😊 이타적 기쁨 실천하기 문제 해결

**이타적 기쁨**을 배우는 데 있어 가장 흔한 어려움은 이 활동을 하면서 부정적인 정서를 경험하는 것이다. 내담자들은 질투, 분노, 슬픔 또는 짜증을 느낀다고 보고할 수 있다. 이는 정상적인 반응이며, 특히 내담자가 선택한 대상이 다양한 이유로 '어려운' 사람인 경우에 더욱 그렇다. 치료자는 먼저 내담자의 반응을 정상화하는 것이 중요하다. 회기에 충분한 시간이 있다면, 내담자가 덜 어려운 대상(예: 반려동물, 한때 내담자가 좋아했던 교사나 멘토)을 선택하여 연습을 다시 해 봄으로써 다른 정서가 일어나는지 확인하도록 독려할 수 있다. 마지막으로, 내담자가 긍정적인 정서를 경험하기까지 여러 번의 연습(심지어 몇 주 또는 몇 달)이 필요할 수 있으므로 이러한 기술을 반복적으로, 때로는 장기간 연습하는 것을 권한다.

**이타적 기쁨** 활동에 대한 또 다른 일반적인 반응은 (**자애**와 유사하게) 어색한 느낌, 또는 진정성이 없다는 느낌을 겪는 것이다. 치료자는 이러한 경험을 타당화하고, 시간이 지남에 따라 이러한 정서는 사라질 것이라고 설명한다. 또한 내담자는 자신이 생각하거나 느낀 것을 더 잘 반영하기 위해 **이타적 기쁨**을 실천하는 동안 안내 지침의 문장을 수정할 수 있다(예: '당신이 잘하고 있어서 기쁩니다.').

내담자들은 때때로 자신의 삶에서 어렵지 않은 사람이 없다고 말한다. 어쩌면 내담자와 교류하는 모든 사람이 부정적인 정서를 불러일으킬 수도 있다. 이러한 경우, 반려동물, 관엽식물 또는 지금은 더 이상 교류하지 않는 과거의 인물을 떠올리면서 연습해 보도록 한다.

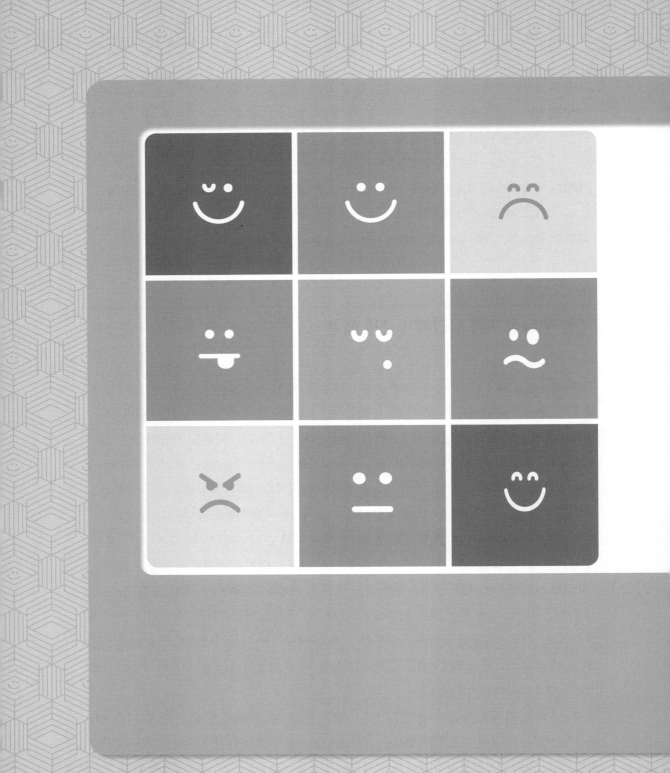

# 치료 성과 및 재발 예방

## Treatment Gains and Relapse Prevention

제8장  치료 이후 여정 지속하기

긍정정서치료:
우울과 불안에 대한 새로운 접근

# 치료 이후 여정 지속하기

워크북 제8장에 해당함

## 😊 필요한 재료

- ☑ [활동 8-1] 나의 진전 평가
- ☑ [활동 8-2] 나의 장기 목표
- ☑ [활동 8-3] 치료 성과 유지하기
- ☑ [활동 8-4] 장벽 극복하기

\* 모든 활동지는 내담자 워크북에 포함되어 있으며, 이 책의 부록에도 수록되어 있음.

## 😊 목표

- ☑ 지난 회기의 내용을 복습하고 질문에 답한다.
- ☑ 치료 성과를 검토한다.
- ☑ 장기 목표를 검토한다.
- ☑ 실천을 지속하는 데 방해가 되는 장벽에 대해 논의하고 해결한다.
- ☑ '위험성이 높은' 시기(실수 또는 재발)를 관리하는 방법에 대해 논의한다.

## 😊 내담자 워크북 제8장의 정보 요약

- ☑ 연구에 따르면, 지속적인 실천이 치료 성과를 유지하는 데 필수적이다.
- ☑ 장기적인 목표 확인은 치료가 끝난 후에도 실천을 지속하도록 촉진한다.
- ☑ 장벽을 극복하기 위한 계획을 세우는 것은 내담자가 지속적인 기술 훈련을 방해하는 상황을 예상하고 대처하는 데 도움이 된다.
- ☑ 실수(lapse)는 일시적으로 증상이 다시 나타난 것을 말하며, 재발(relapse)은 치료 전

기저선으로 돌아가는 것을 말한다. 고위험 시기 또는 촉발 요인은 실수/재발을 부추길 수 있다. 이에 대해 인식하고 관리 계획을 세우는 것이 실수/재발의 가능성을 줄일 수 있다.

## ☺ 주요 개념

이 장의 핵심 개념은 치료 종결을 위해 내담자를 준비시키는 것이다. 마지막 회기는 내담자의 진전을 검토하고, 장기적인 치료 목표를 설정하고, 성과를 유지하고 어려운 시기에 대처하기 위한 전략을 찾는 것에 집중한다. 치료자는 치료 성과를 유지하고 개선하기 위해 지속적인 실천을 위한 아이디어를 강화할 것이다. 장벽이 무엇인지 평가하면 내담자가 어려운 시기에 대처하는 데 도움이 될 수 있다. 내담자에게 실수와 재발의 차이점에 대해 교육하고, 긍정적인 기분 사이클과 상향 나선을 유지하기 위한 지속적 실천의 이점과 스트레스 촉발 요인에 대한 자각을 강조하라. 내담자의 목표는 다음과 같다.

- ☑ 독립적인 실천 과정을 시작한다.
- ☑ 치료 성과와 장기 목표를 검토한다.
- ☑ 어려운 시기와 장벽을 어떻게 해결할지 계획을 세운다.
- ☑ 실수와 재발의 차이점을 이해하고 인식한다.

## ☺ 치료 성과 검토하기

내담자들은 치료가 끝날 때 여러 반응을 보인다. 어떤 사람들은 마지막 회기를 기대하는 반면, 몇몇 사람들은 불편함이나 두려움을 경험하기도 한다. 내담자의 이러한 반응들이 자연스러운 것임을 인식시켜야 한다. 대부분의 기술이 그렇듯이 우리는 다른 사람의 도움을 받아 배움을 얻지만, 삶에서 타인의 존재와 도움 없이 변화를 지속하는 것이 두려울 수 있다. '나 혼자서는 할 수 없어.' '치료자의 도움 없이는 다시 증상이 재발할 거야.' '내가 아직 숙달하지 못한 기술이 있어.'와 같은 부정적 생각은 정서장애가 있는 사람들에게 흔히 나타나는 것이며 이에 대해 주의를 기울여야 한다. 이 장의 활동들은 내담자가 주인의식과 숙달감을 발전시키도록 도움으로써 앞에서와 같은 부정적인 생각들을 제거하기 위해 고안되었다. 마지막 회기에 도달하기 최소 2주 전에 치료가 종료된다는 것을 내담자에게 상기시키는 것이 중요하다. 이 장에서 논의한 바와 같이, 치료를 종결하는 것은 내담자의 지속적인 실천을 시작한다는 것을 의미한다. 치료 종결은 학습과 지속적인 개선이 끝났음을 의미하는 것이 결코 아니다.

내담자가 긍정정서치료(PAT)를 완료했음을 칭찬하면서 마지막 회기를 시작하라. 잠시 시간을 내어 내담자가 지난 몇 달 동안 해 왔던 활동과 노력들을 알아차리고 인정할 수 있도록 도와준다. 내담자가 자신이 해 왔던 것에 대해 주인의식을 가지고 스스로를 칭찬하도록 상기시키고, 그에 대해 긍정적인 느낌을 이야기하도록 하라. 내담자가 자부심, 흥분, 주인의식을 느끼는가? 자신이 성취한 것을 향유하게 하라.

그런 다음 내담자의 진전을 되돌아봄으로써 내담자가 숙달한 기술과 추가 작업이 필요한 기술이 무엇인지 결정한다. [활동 8-1] **나의 진전 평가**의 질문을 검토할 때, 치료의 진전이 선형적인 경우는 거의 없다는 점을 내담자에게 상기시켜 준다.

치료의 진전을 평가할 때 내담자에게 어떻게 느끼는지 묻기보다는 표준화된 설문지에 주간 점수의 객관적인 변화를 조사하는 것이 가장 정확하다. 점수의 변동이 혼란스럽고 불편하게 느껴질 수 있음을 설명하라. 점수 자료는 내담자가 어떤 사람인지를 나타내는 지표가 아니라, 그간 내담자가 거쳐 온 진행 과정을 나타내는 정보 중 하나라는 점을 안내한다. 치료는 진공 상태에서 이루어지지 않는다는 것을 내담자에게 상기시켜야 한다. 생활 환경, 건강 및 사회의 변화는 기분에 영향을 미칠 수 있다. 이러한 내외적인 영향을 완충하는 데 긍정적인 기분 증가와 부정적인 기분 감소와 같은 치료 성과들이 도움이 될 것이다.

내담자가 이 치료에 쏟는 노력과 에너지에 대해 주인의식을 갖도록 격려하라. 내담자에게 치료적인 진전이란 치료 후에도 계속되는 지속적인 과정이라고 생각하도록 상기시켜 준다. 내담자가 학습한 기술을 적용하고 개선하기 위한 전략은 다음 항목에서 검토할 것이다.

이 시점에서 [활동 8-1]의 질문에 내담자가 응답하도록 한다. 이 활동은 내담자 워크북과 이 책의 부록에 있다. 치료자와 내담자는 워크북에서 이 활동지를 복사하여 사용할 수 있다.

내담자가 [활동 8-1] **나의 진전 평가**의 1번 문항 또는 2번 문항을 응답하면서 의미 있는 개선이 이루어졌음을 인정하는 경우 내담자의 노력과 성공을 축하하라. 그런 다음 바로 다음에 있는 '실천 지속하기' 항목으로 이동한다.

만일 내담자가 1번 문항 또는 2번 문항을 응답하면서 자신이 개선되었음을 인정하지 않는 경우, 4번 문항부터 12번 문항의 답변을 검토하여 추가적인 성과를 달성하기 위해 재검토할 수 있는 기술이 무엇인지 찾아본다.

## ☺ 실천 지속하기

치료 후에 지속적인 실천을 촉진하는 효과적인 방법은 [활동 8-2] **나의 장기 목표**에 표시된 것과 같이 장기적인 목표 목록을 만드는 것이다. 이 활동지는 내담자 워크북과 이 책의 부록에도 있다. 내담자가 다음 질문들에 대해 생각해 보도록 독려하라.

- ☑ 이 치료는 무엇에 대한 것이었나요?
- ☑ 당신이 기분을 개선하고 싶었던 이유는 무엇이었나요?

구체적인 단계를 기록하면 그 과정이 보다 체계적으로 느껴지고 책임감이 생긴다. 목표 목록에는 학습한 기술 중 하나 이상이 포함되어야 한다. 예를 들어, '현재에 보다 더 충실한 부모되기' '친구와의 관계를 계속 발전시키기' '신체적 활동 유지하기' 등이 있다.

다음으로, [활동 8-3] **치료 성과 유지하기**를 사용하여 세 가지 기술 영역(순간을 향유하면서 긍정적 활동하기, 긍정적으로 생각하기, 긍정성 구축하기)의 구체적인 실천을 통해 치료 성과를 유지하는 단계를 만든다. 예를 들어, 우정을 계속 키워 나가기 위해서 일주일에 한 번 친구에게 전화하는 것을 포함하여 긍정적인 활동을 설계해 볼 수 있다. [활동 8-3]은 내담자 워크북과 이 책의 부록에 수록되어 있다.

## ☺ 도전적인 시기와 장벽 다루기

연구에 따르면, 치료가 종결된 후 실천을 지속하면 내담자의 재발 위험이 감소된다. 지속적인 실천이 왜 중요한지는 걷는 것을 배우고, 자전거 타기나 운전하는 방법을 배우는 것, 새로운 언어나 스포츠를 배우는 것, 또는 스마트폰이나 컴퓨터 사용법을 배우는 것과 같이 내담자가 인생에서 배웠던 기술에 대해 물어봄으로써 효과적으로 설명할 수 있다. 내담자에게 운전이나 컴퓨터 사용법을 배운 후 연습을 중단하면 어떤 일이 일어날지 상상해 보라고 하는 것이다.

이론적 지식은 보다 쉽게 유지할 수 있지만 실제적인 지식은 시간이 지나면서 감소한다. 따라서 기술 유지에 가장 중요한 시기는 초반이다. 운전과 같이 기술을 반복적으로 사용하면 제2의 천성이 된다.

내담자가 [활동 8-4] **장벽 극복하기**를 완성하도록 도와라. 이 활동지는 내담자 워크북과 이 책의 부록에 있고, 내담자가 배운 모든 기술의 효과적인 연습을 저해하거나 중단시킬 수 있는 요인을 식별할 수 있다. 내담자에게 다음 질문을 하라.

- ☑ 앞으로 기술을 실천하는 데 방해가 될 것으로 예상하는 것은 무엇인가요?
- ☑ 무엇이 당신을 어려움에 빠지게 할 수 있을까요?
- ☑ 당신에게 어려운 기술은 무엇인가요?
- ☑ 어떤 스트레스 요인이 특정 기술을 실천하기 어렵게 만들까요?

미래에 생길 만한 장벽을 예측하고 대처하는 것은 앞으로 나아가게 하는 강력한 도구이다. 내담자에게 활동지에 세 가지 장벽을 나열하고 각 장벽을 피하기 위해 취할 수 있는 1~3단계에 대해 논의해 보자고 제안하라. 예를 들어, 기술 실천을 위해 하루 중 규칙적인 시간을 정하기, 휴대폰에 미리 알림 설정하기, 일주일에 한 번 또는 한 달에 한 번 워크북을 다시 살펴보기, 어려운 기술을 계속 실천해 보기 등이 있다.

**사례** ─────────────────────────────────────○

다음 장면은 내담자가 치료 종결에 대해 우려할 때 치료자가 이를 다루는 방법을 보여 준다.

**내담자:** 제가 어느 정도 진전이 있었다는 것은 알지만, 저 혼자서 이것을 지속할 준비가 되지 않았다고 느껴져요.

**치료자:** ○○ 씨는 확실히 발전하는 모습을 보여 주었어요. 혼자서 지속할 준비가 되지 않았다고 생각하는 이유를 말씀해 주시겠어요?

**내담자:** 제가 배운 기술을 사용하는 방법을 잊어버릴까 봐 걱정돼요.

**치료자:** ○○ 씨의 염려가 이해돼요. 운전 배우기 비유를 기억하시나요?

**내담자:** 네, 선생님이 그 비유를 많이 사용했었죠. (웃음)

**치료자:** 네, 정말 그랬죠! 운전면허 시험에 합격하고 강사가 ○○ 씨만 운전하게 했을 때 ○○ 씨가 배웠던 모든 기술을 잊어버렸었나요?

**내담자:** 물론 아니에요.

**치료자:** 그 대신에 어떻게 되었지요?

**내담자:** 음, 저는 계속 운전했고, 시간이 지나면서 점점 더 쉬워졌어요. 차를 운전하는 법과 어려운 상황에서 무엇을 해야 하는지 알게 되었고 자신감이 생기기 시작했어요.

**치료자:** 그렇다면, 이것을 치료 종결에 어떻게 적용할 수 있을까요?

**내담자:** 글쎄요, 제가 배운 기술을 계속 적용하면 할수록 더 나아지고 자신감이 생길 것 같아요.

**치료자:** ○○ 씨가 배운 모든 기술이 워크북에 자세히 설명되어 있다는 것을 기억해요. 가끔씩 워크북을 검토하는 것이 도움이 될 거예요. 활동지를 검토할 수도 있고요.

**내담자:** 매일 활동지를 계속 작성하는 것이 좋을까요?

**치료자:** 어떤 내담자에게는 그것이 도움이 될 수 있어요. ○○ 씨에게 효과적인 방법이 무엇인지에 따라 달라요. 정식으로 할 수도 있고 약식으로 할 수도 있어요. ○○ 씨의 일상생활에 가장 적합한 것이 무엇인지 테스트해 보기 바랍니다.

## ☺ 문제 해결

　내담자는 때때로 자신이 원했던 만큼 개선되지 않았다고 우려를 표한다. 어떤 사람들은 자신이 개선되었다는 것을 인정하지만 그 정도를 축소하여 보고할 수도 있다. 앞서 설명했듯이 표준화된 설문지(예: PANAS, DASS)의 객관적인 자료를 사용하는 것이 개선을 평가하는 효과적인 방법이다. 심각도의 기저선과 비교하여 변화의 중요성을 강조하라. 무쾌감증 내담자는 치료적 진전을 깎아내리는 것이 일반적인 반응이다. **긍정적인 것에 주의 기울이기** 치료 세트의 기술들이 이를 다루는 좋은 기회가 될 수 있다. 즉, 내담자는 치료의 긍정적인 면을 발견할 수 있고(**긍정적인 면 찾기**), 내담자가 발견한 긍정적인 면들이 내담자의 학습에 어떤 기여를 했는지 생각해 볼 수 있으며(**주인의식 갖기**), 내담자가 긍정성을 향해 발전해 나가는 것을 상상할 수 있다(**긍정적인 상상하기**). 지속적 실천을 다시 강조하고, 치료의 종결은 자기주도적인 여정의 시작이라는 것을 강조한다. 내담자에게 마음대로 사용할 수 있는 강력한 도구로 가득 찬 도구 상자가 있다는 비유를 사용하면 자신감, 주인의식 및 긍정성을 높이는 데 도움이 된다.

　일부 내담자는 이전에 여러 번 치료 실패를 경험한 적이 있거나 치료 성과를 불신하기 때문에 재발을 걱정한다. 내담자가 우려하는 이유가 무엇이든 간에, 실수와 재발의 차이점과 언제 추가적인 도움을 구해야 하는지에 대해 내담자를 적절하게 교육하는 것이 중요하다.

　먼저 내담자에게 새로운 습관을 형성하는 것이 어렵다는 것을 상기시키면서 시작하라. 특히 오래된 습관이 자동화된 경우, 예전 습관으로 돌아가는 순간을 경험하는 것은 정상이라고 설명한다. 중요한 시기는 스트레스가 많을 때이다. 다시 말하지만, 내담자가 개발했던 건강한 식습관이나 운동 같은 다른 새로운 행동을 상기시키고, 마감일에 쫓기거나 감기에서 회복된 후에도 이러한 행동을 지속하는 것이 얼마나 어려운지 상기시켜 주도록 한다. 그러한 순간을 '실수'라고 부른다는 점을 설명하라. 이것 자체가 실패나 우려 사항의 신호가 아니지만, 무시해서도 안 된다. 내담자에게 실수에 대해 경계하고(예: 기분이 우울해서 며칠 동안 매일 걷는 것을 중단함), 일단 실수를 인식했다면 자신에게 자비로운 태도로 기술을 계속 실천하여 앞으로 나아가도록 조언하라. 이것이 내담자의 성과를 유지하는 데 도움이 되며, 내담자에게 통제감과 자긍심을 제공할 것이다.

실수는 재발과 다르다. 실수는 긍정적인 기분이나 부정적인 기분 수준이 일시적으로 변동하지만, 재발은 며칠 또는 몇 주에 걸쳐 치료 이전 수준으로 돌아간다. 기분 평가를 포함한 일기를 작성하는 것은 실수와 재발을 구별하는 효과적인 방법이다. 정기적인 실천과 장벽에 대처하는 방법을 검토하는 것은 재발의 위험을 낮출 수 있지만, 장기간 증상이 없는 상태에서도 재발은 일어날 수 있다. 독려 회기(booster session) 진행이 가능한지 여부를 내담자와 상의하라. 만일 치료자가 내담자에게 독려 회기를 제공하지 않는다면 내담자에게 지역사회의 다른 연계 자원 목록을 제공하라. 내담자에게 도움을 구하는 것을 미루어서는 안 되며 때로는 한두 번의 추수 회기를 통해 정상 궤도로 다시 되돌아올 수 있음을 강조하라.

마지막으로, 내담자는 치료를 진행하지 않거나 치료자와 함께 작업하지 않는 상태에서 치료에서 배운 기술을 계속 실천하는 것을 염려하거나 주저할 수 있다. 이럴 때 내담자를 운전자로, 치료자를 강사에 비유하는 운전자 교육 모델을 활용한다. 치료자가 처음에는 많은 지원을 제공하지만, 시간이 지남에 따라 내담자가 스스로 치료를 주도하고 치료자가 제공하는 지원은 점점 줄어들게 된다. 운전자가 운전면허 시험에 합격한 후에도 계속 강사가 운전자와 함께 다닌다면 어떻게 될까? 치료 종결 이후에는 지속적인 진전도, 지속적인 어려움도 생길 수 있다. 그동안 배운 기술을 계속 실천한다면 대부분의 문제를 적절하게 처리할 수 있는 준비를 갖춘 것임을 내담자에게 확신을 주도록 한다.

# 내담자 활동지

부록에 수록된 활동지는 내담자 워크북에도 포함되어 있다.
치료자와 내담자는 내담자 워크북이나 치료자 가이드에
수록된 활동지를 복사하여 사용할 수 있다.

긍정정서치료:
우울과 불안에 대한 새로운 접근

**활동 2-1** 치료 적합성 평가

| 질문 | 네 | 원함 | 좋아함 | 학습 | 실천할 활동 |
|---|---|---|---|---|---|
| 사랑, 기쁨, 호기심, 자부심, 흥분과 같은 긍정적인 정서를 느끼기 어렵습니까? | ☐ | | ● | | 정서에 이름 붙이기 |
| 일상에서 긍정적인 것을 알아차리는 것이 어렵습니까? | ☐ | | ● | ● | 긍정적인 면 찾기 |
| 긍정적인 것을 무시하는 경향이 있습니까? | ☐ | | ● | ● | 감사 |
| 주변 사람들로부터 당신이 스스로를 충분히 인정해 주지 않는다는 말을 듣습니까? | ☐ | | ● | ● | 주인의식 갖기 |
| 좋은 일이 있을 때 자신에게 공을 돌리기보다는 운이 좋아서 생긴 일이라고 생각합니까? | ☐ | | ● | ● | 주인의식 갖기 |
| 미래에 대해서 긍정적인 결과보다는 부정적인 결과를 더 많이 상상합니까? | ☐ | ● | | ● | 긍정적인 상상하기 |
| 유쾌한 활동이나 즐길 만한 활동을 중단하였습니까? | ☐ | ● | ● | ● | 기분이 나아지기 위한 활동 |
| 당신이 한때 즐겼거나, 즐거야 한다고 생각했던 활동에서 즐거움을 찾기 어렵다고 느끼십니까? | ☐ | | ● | ● | 향유하기/ 관대함 |
| 당신이 한때 즐겼던 활동이나 성취감을 느끼게 했던 일에 대해 동기나 기대감을 갖는 데 어려움을 겪고 있습니까? | ☐ | ● | | | 긍정적인 활동 설계하기 |
| 다른 사람들과의 관계에서 공감, 사랑, 또는 자비와 같은 정서와 유대감을 느끼기 어렵습니까? | ☐ | | ● | ● | 이타적 기쁨/ 자애 |

| 활동 2-2 치료 시기 평가 | 네 | 아니요 |
|---|---|---|
| 나는 거의 매일(최소한 주당 3회) 집에서 과제 완료에 전념할 수 있다. | ☐ | ☐ |
| 이 치료에 참여하는 데 방해될 수 있는 다른 치료를 받고 있지 않다. | ☐ | ☐ |
| 이 치료보다 우선시되는 다른 증상(예: 자살 충동, 정신증, 조증, 약물 남용)이 나타나지 않는다. | ☐ | ☐ |

## 활동 4-1　기분 사이클 알아차리기

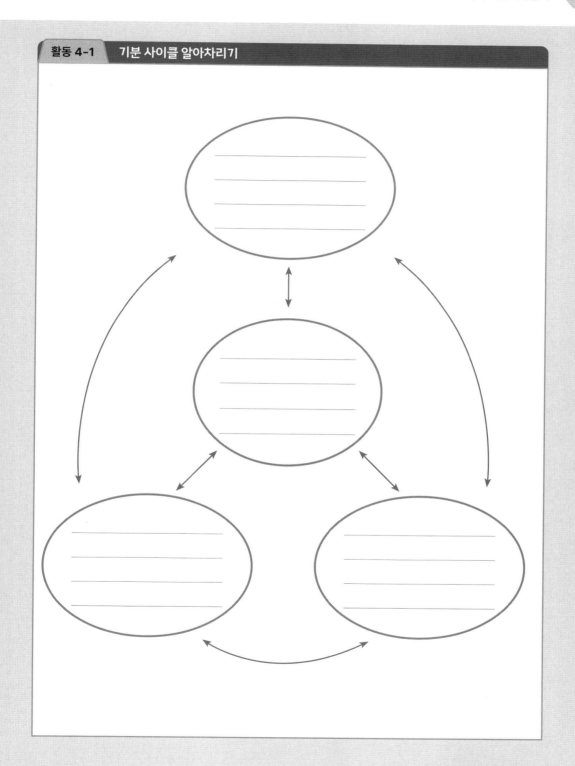

**활동 4-2** 긍정정서 다이얼

낙관적인

희망에 찬

긍정적인

고무되는

의기양양한

행복한

기쁜

흐뭇한

활기 넘치는

활력

상쾌한

생기 있는

평온한

평화로운

차분한

편안한

감탄

매료되는

흥미로운

고요

호기심

열정

기쁨

긍정적인
정서들

고마운

감탄하는

믿음직한

자부

용기 있는

맹렬한

애정

자신감

열렬한

애정이 넘치는

활홍감

흥분

강렬한

성취감

자랑스러운

강력한

감미로운

즐거운

행복이 넘치는

황홀경

호기심이 많은

관심이 가는

유쾌한

평온

흥미

용기

| 활동 5-1 | 일상 활동 및 기분 기록 |
|---|---|

하루 종일 일상 활동을 모니터링하고 기록합니다. 각 활동 전후에 느껴진 기분을 평가하세요(0＝아주 낮은 긍정정서, 10＝아주 높은 긍정정서). 이번 주에 날마다 당신의 활동을 기록하세요. 하루에 한 장의 기록지를 사용합니다.

기록일: _____년 ____월 ____일 ____요일

|  | 활동 | 활동 전 기분(0~10) | 활동 후 기분(0~10) |
|---|---|---|---|
| 1:00 | | | |
| 2:00 | | | |
| 3:00 | | | |
| 4:00 | | | |
| 5:00 | | | |
| 6:00 | | | |
| 7:00 | | | |
| 8:00 | | | |
| 9:00 | | | |
| 10:00 | | | |
| 11:00 | | | |
| 12:00 | | | |
| 13:00 | | | |
| 14:00 | | | |
| 15:00 | | | |
| 16:00 | | | |
| 17:00 | | | |
| 18:00 | | | |
| 19:00 | | | |
| 20:00 | | | |
| 21:00 | | | |
| 22:00 | | | |
| 23:00 | | | |
| 24:00 | | | |

| 활동 5-2 | 긍정적 활동 목록 |
|---|---|

긍정적 활동 목록을 검토합니다. 각 활동이 '**현재**' 당신에게 긍정적인 정서를 느끼게 하는 활동인지, '**과거**'에 긍정적인 정서를 느끼게 했던 활동인지, 당신이 '**시도**'해 볼 수 있는 새로운 활동인지 구분해 보세요. **현재에 해당하는 활동이라면 '현재', 과거에 해당하는 활동이라면 '과거', 새롭게 시도하는 활동이라면 '시도'**라고 표기하세요. 다음 목록 외에 현재 즐기고 있는 활동, 예전에 즐겨 했던 활동, 또는 앞으로 당신이 즐겁게 할 수 있을 것이라 생각하는 활동을 빈칸에 추가하세요.

| 현재/과거/시도 | | 현재/과거/시도 | |
|---|---|---|---|
| | 샤워하기 | | 나를 위한 물건 사기 |
| | 콘서트 가기 | | 종교기관 또는 커뮤니티 가기 |
| | 스포츠 행사 보러 가기 | | 클래스 또는 클럽 이벤트 가기 |
| | 친구나 동료와 점심 먹기 | | 가족이나 친구 선물 사기 |
| | 바(bar), 클럽 등에 가기 | | 구호단체 기부 또는 자원봉사하기 |
| | 여가용 책 읽기 | | 음식이나 공예품 만들어서 선물하기 |
| | 동물과 놀기 | | 좋아하는 노래에 맞춰 춤추기 |
| | 자연에서 시간 보내기 | | 친구와 소식 나누기 |
| | 영화, 드라마, 스포츠 시청하기 | | 자녀 또는 손자와 함께하기 |
| | 파티 가기 | | 다른 사람 돕기 |
| | 친구들과 어울리기 | | 신선한 공기 마시기 |
| | 요리하기 | | 친구와 게임하기 |
| | 긍정적인 미래에 대해 생각하기 | | 악기 연주하기 |
| | 가장 좋아하는 간식 즐기기 | | 예술활동하기(예: 그림, 사진) |
| | 소중한 사람과 껴안기 | | 좋아하는 향 맡기 |
| | 운동, 하이킹, 스포츠 게임하기 | | 카드 게임 또는 보드 게임하기 |
| | 탐험하기(예: 새로운 길 가 보기) | | 산책하기 |
| | 화장하기, 머리 손질하기 등 | | 편지 쓰기 |
| | 좋은 옷 입어 보기 | | 그림(사진) 보기 |
| | 영화관 가기 | | 정원 가꾸기 |
| | 재밌는 영화나 영상 시청하기 | | 매니큐어 또는 페디큐어 바르기 |
| | 마사지받기 | | |
| | | | |
| | | | |

| 활동 5-3 | 숙달을 위한 긍정적 활동 목록 |
|---|---|

숙달감을 키우는 긍정적 활동 목록을 검토합니다. 각 활동이 '현재' 당신이 실천하고 있는 활동인지, '과거'에 했던 활동인지, 당신이 '시도'해 볼 수 있는 새로운 활동인지 구분해 보세요. **현재에 해당하는 활동이라면 '현재', 과거에 해당하는 활동이라면 '과거', 새롭게 시도하는 활동이라면 '시도'**라고 표기하세요. 다음 목록 외에, 현재 당신에게 숙달감을 느끼게 해 주는 활동이나, 숙달감을 느낄 수 있을 만한 것이라 생각하는 활동을 빈칸에 추가해 보세요.

| 현재/과거/시도 | 현재/과거/시도 |
|---|---|
| _____ 마감기한에 맞추어 일하기 | _____ 악기 배우기 |
| _____ 새로운 기술(예: 언어) 배우기 | _____ 책 읽기 |
| _____ 프로젝트 마무리하기 | _____ 이야기, 소설, 연극, 시 쓰기 |
| _____ 설거지하기 | _____ 새로운 취미(예: 공예) 배우기 |
| _____ 청소기 돌리기 | _____ 방 새로 꾸미기 |
| _____ 정리하기 | _____ 지원서 작성하기 |
| _____ 여행이나 휴가 계획하기 | _____ 가구나 골동품 복구하기 |
| _____ 시험 공부하기 | _____ 노래나 음악 작곡하기 |
| _____ 직소 퍼즐 맞추기 | _____ 과제 완료하기 |
| _____ _____ | _____ _____ |
| _____ _____ | _____ _____ |
| _____ _____ | _____ _____ |
| _____ _____ | _____ _____ |
| _____ _____ | _____ _____ |
| _____ _____ | _____ _____ |
| _____ _____ | _____ _____ |
| _____ _____ | _____ _____ |
| _____ _____ | _____ _____ |

| 활동 5-4 | 나의 긍정적 활동 목록 |
|---|---|

(1) 당신이 최근에 찾은 즐거운 활동이나, 예전에 즐겨 했거나, 또는 즐거움을 느낄 수 있을 것이라고 생각하는 활동, (2) 당신의 삶에 가치를 느끼게 해 주는 활동, (3) 즉각적인 즐거움은 없더라도 그 활동을 마치고 나면 숙달감(또는 다른 긍정적 정서)을 느끼게 하는 활동을 기록하세요. 활동 목록을 작성한 뒤에, 당신이 느끼기에 각 활동을 완료하는 것이 어렵게 느껴지는 정도를 평가해 보세요. (0=쉬움, 10=아주 어려움)

| 활동 | 난이도(0~10) |
|---|---|
| 1. | |
| 2. | |
| 3. | |
| 4. | |
| 5. | |
| 6. | |
| 7. | |
| 8. | |
| 9. | |
| 10. | |

| 활동 5-5 | 긍정적 활동 계획하기 |

당신이 작성했던 '긍정적 활동 목록'에서 이번 주에 실행할 수 있는 새로운 활동 한 개를 선택해 보고, 다음 '활동' 칸에 적으세요. 그 활동이 어떤 영역(예: 관계, 일, 건강, 여가, 영성, 기타)에 속하는지를 체크하세요. 만일 그 활동을 완료하는 데 몇 가지 단계가 필요하다면, 각 단계들을 다음 '활동 완료 방법' 칸에 적어 보세요. 각 단계의 난이도를 0~10점 범위에서 평가해 봅시다(0 = 거의 어렵지 않음, 10 = 아주 어려움). 그런 다음, 한 주에 몇 번/주중 어느 날/하루 중 몇 시에/소요 시간/그 활동을 함께할 사람을 작성해 보세요. 그다음, 한 주 동안 선택한 활동을 실천하면서 활동 전과 후에 당신의 기분을 0~10점 범위에서 평가하여 기록합니다(0 = 아주 낮은 긍정정서, 10 = 아주 높은 긍정정서). 그리고 활동을 하기 전이나 하는 중에, 또는 활동을 마친 뒤에 어떤 것이든 긍정적인 정서를 느꼈다면 그것을 기록하세요.

| 활동 | 활동 완료 방법 | |
|---|---|---|
| | 단계 | 난이도(0~10) |
| | 1. | |
| | 2. | |
| | 3. | |
| **영역** | 4. | |
| | 5. | |
| ☐ 관계　☐ 여가 | 6. | |
| ☐ 일　☐ 영성 | 7. | |
| ☐ 건강　☐ 기타 | 8. | |

나는 이번 주에 (① _____ )번, (② _____ )요일, (③ _____ )에, (④ _____ ) 동안
(⑤ _____ )와/과 함께 이 활동을 완료할 것이다.

※ ① 횟수 ② 요일 ③ 시기(예: 아침, 오후, 저녁) ④ 소요 시간(예: 몇 초, 몇 분) ⑤ 상대의 이름 또는 관계

| 과제 | 활동 전 정서(0~10) | 활동 후 정서(0~10) | 긍정적인 정서 |
|---|---|---|---|
| 1 | | | |
| 2 | | | |
| 3 | | | |
| 4 | | | |
| 5 | | | |
| 6 | | | |
| 7 | | | |

| 활동 5-6 | 순간을 향유하기 |

이번 주에 있었던 긍정적인 사건이나 활동을 떠올려 보고 기록하세요. 그 사건을 마음속에서 되새겨 보고, 당신이 본 것, 들은 것, 느낀 것, 생각한 것, 냄새, 맛을 생생히 그려 봅니다. 향유하기 활동 전과 후의 기분을 기록하세요(0=아주 낮은 긍정정서, 10=아주 높은 긍정정서). 그리고 떠올린 장면의 생생한 정도를 기록하세요(10=아주 생생함). 이때 당신이 알아차린 긍정적인 정서와 기타 반응들(예: 생각, 신체적 감각들)을 어떠한 것이든 적어 봅시다.

| 사건 | 활동 전 기분<br>(0~10) | 활동 후 기분<br>(0~10) | 생생함<br>(0~10) | 긍정적인 정서 | 반응<br>(생각, 신체적 감각) |
|---|---|---|---|---|---|
|  |  |  |  |  |  |
|  |  |  |  |  |  |
|  |  |  |  |  |  |
|  |  |  |  |  |  |
|  |  |  |  |  |  |
|  |  |  |  |  |  |

| 활동 6-1 | 긍정적인 면 찾기 |
|---|---|

이 활동을 진행하는 날짜를 적습니다. 그런 다음, 긍정적인 상황, 부정적인 상황, 또는 중립적인 상황을 한 가지 선택해 보고 '상황' 칸에 기록합니다. 그 상황에서 가능한 한 많이(최소 여섯 가지) 긍정적인 면을 찾아서, 다음 '긍정적인 면' 칸에 적어 봅시다. 긍정적인 면 찾기 활동을 하기 전과 후에 느낀 기분을 0~10점 사이로 평가하여 기록하세요(0 = 아주 낮은 긍정정서, 10 = 아주 높은 긍정정서). 그리고 이 활동을 하기 전이나 하는 중에, 혹은 활동을 마친 뒤에 느껴진 긍정적인 정서를 어떠한 것이든 적어 보세요. 이 활동을 하루에 한 번씩 완료해 보도록 합시다.

- **날짜:**

- **상황:**

- **긍정적인 면**

  1.
  2.
  3.
  4.
  5.
  6.

| 활동 전 기분(0~10) | 활동 후 기분(0~10) | 긍정적인 정서 |
|---|---|---|
| | | |

## 활동 6-2 　주인의식 갖기

이 활동을 진행하는 날짜를 적습니다. 그런 다음, 긍정적인 상황 한 가지를 선택해 보고 '상황' 칸에 기록합니다. 그 상황에 대해서 당신이 기여한 부분을 가능한 한 많이(최소 여섯 가지) 찾아서, 다음 '내가 기여한 것' 칸에 적어 봅시다. 주인의식 갖기 활동을 하기 전과 후에 느껴진 기분을 0~10점 사이로 평가하여 기록하세요(0＝아주 낮은 긍정정서, 10＝아주 높은 긍정정서). 그리고 이 활동을 하기 전이나 하는 중에, 혹은 활동을 마친 뒤에 느껴진 긍정적인 정서를 어떠한 것이든 적어 보세요. 이 활동을 하루에 한 번씩 완료해 보도록 합시다.

● 날짜: _____

● 상황: _____

_____

_____

● 내가 기여한 것

　1. _____

　2. _____

　3. _____

　4. _____

　5. _____

　6. _____

| 활동 전 기분(0~10) | 활동 후 기분(0~10) | 긍정적인 정서 |
|---|---|---|
| | | |

**활동 6-3** | **긍정적인 상상하기**

미래에 일어날 수 있는 가능한 사건 한 가지를 선택하세요. 가능한 한 가장 좋은 결과로 그 사건을 설명하되, 그 일이 마치 지금 일어나고 있는 것처럼(현재 시제를 사용하여) 당신의 정서, 생각, 신체적 감각이 어떠한지 구체적으로 묘사하면서 적어 봅니다.

**이제 앞의 내용을 생생하게 상상해 보세요.** 긍정적인 상상하기 활동 전과 후의 기분을 기록하고(0 = 아주 낮은 긍정정서, 10 = 아주 높은 긍정정서), 떠올린 장면의 생생한 정도를 기록하세요(10 = 아주 생생함). 그리고 당신이 경험한 긍정적인 정서를 어떠한 것이든 적어 봅시다. 하루에 한 번씩 이 활동을 해 봅시다.

| 활동 전 기분(0~10) | 활동 후 기분(0~10) | 생생함(0~10) | 긍정적인 정서 |
|---|---|---|---|
|  |  |  |  |

**활동 7-1** **자애**

이 활동을 진행하는 날짜를 적습니다. 당신의 자애를 보낼 대상을 최소한 한 명 선택하세요. 관계가 복잡하지 않은 사람으로 선택하여 시작하는 것이 도움이 될 수 있습니다. 자애 대본을 읽거나, 또는 녹음파일을 들으세요. 이 활동을 하기 전과 후에 느껴진 기분을 기록하세요(0 = 아주 낮은 긍정정서, 10 = 아주 높은 긍정정서). 그리고 당신이 알아차린 긍정적인 정서, 생각, 또는 신체적인 감각을 어떠한 것이든 적어 보세요. 이 활동을 하루에 한 번씩 완료해 봅시다.

- 날짜: _____

- 대상: _____

- 활동 전 기분(0~10): _____

- 활동 후 기분(0~10): _____

- 긍정적인 정서: _____

  _____

- 반응(생각, 신체적 감각들):

  _____

  _____

  _____

  _____

  _____

  _____

**활동 7-2**    **감사**

이 활동을 진행하는 날짜를 적습니다. 매일 당신이 알아차린 감사한 것을 다섯 가지 적어 보세요. 전날과
는 다른 것을 찾아보도록 합니다. 목록을 작성하기 전과 후에 느껴진 기분을 기록하세요(0＝아주 낮은 긍
정정서, 10＝아주 높은 긍정정서). 그리고 당신이 알아차린 긍정적인 정서를 어떠한 것이든 적어 보세요.
이 활동을 하루에 한 번씩 완료해 봅시다.

● 날짜: _____

● 오늘 내가 감사한 것은……

    1. _____

    2. _____

    3. _____

    4. _____

    5. _____

● 활동 전 기분(0～10): _____

● 활동 후 기분(0～10): _____

● 긍정적인 정서: _____

_____

_____

_____

**활동 7-3**    **관대함**

관대함을 실천할 날짜와 시간을 기록하세요. 어떤 관대한 행동을 할 것인지, 그리고 누구에게 관대함을 실천할지를 생각하여 적습니다. 관대함을 실천하기 전과 후에 느껴진 기분을 기록하세요(0＝아주 낮은 긍정정서, 10＝아주 높은 긍정정서). 그리고 당신이 알아차린 긍정적인 정서를 어떠한 것이든 적어 보세요. 이 활동을 하루에 한 번씩 완료해 봅시다.

* 날짜/시간: _____

* 행동: _____

  _____

* 대상: _____

  _____

* 활동 전 기분(0～10): _____

* 활동 후 기분(0～10): _____

* 긍정적인 정서: _____

  _____

  _____

  _____

  _____

| 활동 7-4 | 이타적 기쁨 |
|---|---|

이타적 기쁨을 실천할 날짜를 기록하세요. 누구를 대상으로 이타적 기쁨을 실천할지 최소 한 사람을 선택하여 적습니다. 처음에는 관계가 복잡하지 않은 사람을 선택하는 것이 도움이 될 수 있습니다. 이타적 기쁨 대본을 읽거나 녹음파일을 들어 보세요. 이타적 기쁨을 실천하기 전과 후에 느껴진 기분을 기록하세요(0 = 아주 낮은 긍정정서, 10 = 아주 높은 긍정정서). 그리고 당신이 알아차린 긍정적인 정서, 생각, 또는 신체적인 감각을 어떠한 것이든 적어 보세요. 이 활동을 하루에 한 번씩 완료해 봅시다.

• 날짜: _____

• 대상: _____

• 활동 전 기분(0~10): _____

• 활동 후 기분(0~10): _____

• 긍정적인 정서: _____

_____

• 반응(생각, 신체적 감각들):

_____

_____

_____

_____

_____

**활동 8-1**    **나의 진전 평가**

### • 전반적 평가: 긍정적인 기분

1. 치료를 시작한 이후로 기분이 전반적으로 개선되었습니까?

2. 현재 긍정적인 정서를 좀 더 **자주** 느끼고 있습니까?

   하루 또는 일주일 동안 긍정적인 정서를 **더 많이** 알아차리고 있습니까?

   특정한 긍정적인 정서를 **더 강하게** 느낍니까?

### • 전반적 평가: 부정적인 기분

3. 부정적인 기분은 어떻습니까?

### • 치료 평가: 핵심 요소

#### – 제5장: 기분이 나아지기 위한 활동

4. 의미 있는 활동에 보다 많이 참여하고 있습니까?

   당신이 했던 활동을 향유할 수 있습니까?

5. 일상에 이전보다 긍정적인 활동들을 더 많이 적용했습니까?

#### – 제6장: 긍정적인 것에 주의 기울이기

6. 매일 긍정적인 면을 알아차리고 있습니까?

7. 당신이 잘한 것에 대해 스스로를 인정해 주고 있습니까?

   칭찬을 거부하지 않고 받아들입니까?

   긍정적인 사건을 자신의 행동 덕분이라고 생각하십니까?

8. 미래 사건을 긍정적으로 상상해 보는 시간을 가지십니까?

#### – 제7장: 긍정성 구축하기

9. 당신 자신과 다른 사람을 향해 자애의 마음을 더 많이 가지고 있습니까?

10. 다른 사람의 성공과 기쁨에 대해 긍정적인 정서를 느끼고 있습니까?

11. 매일, 심지어 스트레스를 받는 중에도 감사한 마음을 느끼고 있습니까?

12. 다른 사람이나 자신에 대해 보다 관대합니까?

    일주일에 몇 번씩 사소할지라도 관대함을 실천했습니까?

**활동 8-2**　　**나의 장기 목표**

치료 종결 이후 달성하고자 하는 목표를 최소 1~3개 정하세요. 이 치료는 무엇을 위한 것이었나요? 당신은 어떤 이유로 기분을 개선하고 싶었나요? 각 목표를 달성하기 위해 필요한 단계를 정해 보세요. 이 치료에서 배운 기술을 당신의 목표를 달성하기 위한 단계로 지정하세요.

● 나의 장기 목표는……

1. _____

　　　1단계 _____

　　　2단계 _____

　　　3단계 _____


2. _____

　　　1단계 _____

　　　2단계 _____

　　　3단계 _____


3. _____

　　　1단계 _____

　　　2단계 _____

　　　3단계 _____

**활동 8-3**    치료 성과 유지하기

각 질문에 답해 보세요. **기분이 나아지기 위한 활동**, **긍정적인 것에 주의 기울이기**, **긍정성 구축하기** 기술을 통해 치료 성과를 어떻게 유지할지 정해 보세요.

● **기분이 나아지기 위한 활동**을 통해 치료 성과를 어떻게 유지할까요?

1. _____

2. _____

3. _____

● **긍정적인 것에 주의 기울이기**를 통해 치료 성과를 어떻게 유지할까요?

1. _____

2. _____

3. _____

● **긍정성 구축하기**를 통해 치료 성과를 어떻게 유지할까요?

1. _____

2. _____

3. _____

## 활동 8-4　　장벽 극복하기

당신의 장기 목표들을 달성하는 데 방해가 될 가능성이 있는 장벽들을 생각해 보세요. 이러한 장벽을 피하기 위해 당신이 취할 수 있는 1~3개의 단계를 적어 봅시다.

• 장벽은……

1. _____

    1단계 _____

    2단계 _____

    3단계 _____


2. _____

    1단계 _____

    2단계 _____

    3단계 _____


3. _____

    1단계 _____

    2단계 _____

    3단계 _____

읽을거리

Auerbach, R. P., Pagliaccio, D., & Pizzagalli, D. A. (2019) Toward an improved understanding of anhedonia. *JAMA Psychiatry, 76*(6), 571-573.

Craske, M. G., Meuret, A., Ritz, T., Treanor, M., & Dour, H. (2016). Treatment for anhedonia: A neuroscience-driven approach. *Depression and Anxiety, 33*(10), 927-938.

Craske, M. G., Meuret, A., Ritz, T., Treanor, M., Dour, H., & Rosenfield, D. (2019). Positive affect treatment for depression and anxiety: A randomized clinical trial for a core feature of anhedonia. *Journal of Consulting and Clinical Psychology, 87*(5), 457-471.

Vinograd, M., & Craske, M. G. (2020). Using neuroscience to augment behavioral interventions for depression. *Harvard Review of Psychiatry, 28*(1), 14-25.

Aknin, L. B., Broesch, T., Hamlin, J. K., & Van de Vondervoort, J. W. (2015). Prosocial behavior leads to happiness in a small-scale rural society. *Journal of Experimental Psychology, General, 144*(4), 788-795. https://doi.org/10.1037/xge0000082

Algoe, S. B., & Haidt, J. (2009). Witnessing excellence in action: The "other-praising" emotions of elevation, gratitude, and admiration. *Journal of Positive Psychology, 4*(2), 105-127. https://doi.org/10.1080/17439760802650519

American Psychiatric Association. (2016). *Diagnostic and statistical manual of mental disorders* (5th ed.). American Psychiatric Publishing. https://doi.org/10.1016/B978-0-12-809324-5.05530-9

Ballard, E. D., Wills, K., Lally, N., Richards, E. M., Luckenbaugh, D. A.,Walls, T., Ameli, R., Niciu, M. J., Brutsche, N. E., Park, L., & Zarate, C. A. (2017). Anhedonia as a clinical correlate of suicidal thoughts in clinical ketamine trials. *Journal of Affective Disorders, 218*, 195-200. https://doi.org/10.1016/j.jad.2017.04.057

Barry, T. J., Sze, W. Y., & Raes, F. (2019). A meta-analysis and systematic review of Memory Specificity Training (MeST) in the treatment of emotional disorders. *Behaviour Research and Therapy, 116*, 36-51. https://doi.org/10.1016/j.brat.2019.02.001

Benabou, R., & Tirole, J. (2006). Incentives and prosocial behavior. *American Economic Review, 96*(5), 1652-1678. https://doi.org/10.1257/aer.96.5.1652

Berridge, K. C., & Kringelbach, M. L. (2015). Pleasure systems in the brain. *Neuron, 86*(3), 646-664. https://doi.org/10.1016/j.neuron.2015.02.018

Borgonovi, F. (2008). Doing well by doing good: The relationship between formal volunteering and self-reported health and happiness. *Social Science & Medicine, 66*(11), 2321-2334. https://doi.org/10.1016/j.socscimed.2008.01.011

Boumparis, N., Karyotaki, E., Kleiboer, A., Hofmann, S. G., & Cuijpers, P. (2016). The effect of psychotherapeutic interventions on positive and negative affect in depression: A systematic review and meta-analysis. *Journal of Affective Disorders, 202*, 153-162. https://doi.org/10.1016/j.jad.2016.05.019

Brewin, C. R. (2006). Understanding cognitive behaviour therapy: A retrieval competition account. *Behaviour Research and Therapy, 44*(6), 765-784. https://doi.org/10.1016/j.brat.2006.02.005

Brown, T. A., & Barlow, D. H. (2021). *Anxiety and Related Disorders Interview Schedule for DSM-5 (ADIS-5)—Adult Version Client Interview Schedule 5-Copy Set.* Oxford University Press.

Brown, T. A., Chorpita, B. F., & Barlow, D. H. (1998). Structural relationships among dimensions of the DSM-IV anxiety and mood disorders and dimensions of negative affect, positive affect, and autonomic arousal. *Journal of Abnormal Psychology, 107*(2), 179-192.

Carson, J. W., Keefe, F. J., Lynch, T. R., Carson, K. M., Goli, V., Fras, A. M., & Thorp, S. R. (2005). Loving-kindness meditation for chronic low back pain: Results from a pilot trial. *Journal of Holistic Nursing, 23*(3), 287-304. https://doi.org/10.1177/0898010105277651

Christov-Moore, L., Sugiyama, T., Grigaityte, K., & Iacoboni, M. (2017). Increasing generosity by disrupting prefrontal cortex. *Social Neuroscience, 12*(2), 174-181. https://doi.org/10.1080/17470919.2016.1154105

Chung, Y. S., & Barch, D. (2015). Anhedonia is associated with reduced incentive cue related activation in the basal ganglia. Cognitive, *Affective and Behavioral Neuroscience, 15*(4), 749-767. https://doi.org/10.3758/s13415-015-0366-3

Clark, L. A., & Watson, D. (1991). Tripartite model of anxiety and depression: Psychometric evidence and taxonomic implications. *Journal of Abnormal Psychology, 100*(3), 316-336. https://doi.org/10.1037//0021-843x.100.3.316

Clepce, M., Gossler, A., Reich, K., Kornhuber, J., & Thuerauf, N. (2010). The relation between depression, anhedonia and olfactory hedonic estimates: A pilot study in major depression. *Neuroscience Letters, 471*(3), 139-143. https://doi.org/10.1016/j.neulet.2010.01.027

Craske, M. G., Meuret, A. E., Ritz, T., Treanor, M., & Dour, H. J. (2016). Treatment for anhedonia: A neuroscience driven approach. *Depression and Anxiety, 33*(10), 927-938. https://doi.org/10.1002/da.22490

Craske, M. G., Meuret, A., Ritz, T., Treanor, M., Dour, H., & Rosenfield, D. (2019). Positive Affect Treatment for Depression and Anxiety: A randomized clinical trial for a core feature of anhedonia. *Journal of Consulting and Clinical Psychology, 87*(5), 457-471. https://doi.org/10.1037/ccp0000396

Demyttenaere, K., Donneau, A. F., Albert, A., Ansseau, M., Constant,E., & Van Heeringen, K. (2015). What is important in being cured from depression? Discordance between physicians and patients. *Journal of Affective Disorders, 174*, 390-396. https://doi.org/10.1016/j.jad.2014.12.004

Der-Avakian, A., & Markou, A. (2012). The neurobiology of anhedonia and other reward-related deficits. *Trends in Neurosciences, 35*(1), 68-77. https://doi.org/10.1016/j.tins.2011.11.005

DeRubeis, R. J., Hollon, S. D., Amsterdam, J. D., Shelton, R. C., Young, P. R., Salomon, R. M., O'Reardon, J. P., Lovett, M. L., Gladis, M. M., Brown, L. L., & Gallop, R. (2005). Cognitive therapy vs. medications in the treatment of moderate to severe depression. *Archives of General Psychiatry, 62*(4), 409-416. https://doi.org/10.1001/archpsyc.62.4.409

DeShea, L. (2003). A scenario-based scale of Willingness to Forgive. Individual Differences Research, 1(3), 201-216.

Dichter, G. S., Felder, J. N., Petty, C., Bizzell, J., Ernst, M., & Smoski, M. J. (2009). The effects of psychotherapy on neural responses to rewards in major depression. *Biological Psychiatry, 66*(9), 886-897. https://doi.org/10.1016/j.biopsych.2009.06.021

Dimidjian, S., Hollon, S. D., Dobson, K. S., Schmaling, K. B., Kohlenberg, R. J., Addis, M. E., Gallop, R.,

McGlinchey, J. B., Markley, D. K., Gollan, J. K., Atkins, D. C., Dunner, D. L., & Jacobson, N. S. (2006). Randomized trial of behavioral activation, cognitive therapy, and antidepressant medication in the acute treatment of adults with major depression. *Journal of Consulting and Clinical Psychology, 74*(4), 658-670. https://doi.org/10.1037/0022-006X.74.4.658

Dobson, K. S., Hollon, S. D., Dimidjian, S., Schmaling, K. B., Kohlenberg, R. J., Gallop, R. J., Rizvi, S. L., Gollan, J. K., Dunner, D. L., & Jacobson, N. S. (2008). Randomized trial of behavioral activation, cognitive therapy, and antidepressant medication in the prevention of relapse and recurrence in major depression. *Journal of Consulting and Clinical Psychology, 76*(3), 468-477. https://doi.org/10.1037/0022-006X.76.3.468

Ducasse, D., Dubois, J., Jaussent, I., Azorin, J. M., Etain, B., Gard, S.,Henry, C., Bougerol, T., Kahn, J. P., Aubin, V., Bellivier, F., Belzeaux,R., Dubertret, C., Dubreucq, J., Llorca, P. M., Loftus, J., Passerieux, C., Polosan, M.,Samalin, L.,·... & Courtet, P. (2021). Association between anhedonia and suicidal events in patients with mood disorders: A 3-year prospective study. Depression and Anxiety, 38, 17-27. https://doi.org/10.1002/da.23072

Ducasse, D., Loas, G., Dassa, D., Gramaglia, C., Zeppegno, P., Guillaume, S., Olie, E., & Courtet, P. (2018). Anhedonia is associated with suicidal ideation independently of depression: A meta-analysis. *Depression and Anxiety, 35*(5), 382-392. https://doi.org/10.1002/da.22709

Dunn, B. D. (2012). Helping depressed clients reconnect to positive emotion experience: Current insights and future directions. *Clinical Psychology and Psychotherapy, 19*(4), 326-340. https://doi.org/10.1002/c pp.1799

Dunn, E. W., Aknin, L. B., & Norton, M. I. (2008). Spending money on others promotes happiness. *Science, 319*(5870), 1687-1688. https://doi.org/10.1126/science.1150952

Emmons, R. A., & McCullough, M. E. (2003). Counting blessings versus burdens: An experimental investigation of gratitude and subjective wellbeing in daily life. *Journal of Personality and Social Psychology, 84*(2), 377-389. https://doi.org/10.1037//0022-3514.84.2.377

Fawcett, J., Scheftner, W. A., Fogg, L., Clark, D. C., Young, M. A., Hedeker, D., & Gibbons, R. (1990). Time-related predictors of suicide in major affective disorder. American *Journal of Psychiatry, 147*(9), 1189-1194. https://doi.org/10.1176/ajp.147.9.1189

Fiorito, E. R., & Simons, R. F. (1994). Emotional imagery and physical anhedonia. *Psychophysiology, 31*(5), 513-521. https://doi.org/10.1111/j.1469-8986.1994.tb01055.x

First, M. B., Williams, J. B. W., Karg, R. S., & Spitzer, R. L. (2016). *Structured Clinical Interview for DSM-5 Disorders, Clinician Version (SCID-5-CV).* American Psychiatric Association.

Fitzgibbons, L., & Simons, R. F. (1992). Affective response to color-slide stimuli in subjects with physical anhedonia: A three-systems analysis. *Psychophysiology, 29*(6), 613-620. https://doi.org/10.1111/j.1469-8986.1992. tb02036.x

Forbes, C. N. (2020). New directions in behavioral activation: Using findings from basic science and translational neuroscience to inform the exploration of potential mechanisms of change. *Clinical Psychology Review, 79*, 101860. https://doi.org/10.1016/j.cpr.2020.101860

Fox, G. R., Kaplan, J., Damasio, H., & Damasio, A. (2015). Neural correlates of gratitude. *Frontiers in Psychology, 6*. Article 1491. https://doi.org/10.3389/fpsyg.2015.01491

Fredrickson, B. L. (2001). The role of positive emotions in positive psychology: The broaden-and-build theory of positive emotions. *American Psychologist, 56*(3), 218-226. https://doi.org/10.1037//0003-066x.56.3.218

Fredrickson, B. L., Cohn, M. A., Coffey, K. A., Pek, J., & Finkel, S. M. (2008). Open hearts build lives: Positive emotions, induced through loving-kindness meditation, build consequential personal resources. *Journal of Personality and Social Psychology, 95*(5), 1045-1062. https://doi.org/10.1037/a0013262

Fredrickson, B. L., & Joiner, T. (2002). Positive emotions trigger upward spirals toward emotional well-being. *Psychological Science, 13*(2), 172-175. https://doi.org/10.1111/1467-9280.00431

Froh, J. J., Kashdan, T. B., Ozimkowski, K. M., & Miller, N. (2009). Who benefits the most from a gratitude intervention in children and adolescents? Examining positive affect as a moderator. *Journal of Positive Psychology, 4*(5), 408-422. https://doi.org/10.1080/17439760902992464

Gard, D. E., Gard, M. G., Kring, A. M., & John, O. P. (2006). Anticipatory and consummatory components of the experience of pleasure: A scale development study. *Journal of Research in Personality, 40*(6), 1086-1102. https://doi.org/10.1016/j.jrp.2005.11.001

Garland, E. L., Fredrickson, B., Kring, A. M., Johnson, D. P., Meyer, P. S., & Penn, D. L. (2010). Upward spirals of positive emotions counter downward spirals of negativity: Insights from the broaden-and-build theory and affective neuroscience on the treatment of emotion dysfunctions and deficits in psychopathology. *Clinical Psychology Review, 30*(7), 849-864. https://doi.org/10.1016/j.cpr.2010.03.002

Geraghty, A. W. A., Wood, A. M., & Hyland, M. E. (2010a). Dissociating the facets of hope: Agency and pathways predict dropout from unguided self-help therapy in opposite directions. *Journal of Research in Personality, 44*(1), 155-158. https://doi.org/10.1016/j.jrp.2009.12.003

Geraghty, A. W. A., Wood, A. M., & Hyland, M. E. (2010b). Attrition from self-directed interventions: Investigating the relationship between psychological predictors, intervention content and dropout from a body dissatisfaction intervention. *Social Science & Medicine, 71*(1), 30-37. https://doi.org/10.1016/j.socscimed.2010.03.007

Gradin, V. B., Kumar, P., Waiter, G., Ahearn, T., Stickle, C., Milders, M., Reid, I., Hall, J., & Steele, J. D. (2011). Expected value and prediction error abnormalities in depression and schizophrenia. *Brain, 134*(6), 1751-1764. https://doi.org/10.1093/brain/awr059

Greenberg, T., Chase, H. W., Almeida, J. R., Stiffler, R., Zevallos, C. R., Aslam, H. A., Deckersbach, T., Weyandt, S., Cooper, C., Toups, M., Carmody, T., Kurian, B., Peltier, S., Adams, P., McInnis, M. G., Oquendo, M. A., McGrath, P. J., Fava, M., Weissman, M., ... & Phillips, M. L. (2015). Moderation of the relationship between reward expectancy and prediction error-related ventral striatal reactivity by anhedonia in unmedicated major depressive disorder: Findings from the EMBARC study. *American Journal of Psychiatry, 172*(9), 881-891. https://doi.org/10.1176/appi.ajp.2015.14050594

Gross, J. J. (1998). The emerging field of emotion regulation: An integrative review. *Review of General Psychology,*

*2*(3), 271-299. https://doi.org/10.1037/1089-2680.2.3.271

Grossman, P. (2015). Mindfulness: Awareness informed by an embodied ethic. *Mindfulness, 6*(1), 17-22. https://doi.org/10.1007/s12671-014-0372-5

Hallford, D. J., Farrell, H., & Lynch, E. (2020a). Increasing anticipated and anticipatory pleasure through episodic thinking. *Emotion.* https://doi.org/10.1037/emo0000765

Hallford, D. J., Sharma, M. K., & Austin, D. W. (2020b). Increasing anticipatory pleasure in major depression through enhancing episodic future thinking: A randomized single- case series trial. *Journal of Psychopathology and Behavioral Assessment, 42*, 751-764. https://doi.org/10.1007/s10862-020-09820-9

Hamilton, W. D. (1963). The evolution of altruistic behavior. *American Naturalist, 97*, 354-356. https://doi.org/10.1086/497114

Hofmann, S. G., Grossman, P., & Hinton, D. E. (2011). Loving-kindness and compassion meditation: Potential for psychological interventions. *Clinical Psychology Review, 31*(7), 1126-1132. https://doi.org/10.1016/j.cpr.2011.07.003

Hofmann, S. G., Petrocchi, N., Steinberg, J., Lin, M., Arimitsu, K., Kind, S., Mendes, A., & Stangier, U. (2015). Loving-kindness meditation to target affect in mood disorders: A proof-of-concept study. *Evidence-Based Complementary and Alternative Medicine, 2015*, 269126. https://doi.org/10.1155/2015/269126

Holmes, D., Murray, S. J., Perron, A., & Rail, G. (2006). Deconstructing the evidence-based discourse in health sciences: Truth, power and fascism. *International Journal of Evidence-Based Healthcare, 4*(3), 180-186. https://doi.org/10.1111/j.1479-6988.2006.00041.x

Holmes, E. A., Blackwell, S. E., Burnett Heyes, S., Renner, F., & Raes, F. (2016). Mental imagery in depression: Phenomenology, potential mechanisms,and treatment implications. *Annual Review of Clinical Psychology, 12*(1), 249-280. https://doi.org/10.1146/annurev-clinpsy-021815-092925

Holmes, E. A., Coughtrey, A. E., & Connor, A. (2008a). Looking at or through rose-tinted glasses? Imagery perspective and positive mood. *Emotion, 8*(6), 875-879. https://doi.org/10.1037/a0013617

Holmes, E. A., Mathews, A., Mackintosh, B., & Dalgleish, T. (2008b). The causal effect of mental imagery on emotion assessed using picture-word cues. *Emotion, 8*(3), 395-409. https://doi.org/10.1037/1528-3542.8.3.395

Honkalampi, K., Hintikka, J., Laukkanen, E., Lehtonen, J., & Viinamaki, H. (2001). Alexithymia and depression: A prospective study of patients with major depressive disorder. *Psychosomatics, 42*(3), 229-234. https://doi.org/10.1176/appi.psy. 42.3.229

Hopper, J. W., Pitman, R. K., Su, Z., Heyman, G. M., Lasko, N. B., Macklin, M. L., Orr, S. P., Lukas, S. E., & Elman, I. (2008). Probing reward function in posttraumatic stress disorder: Expectancy and satisfaction with monetary gains and losses. *Journal of Psychiatric Research, 42*(10), 802-807. https://doi.org/10.1016/j.jpsychires.2007.10.008

Hutcherson, C. A., Seppala, E. M., & Gross, J. J. (2008). Loving-kindness meditation increases social connectedness. *Emotion, 8*(5), 720-724. https://doi.org/10.1037/a0013237

Johnson, D. P., Penn, D. L., Fredrickson, B. L., Meyer, P. S., Kring, A. M., & Brantley, M. (2009). Loving-kindness meditation to enhance recovery from negative symptoms of schizophrenia. *Journal of Clinical Psychology, 65*(5), 499-509. https://doi.org/10.1002/jclp.20591

Kashdan, T. B., Weeks, J. W., & Savostyanova, A. A. (2011). Whether, how, and when social anxiety shapes positive experiences and events: A selfregulatory framework and treatment implications. *Clinical Psychology Review, 31*(5), 786-799. https://doi.org/10.1016/j.cpr.2011.03.012

Kearney, D. J., Malte, C. A., McManus, C., Martinez, M. E., Felleman, B., & Simpson, T. L. (2013). Loving-kindness meditation for posttraumatic stress disorder: A pilot study. *Journal of Traumatic Stress, 26*(4), 426-434. https://doi.org/10.1002/jts.21832

Kendall, A. D., Zinbarg, R. E., Mineka, S., Bobova, L., Prenoveau, J. M., Revelle, W., & Craske, M. G. (2015). Prospective associations of low positive emotionality with first onsets of depressive and anxiety disorders: Results from a 10-wave latent trait-state modeling study. *Journal of Abnormal Psychology, 124*(4), 933-943. https://doi.org/10.1037/abn0000105

Kessler, R. C., Chiu, W. T., Demler, O., Merikangas, K. R., & Walters, E. E. (2005). Prevalence, severity, and comorbidity of 12-month DSMIV disorders in the National Comorbidity Survey Replication. *Archives of General Psychiatry, 62*(6), 617-627. https://doi.org/10.1001/archpsyc.62.6.617

Khazanov, G. K., & Ruscio, A. M. (2016). Is low positive emotionality a specific risk factor for depression? A meta-analysis of longitudinal studies. *Psychological Bulletin, 142*(9), 991-1015. https://doi.org/10.1037/bul0000059

Kirkpatrick, M., Delton, A. W., Robertson, T. E., & de Wit, H. (2015). Prosocial effects of MDMA: A measure of generosity. *Journal of Psychopharmacology, 29*(6), 661-668. https://doi.org/10.1177/0269881115573806

Koole, S. L., Smeets, K., van Knippenberg, A., & Dijksterhuis, A. (1999). The cessation of rumination through self-affirmation. *Journal of Personality and Social Psychology, 77*(1), 111-125. https://doi.org/10.1037/0022-3514.77.1.111

Koster, E. H. W., De Raedt, R., Goeleven, E., Franck, E., & Crombez, G.(2005). Mood-congruent attentional bias in dysphoria: Maintained attention to and impaired disengagement from negative information. *Emotion, 5*(4), 446-455. https://doi.org/10.1037/1528-3542.5.4.446

Kotov, R., Gamez, W., Schmidt, F., & Watson, D. (2010). Linking "big"personality traits to anxiety, depressive, and substance use disorders: A meta-analysis. *Psychological Bulletin, 136*(5), 768-821. https://doi.org/10.1037/a0020327

Landen, M., Hogberg, P., & Thase, M. E. (2005). Incidence of sexual side effects in refractory depression during treatment with citalopram or paroxetine. *Journal of Clinical Psychiatry, 66*(1), 100-106. https://doi.org/10.4088/JCP.v66n0114

Lang, P. J., & Bradley, M. M. (2013). Appetitive and defensive motivation: Goal-directed or Goal-determined? *Emotion Review, 5*(3), 230-234. https://doi.org/10.1177/1754073913477511

Lang, P. J., & Davis, M. (2006). Emotion, motivation, and the brain: Reflex foundations in animal and human research.

*Progress in Brain Research, 156*, 3-29. https://doi.org/10.1016/S0079-6123(06)56001-7

Layous, K., Chancellor, J., & Lyubomirsky, S. (2014). Positive activities as protective factors against mental health conditions. *Journal of Abnormal Psychology, 123*(1), 3-12. https://doi.org/10.1037/a0034709

Lewinsohn, P. M. (1974). A behavioral approach to depression. In R. Friedman & M. Katz (Eds.), The psychology of depression: Contemporary theory and research (pp. 157-185). Wiley. Lewinsohn, P. M., & Libet, J. (1972). Pleasant events, activity schedules, and depressions. *Journal of Abnormal Psychology, 79*(3), 291-295. https://doi.org/10.1037/h0033207

Litz, B. T., Orsillo, S. M., Kaloupek, D., & Weathers, F. (2000). Emotional processing in posttraumatic stress disorder. *Journal of Abnormal Psychology, 109*(1), 26-39. https://doi.org/10.1037/0021-843X.109.1.26

Lovibond, P. F., & Lovibond, S. H. (1995). The structure of negative emotional states: Comparison of the Depression Anxiety Stress Scales (DASS) with the Beck Depression and Anxiety Inventories. *Behaviour Research and Therapy, 33*(3), 335-343. https://doi.org/10.1016/0005-7967(94)00075-u

MacLeod, A. K., Rose, G. S., & Williams, J. M. (1993). Components of hopelessness about the future in parasuicide. *Cognitive Therapy and Research, 17*(5), 441-455. https://doi.org/10.1007/BF01173056

Mahler, S. V., Smith, K. S., & Berridge, K. C. (2007). Endocannabinoid hedonic hotspot for sensory pleasure: Anandamide in nucleus accumbens shell enhances "liking" of a sweet reward. *Neuropsychopharmacology, 32*(11), 2267-2278. https://doi.org/10.1038/sj.npp.1301376

Maltby, J., Wood, A. M., Day, L., Kon, T. W. H., Colley, A., & Linley, P.A. (2008). Personality predictors of levels of forgiveness two and a half years after the transgression. *Journal of Research in Personality, 42*(4), 1088-1094. https://doi.org/10.1016/j.jrp.2007.12.008

Martell, C., Dimidjian, S., & Herman-Dunn, R. (2010). Behavioral activation for depression: A clinician's guide. Guilford.Mayhew, S. L., & Gilbert, P. (2008). Compassionate mind training with people who hear malevolent voices: A case series report. *Clinical Psychology & Psychotherapy, 15*(2), 113-138. https://doi.org/10.1002/cpp.566

McCabe, C., Mishor, Z., Cowen, P. J., & Harmer, C. J. (2010). Diminished neural processing of aversive and rewarding stimuli during selective serotonin reuptake inhibitor treatment. *Biological Psychiatry, 67*(5), 439-445. https://doi.org/10.1016/j.biopsych.2009.11.001

McCullough, M. E., Emmons, R. A., & Tsang, J. A. (2002). The grateful disposition: A conceptual and empirical topography. *Journal of Personality and Social Psychology, 82*(1), 112-127. https://doi.org/10.1037//0022-3514.82.1.112

McFarland, B. R., & Klein, D. N. (2009). Emotional reactivity in depression: Diminished responsiveness to anticipated reward but not to anticipated punishment or to nonreward or avoidance. *Depression and Anxiety, 26*(2), 117-122. https://doi.org/10.1002/da.20513

Mcisaac, H. K., & Eich, E. (2002). Vantage point in episodic memory. *Psychonomic Bulletin and Review, 9*(1), 146-150. https://doi.org/10.3758/BF03196271

McMakin, D. L., Siegle, G. J., & Shirk, S. R. (2011). Positive Affect Stimulation and Sustainment (PASS) module for depressed mood: A preliminary investigation of treatment-related effects. *Cognitive Therapy and Research, 35*(3), 217-226. https://doi.org/10.1007/s10608-010-9311-5

Moore, R. C., Chattillion, E. A., Ceglowski, J., Ho, J., von Kanel, R., Mills, P. J., Ziegler, M. G., Patterson, T. L., Grant, I., & Mausbach, B. T. (2013). A randomized clinical trial of Behavioral Activation (BA) therapy for improving psychological and physical health in dementia caregivers: Results of the Pleasant Events Program (PEP). *Behaviour Research and Therapy, 51*(10), 623-632. https://doi.org/10.1016/j.brat.2013.07.005

Morris, B. H., Bylsma, L. M., & Rottenberg, J. (2009). Does emotion predict the course of major depressive disorder? A review of prospective studies. *British Journal of Clinical Psychology, 48*(3), 255-273. https://doi.org/10.1348/014466508X396549

Morris, B. H., Bylsma, L. M., Yaroslavsky, I., Kovacs, M., & Rottenberg, J. (2015). Reward learning in pediatric depression and anxiety: Preliminary findings in a high-risk sample. *Depression and Anxiety, 32*(5), 373-381. https://doi.org/10.1002/da.22358

Mundt, J. C., Marks, I. M., Shear, M. K., & Greist, J. H. (2002). The Work and Social Adjustment Scale: A simple measure of impairment in functioning. *British Journal of Psychiatry, 180*, 461-464. https://doi.org/10.1192/bjp.180.5.461

Musick, M. A., Herzog, A. R., & House, J. S. (1999). Volunteering and mortality among older adults: Findings from a national sample. Journals of Gerontology. Series B, *Psychological Sciences and Social Sciences, 54*(3), S173-80. https://doi.org/10.1093/geronb/54b.3.s173

Musick, M. A., & Wilson, J. (2003). Volunteering and depression: The role of psychological and social resources in different age groups. *Social Science & Medicine, 56*(2), 259-269. https://doi.org/10.1016/s0277-9536(02)00025-4

Nelson, S. K., Layous, K., Cole, S. W., & Lyubomirsky, S. (2016). Do unto others or treat yourself? The effects of prosocial and self-focused behavior on psychological flourishing. *Emotion, 16*(6), 850-861. https://doi.org/10.1037/emo0000178

Nierenberg, A. A., Keefe, B. R., Leslie, V. C., Alpert, J. E., Pava, J. A.,Worthington, J. J., Rosenbaum, J. F., & Fava, M. (1999). Residual symptoms in depressed patients who respond acutely to fluoxetine. *Primary Care Companion to the Journal of Clinical Psychiatry, 1*(4), 124.

Oman, D., Thoresen, C. E., & McMahon, K. (1999). Volunteerism and mortality among the community-dwelling elderly. *Journal of Health Psychology, 4*(3), 301-316. https://doi.org/10.1177/135910539900400301

Otake, K., Shimai, S., Tanaka-Matsumi, J., Otsui, K., & Fredrickson, B. L. (2006). Happy people become happier through kindness: A counting kindnesses intervention. *Journal of Happiness Studies, 7*(3), 361-375. https://doi.org/10.1007/s10902-005-3650-z

Pelizza, L., & Ferrari, A. (2009). Anhedonia in schizophrenia and major depression: State or trait? *Annals of General Psychiatry, 8*(1), 22. https://doi.org/10.1186/1744-859X-8-22

Peters, J., & Buchel, C. (2010). Neural representations of subjective reward value. *Behavioural Brain Research, 213*(2), 135-141. https://doi.org/10.1016/j.bbr.2010.04.031

Peters, K. D., Constans, J. I., & Mathews, A. (2011). Experimental modification of attribution processes. *Journal of Abnormal Psychology, 120*(1), 168-173. https://doi.org/10.1037/a0021899

Pictet, A., Coughtrey, A. E., Mathews, A., & Holmes, E. A. (2011). Fishing for happiness: The effects of generating positive imagery on mood and behaviour. *Behaviour Research and Therapy, 49*(12), 885-891. https://doi.org/10.1016/j.brat.2011.10.003

Pictet, A., Jermann, F., & Ceschi, G. (2016). When less could be more: Investigating the effects of a brief internet-based imagery cognitive bias modification intervention in depression. *Behaviour Research and Therapy, 84*, 45-51. https://doi.org/10.1016/j.brat.2016.07.008

Pizzagalli, D. A., Holmes, A. J., Dillon, D. G., Goetz, E. L., Birk, J. L., Bogdan, R., Dougherty, D. D., Iosifescu, D. V., Rauch, S. L., & Fava, M.(2009). Reduced caudate and nucleus accumbens response to rewards in unmedicated individuals with major depressive disorder. *American Journal of Psychiatry, 166*(6), 702-710. https://doi.org/10.1176/appi.ajp.2008.08081201

Pizzagalli, D. A., Iosifescu, D., Hallett, L. A., Ratner, K. G., & Fava, M. (2008). Reduced hedonic capacity in major depressive disorder: Evidence from a probabilistic reward task. *Journal of Psychiatric Research, 43*(1), 76-87. https://doi.org/10.1016/j.jpsychires.2008.03.001

Pizzagalli, D. A., Jahn, A. L., & O'Shea, J. P. (2005). Toward an objective characterization of an anhedonic phenotype: A signal-detection approach. *Biological Psychiatry, 57*(4), 319-327. https://doi.org/10.1016/j.biopsych.2004.11.026

Pizzagalli, D. A., Smoski, M., Ang, Y. S., Whitton, A. E., Sanacora,G., Mathew, S. J., Nurnberger, J., Lisanby, S. H., Iosifescu, D. V., Murrough, J. W., Yang, H., Weiner, R. D., Calabrese, J. R., Goodman,W., Potter, W. Z., & Krystal, A. D. (2020). Selective kappa-opioid antagonism ameliorates anhedonic behavior: Evidence from the Fastfail Trial in Mood and Anxiety Spectrum Disorders (FAST-MAS). *Neuropsychopharmacology, 45*(10), 1656-1663. https://doi.org/10.1038/s41386-020-0738-4

Price, J., Cole, V., & Goodwin, G. M. (2009). Emotional side-effects of selective serotonin reuptake inhibitors: Qualitative study. *British Journal of Psychiatry, 195*(3), 211-217. https://doi.org/10.1192/bjp.bp.108.051110

Raposa, E. B., Laws, H. B., & Ansell, E. B. (2016). Prosocial behavior mitigates the negative effects of stress in everyday life. *Clinical Psychological Science, 4*(4), 691-698. https://doi.org/10.1177/2167702615611073

Rizvi, S. J., Quilty, L. C., Sproule, B. A., Cyriac, A., Bagby, R. M., & Kennedy, S. H. (2015). Development and validation of the Dimensional Anhedonia Rating Scale (DARS) in a community sample and individuals with major depression. *Psychiatry Research, 229*(1-2), 109-119. https://doi.org/10.1016/j.psychres.2015.07.062

Rowland, L., & Curry, O. S. (2019). A range of kindness activities boost happiness. *Journal of Social Psychology, 159*(3), 340-343. https://doi.org/10.1080/00224545.2018.1469461

Rude, S. S., Wenzlaff, R. M., Gibbs, B., Vane, J., & Whitney, T. (2002). Negative processing biases predict subsequent depressive symptoms. *Cognition and Emotion, 16*(3), 423-440. https://doi.org/10.1080/02699930143000554

Schacter, H. L., & Margolin, G. (2019). When it feels good to give: Depressive symptoms, daily prosocial behavior, and adolescent mood. *Emotion, 19*(5), 923-927. https://doi.org/10.1037/emo0000494

Shane, M. S., & Peterson, J. B. (2007). An evaluation of early and late stage attentional processing of positive and negative information in dysphoria. *Cognition and Emotion, 21*(4), 789-815. https://doi.org/10.1080/02699930600843197

Shankman, S. A., & Klein, D. N. (2003). The relation between depression and anxiety: An evaluation of the tripartite, approach-withdrawal and valence-arousal models. *Clinical Psychology Review, 23*(4), 605-637. https://doi.org/10.1016/S0272-7358(03)00038-2

Shonin, E., Van Gordon, W., Compare, A., Zangeneh, M., & Griffiths, M. D.(2015). Buddhist-derived loving-kindness and compassion meditation for the treatment of psychopathology: A systematic review. *Mindfulness, 6*(5), 1161-1180. https://doi.org /10.1007/s12671-014-0368-1

Smith, N. K., Larsen, J. T., Chartrand, T. L., Cacioppo, J. T., Katafiasz, H.A., & Moran, K. E. (2006). Being bad isn't always good: Affective context moderates the attention bias toward negative information. *Journal of Personality and Social Psychology, 90*(2), 210-220. https://doi.org/10.1037/0022-3514.90.2.210

Snaith, R. P., Hamilton, M., Morley, S., Humayan, A., Hargreaves, D., & Trigwell, P. (1995). A scale for the assessment of hedonic tone. The Snaith-Hamilton Pleasure Scale. *British Journal of Psychiatry, 167*(1), 99-103. https://doi.org/10.1192/bjp.167.1.99

Snippe, E., Jeronimus, B. F., Aan Het Rot, M., Bos, E. H., de Jonge, P., & Wichers, M. (2018). The reciprocity of prosocial behavior and positive affect in daily life. *Journal of Personality, 86*(2), 139-146. https://doi.org/10.1111/jopy.12299

Speer, M. E., Bhanji, J. P., & Delgado, M. R. (2014). Savoring the past: Positive memories evoke value representations in the striatum. *Neuron, 84*(4), 847-856. https://doi.org/10.1016/j.neuron.2014.09.028

Spijker, J., De Graaf, R., Ten Have, M., Nolen, W. A., & Speckens, A. (2010). Predictors of suicidality in depressive spectrum disorders in the general population: Results of the Netherlands Mental Health Survey and Incidence Study. *Social Psychiatry and Psychiatric Epidemiology, 45*(5), 513-521. https://doi.org/10.1007/s00127-009-0093-6

Srivastava, S., Sharma, H. O., & Mandal, M. K. (2003). Mood induction with facial expressions of emotion in patients with generalized anxiety disorder. *Depression and Anxiety, 18*(3), 144-148. https://doi.org/10.1002/da.10128

Stober, J. (2000). Prospective cognitions in anxiety and depression: Replication and methodological extension. *Cognition and Emotion, 14*(5), 725-729. https://doi.org/10.1080/02699930050117693

Stoy, M., Schlagenhauf, F., Sterzer, P., Bermpohl, F., Hagele, C., Suchotzki,K., Schmack, K., Wrase, J., Ricken, R., Knutson, B., Adli, M., Bauer, M., Heinz, A., & Strohle, A. (2012). Hyporeactivity of ventral striatum towards incentive stimuli in unmedicated depressed patients normalizes after treatment with escitalopram. *Journal of Psychopharmacology, 26*(5), 677-688. https://doi.org/10.1177/0269881111416686

Thoits, P. A., & Hewitt, L. N. (2001). Volunteer work and well-being. *Journal of Health and Social Behavior, 42*(2), 115-131.

Thomas, R. K., Baker, G., Lind, J., & Dursun, S. (2018). Rapid effectiveness of intravenous ketamine for ultraresistant depression in a clinical setting and evidence for baseline anhedonia and bipolarity as clinical predictors of effectiveness. *Journal of Psychopharmacology, 32*(10), 1110-1117. https://doi.org/10.1177/269881118793104

Thomsen, K. R., Whybrow, P. C., & Kringelbach, M. L. (2015). Reconceptualizing anhedonia: Novel perspectives on balancing the pleasure networks in the human brain. *Frontiers in Behavioral Neuroscience, 9*, 49. https://doi.org/10.3389/fnbeh.2015.00049

Treadway, M. T., Bossaller, N. A., Shelton, R. C., & Zald, D. H. (2012). Effort-based decision-making in major depressive disorder: A translational model of motivational anhedonia. *Journal of Abnormal Psychology, 121*(3), 553-558. https://doi.org/10.1037/a0028813

Trivers, R. L. (1971). The evolution of reciprocal altruism. *Quarterly Review of Biology, 46*(1), 35-57. https://doi.org/10.1086/406755

Tsvetkova, M., & Macy, M. W. (2014). The social contagion of generosity. *PloS One, 9*(2), e87275. https://doi.org/10.1371/journal.pone.0087275

Tugade, M. M., & Fredrickson, B. L. (2004). Resilient individuals use positive emotions to bounce back from negative emotional experiences. *Journal of Personality and Social Psychology, 86*(2), 320-333. https://doi.org/10.1037/0022-3514.86.2.320

Ubl, B., Kuehner, C., Kirsch, P., Ruttorf, M., Diener, C., & Flor, H. (2015). Altered neural reward and loss processing and prediction error signalling in depression. *Social Cognitive and Affective Neuroscience, 10*(8), 1102-1112. https://doi.org/10.1093/scan/nsu158

Van Overwalle, F., Mervielde, I., & De Schuyter, J. (1995). Structural modelling of the relationships between attributional dimensions, emotions, and performance of college freshmen. *Cognition and Emotion, 9*(1), 59-85. https://doi.org/10.1080/02699939508408965

Vinckier, F., Gourion, D., & Mouchabac, S. (2017). Anhedonia predicts poor psychosocial functioning: Results from a large cohort of patients treated for major depressive disorder by general practitioners. *European Psychiatry, 44*, 1-8. https://doi.org/10.1016/j.eurpsy.2017.02.485

Vrieze, E., Pizzagalli, D. A., Demyttenaere, K., Hompes, T., Sienaert, P., de Boer, P., Schmidt, M., & Claes, S. (2013). Reduced reward learning predicts outcome in major depressive disorder. *Biological Psychiatry, 73*(7), 639-645. https://doi.org/10.1016/j.biopsych.2012.10.014

Wacker, J., Dillon, D. G., & Pizzagalli, D. A. (2009). The role of the nucleus accumbens and rostral anterior cingulate cortex in anhedonia: Integration of resting EEG, fMRI, and volumetric techniques. *NeuroImage, 46*(1), 327-337. https://doi.org/10.1016/j.neuroimage.2009.01.058

Wadlinger, H. A., & Isaacowitz, D. M. (2008). Looking happy: The experimental manipulation of a positive visual attention bias. *Emotion, 8*(1), 121-126. https://doi.org/10.1037/1528-3542.8.1.121

Wadlinger, H. A., & Isaacowitz, D. M. (2011). Fixing our focus: Training attention to regulate emotion. *Personality and Social Psychology Review, 15*(1), 75-102. https://doi.org/10.1177/1088868310365565

Watson, D., Clark, L. A., & Tellegen, A. (1988). Development and validation of brief measures of positive and negative affect: The PANAS scales. *Journal of Personality and Social Psychology, 54*(6), 1063-1070. https://doi.org/10.1037/0022-3514.54.6.1063

Werner-Seidler, A., & Moulds, M. L. (2011). Autobiographical memory characteristics in depression vulnerability: Formerly depressed individuals recall less vivid positive memories. *Cognition and Emotion, 25*(6), 1087-1103. https://doi.org/10.1080/02699931.2010.531007

Whitton, A. E., Treadway, M. T., & Pizzagalli, D. A. (2015). Reward processing dysfunction in major depression, bipolar disorder and schizophrenia. *Current Opinion in Psychiatry, 28*(1), 7-12. https://journals.lww.com/co-psychiatry/Fulltext/2015/01000/Reward_processing_dysfunction_in_major_depression,.3.aspx

Wichers, M., Peeters, F., Geschwind, N., Jacobs, N., Simons, C. J. P.,Derom, C., Thiery, E., Delespaul, P. H., & van Os, J. (2010). Unveiling patterns of affective responses in daily life may improve outcome prediction in depression: A momentary assessment study. *Journal of Affective Disorders, 124*(1-2), 191-195. https://doi.org/10.1016/j.jad.2009.11.010

Williams, J. M. G., Barnhofer, T., Crane, C., Herman, D., Raes, F.,Watkins, E., & Dalgleish, T. (2007). Autobiographical memory specificity and emotional disorder. *Psychological Bulletin, 133*(1), 122-148. https://doi.org/10.1037/0033-2909.133.1.122

Winer, E. S., Nadorff, M. R., Ellis, T. E., Allen, J. G., Herrera, S., & Salem,T. (2014). Anhedonia predicts suicidal ideation in a large psychiatric inpatient sample. *Psychiatry Research, 218*(1-2), 124-128. https://doi.org/10.1016/j.psychres.2014.04.016

Wood, A. M., Froh, J. J., & Geraghty, A. W. A. (2010). Gratitude and wellbeing: A review and theoretical integration. *Clinical Psychology Review, 30*(7), 890-905. https://doi.org/10.1016/j.cpr.2010.03.005

Wood, A. M., Joseph, S., & Maltby, J. (2008a). Gratitude uniquely predicts satisfaction with life: Incremental validity above the domains and facets of the five factor model. *Personality and Individual Differences, 45*(1), 49-54. https://doi.org/10.1016/j.paid.2008.02.019

Wood, A. M., Maltby, J., Gillett, R., Linley, P. A., & Joseph, S. (2008b). The role of gratitude in the development of social support, stress, and depression: Two longitudinal studies. *Journal of Research in Personality, 42*(4), 854-871. https://doi.org/10.1016/j.jrp.2007.11.003

Wood, A. M., Maltby, J., Stewart, N., & Joseph, S. (2008c). Conceptualizing gratitude and appreciation as a unitary personality trait. *Personality and Individual Differences, 44*(3), 621-632. https://doi.org/10.1016/j.paid.2007.09.028

Yang, X., Huang, J., Zhu, C., Wang, Y., Cheung, E. F. C., Chan, R. C. K.,& Xie, G. (2014). Motivational deficits in effort-based decision making in individuals with subsyndromal depression, first-episode and remitted depression patients. *Psychiatry Research, 220*(3), 874-882. https://doi.org/10.1016/j.psychres.2014.08.056

Yang, Z. Y., Xie, D. J., Zou, Y. M., Wang, Y., Li, Y., Shi, H. S., Zhang, R. T., Li, W. X., Cheung, E. F. C., Kring, A. M., & Chan, R. C. K. (2018). Prospection deficits in schizophrenia: Evidence from clinical and subclinical samples. *Journal of Abnormal Psychology, 127*(7), 710-721. https://doi.org/10.1037/abn0000382

Zak, P. J., Stanton, A. A., & Ahmadi, S. (2007). Oxytocin increases generosity in humans. *PloS One, 2*(11), e1128. https://doi.org/10.1371/journal.pone.0001128

Zeng, X., Chiu, C. P. K., Wang, R., Oei, T. P. S., & Leung, F. Y. K. (2015). The effect of loving-kindness meditation on positive emotions: A metaanalytic review. *Frontiers in Psychology, 6*, 1693. https://www.frontiersin.org/article/10.3389/fpsyg.2015.01693

Zeng, X., Liao, R., Zhang, R., Oei, T. P. S., Yao, Z., Leung, F. Y. K., & Liu, X. (2017). Development of the Appreciative Joy Scale. *Mindfulness, 8*(2), 286-299. https://doi.org/10.1007/s12671-016-0599-4

Zeng, X., Wang, R., Oei, T. P. S., & Leung, F. Y. K. (2019). Heart of joy: A randomized controlled trial evaluating the effect of an appreciative joy meditation training on subjective well-being and attitudes. *Mindfulness, 10*(3), 506-515. https://doi.org/10.1007/s12671-018-0992-2

Zielinski, M. J., Veilleux, J. C., Winer, E. S., & Nadorff, M. R. (2017). A short-term longitudinal examination of the relations between depression, anhedonia, and self-injurious thoughts and behaviors in adults with a history of self-injury. *Comprehensive Psychiatry, 73*, 187-195. https://doi.org/10.1016/j.comppsych.2016.11.013

## • 내용 •

### Michelle G. Craske, PhD

UCLA 심리학, 정신의학 및 생명행동과학과 교수이자 Miller 석좌교수이다. UCLA 불안 및 우울증 연구 센터(Anxiety and Depression Research Center)의 소장, Staglin 가족 음악 센터(Family Music Center for Behavioral and Brain Health) 부소장을 맡고 있으며, UCLA Depression Grand Challenge의 공동 책임자이다. 공포, 불안, 우울증 분야에서 광범위한 연구를 수행하고 논문을 발표했으며, Web of Science의 가장 많이 인용된 연구자로 등록되었다.

### Halina J. Dour, PhD

Center for Genuine Growth의 대표이다. Orlando VA Healthcare System의 섭식장애팀 코디네이터로 근무했고 PTSD 임상팀에서 활동했다. 근거기반치료에 대한 풍부한 교육을 받았으며, 여러 치료 개발 프로젝트에서 컨설턴트로 활동했다. Wellesley College에서 심리학 학사학위를, UCLA에서 임상심리학 박사학위를 취득하였다.

### Michael Treanor, PhD

외상 후 스트레스 장애 및 불안 관련 장애에 대한 노출 요법 개선에 중점을 두고 연구를 진행하고 있으며, 마음챙김 수행, PTSD, 불안장애 및 기분장애 대상 근거기반치료에 대한 풍부한 경력을 가지고 있다. UCLA 불안 및 우울증 연구 센터에서 진행 중인 심리 치료 실험의 수석 연구원이자 임상 감독자로서 근거기반치료에 대한 치료자 교육을 제공하고 있다.

### Alicia E. Meuret, PhD

Southern Methodist University(SMU) 심리학과 교수이자 SMU 불안 및 우울증 연구 센터(Anxiety and Depression Research Center) 소장이고 공인 임상심리학자이다. Stanford University 정신의학 및 행동과학과에서 박사학위를 취득했고, Harvard University 정서신경과학연구소(Affective Neuroscience Laboratory)와 Boston University 불안 및 관련 장애 센터(Center for Anxiety and Related Disorders)에서 박사 후 과정을 마쳤다. 20년 이상 정서장애 환자를 치료한 임상 경력을 가지고 있다.

## 역자 소개

### 김경희(Kim, Kyung Hee)

가톨릭대학교 일반대학원에서 상담심리학 전공으로 박사학위를 취득했으며, 긍정정서 조절 문제와 우울 등에 관심을 두고 연구를 진행하고 있다. (사)한국상담심리학회 총무이사, (사)한국인지행동치료학회 학술위원을 역임하였으며, 현재 가톨릭대학교 상담심리대학원 조교수로 재직 중이다. 상담심리 전문가로서 활동하며 상담자 양성에 힘쓰고 있다.

### 이희경(Lee, Hee-Kyung)

한양대학교 대학원에서 상담심리학 전공으로 박사학위를 받았으며, 현재 가톨릭대학교 심리학과 교수로 재직 중이다. 가톨릭대학교 학생생활상담소장, 상담심리대학원장, 학생처장과 한국상담심리학회 부회장을 역임하였다. 상담 전공생들을 지도하면서 긍정심리특성이 심리적 고통 극복 과정에 미치는 영향에 대해 관심을 갖고, 긍정심리학적 상담모형 및 한국적 긍정심리 평가도구 개발 등에 관한 연구를 하고 있다. 역서로는 『상담연구방법론』(공역, 센게이지러닝, 2017), 『긍정 심리학 핸드북』(역, 학지사, 2008), 『긍정심리평가: 모델과 측정』(공역, 학지사, 2008), 『카렌 호나이의 정신분석』(공역, 학지사, 2006), 『상담심리학』(공역, 학지사, 2020)이 있다.

# 긍정정서치료:
## 우울과 불안에 대한 새로운 접근
### -치료자 가이드북-

Positive Affect Treatment for Depression and Anxiety

2024년 10월 5일 1판 1쇄 인쇄
2024년 10월 10일 1판 1쇄 발행

지은이 • Michelle G. Craske · Halina J. Dour
　　　　Michael Treanor · Alicia E. Meuret
옮긴이 • 김경희 · 이희경
펴낸이 • 김진환
펴낸곳 • (주) **학지사**
　　　　04031 서울특별시 마포구 양화로 15길 20 마인드월드빌딩
대표전화 • 02)330-5114　　　팩스 • 02)324-2345
등록번호 • 제313-2006-000265호

홈페이지 • http://www.hakjisa.co.kr
인스타그램 • https://www.instagram.com/hakjisabook

ISBN 978-89-997-3244-7 93180
　　　978-89-997-3246-1 (set)

정가 18,000원

**출판미디어기업 학지사**
　간호보건의학출판 **학지사메디컬** www.hakjisamd.co.kr
　심리검사연구소 **인싸이트** www.inpsyt.co.kr
　학술논문서비스 **뉴논문** www.newnonmun.com
　교육연수원 **카운피아** www.counpia.com
　대학교재전자책플랫폼 **캠퍼스북** www.campusbook.co.kr